Dr. Dieter Semmler

Wohnmobil-Stellplätze
Österreich

Vorarlberg – Tirol – Mühlviertel – Innviertel – Waldviertel
Wachau – Wien – Salzkammergut – Neusiedler See
Burgenland – Kitzbüheler Alpen – Großglockner – Tauern
Dachstein – Gailtaler Alpen – Kärntner Seen – Südsteiermark

18 Wochenreisen mit dem Wohnmobil

Alle Plätze selbst ausgesucht und beurteilt
Die Koordinaten sind in zwei Systemen angeben

80 % aller Plätze zum Nulltarif
Plätze am See und am Schwimmbad
Plätze in den Städten
Plätze an Seilbahnen und Liften
Wohnmobil- und Caravanplätze

Titelbild: Am Stellplatz in Kramsach

5. Auflage 2011
Herausgeber: RID+Verlag, Wolnzach
Druck: RID+Verlag, Wolnzach
Recherchen: Dr. Semmler und Stefan Hegemann
Texte: Barbara und Dieter Semmler
Fotos: Dr. Semmler und Stefan Hegemann

ISBN 978-3-941951-23-5

Inhaltsverzeichnis

An der Donau

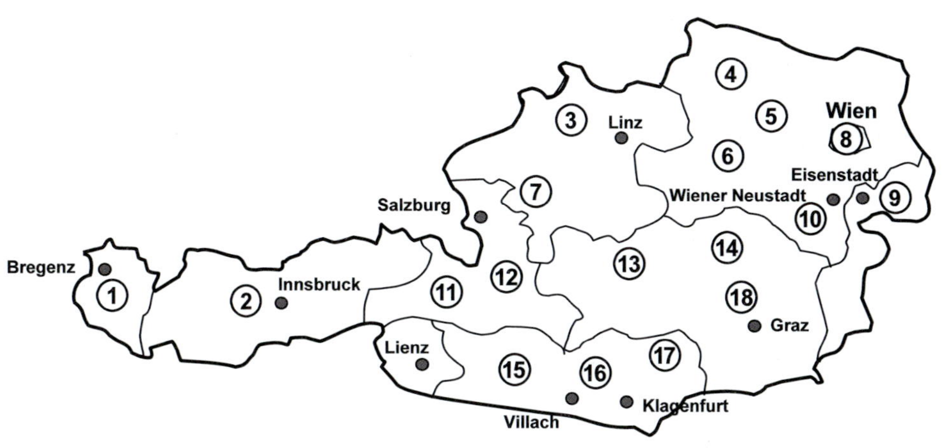

Touren in Österreich

Am Silvretta-Stausee

Mobilplätze in österreichischen Ferienlandschaften

Inzwischen gibt es in Österreich viele Stellplätze, die in den letzten drei Jahren ausdrücklich für Wohnmobile eingerichtet und ausgewiesen worden sind. Die Einrichtung von Mobilplätzen durch Gemeindeverwaltungen und Privatpersonen wird sich in den nächsten Jahren rasch weiter entwickeln. Die Kommunen werden in den nächsten Jahren erkennen, dass eine neue, finanzstarke Urlaubergruppe, die Wohnmobiltouristen, entstanden ist und die Einnahmen aus dem Tourismus durch die Einrichtung von Wohnmobil-Stellplätzen erheblich gesteigert werden können.

Die als Parkplätze gekennzeichneten Stellplätze dürfen in Österreich im Allgemeinen für eine Übernachtung genutzt werden, Verbotschilder müssen aber unbedingt beachtet werden. Es können auf den Stellplätzen Änderungen eintreten. Durch falsches Verhalten der Urlauber oder durch übermäßige Ansammlungen von Wohnmobilen, die Einheimische und Bewohner der umliegenden Häuser stören, könnten die Plätze von den örtlichen Behörden für Wohnmobile gesperrt werden. Auf Parkplätzen für öffentliche Einrichtungen, zum Beispiel für Frei- und Hallenbäder, Sportanlagen, Bootshäfen, Strandbäder, Freizeit- und Tierparks, Sehenswürdigkeiten, sollte man die vorderen Parkplätze für die Benutzer dieser Einrichtungen, die mit dem PKW anreisen, frei lassen. In allen Bundesländern sind die örtlichen Vorschriften für Wohnmobile und Camping-Fahrzeuge zu beachten. Die Verhältnisse auf den Plätzen können sich trotz aller gründlichen Recherchen inzwischen geändert haben.

Wir unterscheiden in unseren Büchern zwischen **Parkplatz** und **Stellplatz**. Die Parkplätze sind in den Tabellen und im Stellplatzteil mit einem gelben Balken, die Stellplätze mit einem grünen Balken versehen.

1. Parkplätze (gelber Balken):

Einige Parkplätze in besonders reizvoller Lage oder in der Nähe einer Stadt sind in diesem Buch aufgenommen worden. Die Übernachtung zur Wiederherstellung der Fahrtüchtigkeit ist auf diesen Plätzen in Österreich nur für eine Nacht erlaubt. Camping-Betrieb ist unbedingt zu unterlassen. Verbotsschilder für das Parken von Wohnmobilen sind in Österreich selten, sollten aber unbedingt beachtet werden. Den Anweisungen der Polizei muss Folge geleistet werden.

2. Stellplätze (grüner Balken):

Stellplätze sind für Wohnmobile ausdrücklich zugelassene oder reservierte Plätze, entweder auf einem Teilbereich oder auf dem gesamten Platz. Die Kennzeichnung des Platzes mit dem Wohnmobil-Symbol ist nicht immer am Stellplatz vorhanden und fehlt oft auf der Anfahrroute. Ver- und Entsorgungseinrichtungen und Stromanschlüsse sind nicht immer vorhanden.

Wir sind der Meinung, dass die **Lage des Mobilplatzes** das wichtigste Kriterium für den Wohnmobilurlauber ist. Er möchte ruhig schlafen und in einer reizvollen Umgebung bleiben. Der Platz sollte durch Grünanlagen gegliedert sein und ausreichend Park- und Rangierraum bieten. Eine Anbindung an das öffentliche Verkehrsnetz oder ein kurzer Fußweg zur Ortsmitte sind wünschenswert. Deshalb bewerten wir nur die Lage des Stellplatzes mit Sternen und nicht die Ausstattung. Die **Bewertung der Ausstattung mit Sternen ist völlig unnötig**, weil der Stellplatzbetreiber nach diesen Sternen greift und deshalb seinen Platz mit vielen Einrichtungen ausstattet, die selten genutzt werden, aber erhöhte Gebühren des Platzes zur Folge haben.

Die Lage der Plätze ist mit einem, zwei, drei oder vier Sternen bewertet. Die Beurteilung mit **drei Sternen** bedeutet immer eine sehr ruhige und schöne Lage, ausreichend Parkraum, eine gute Zufahrt und Gaststätten und Häuser in der näheren Umgebung. Bei **zwei Sternen** fehlt eines dieser Merkmale, eine ruhige Lage ist aber gewährleistet. Ist der Platz mit nur **einem Stern** eingestuft, so führt meistens eine Straße am Parkplatz vorbei. Solche Plätze sind für eine Übernachtung nur zu empfehlen, wenn sich die Insassen des Wohnmobils durch den Verkehr nicht stören lassen. **Vier Sterne** erhält ein **Stellplatz**, wenn er in einer sehr ruhigen und reizvollen Umgebung liegt, eine gute Ausstattung in einer Grünanlage hat, ausreichend Park- und Wenderaum zur Verfügung steht und ein erholsamer Aufenthalt gewährleistet ist. Diese Stellplätze nennen wir **Superplätze.**

In diesem Buch haben elf **Superplätze** vier Sterne erhalten. Die Ausstattung der Plätze kann aber sehr unterschiedlich sein.

Stellplatz	Ferienlandschaft	Seite
Arbesbach, Badeteich	Waldviertel	55
Biberwier, Wohnmobilhafen Marienberg	Tirol	33
Breitenbrunn, Freizeitzentrum	Neusiedler See	110
Maiersdorf, Hohe Wand Brommberg	Wiener Hausberge	120
Mörbisch, Yachthafen	Neusiedler See	112
Neukirchen am Großvenediger, Friedburg	Großglockner	130
Naarn im Machland, Mostschenke	Mühlviertel	49
Ossiach, Strandbad	Kärntner Seen	179
Ottenschlag, Freizeitanlage	Kamptal	68
Spielfeld, Wohnmobilpark	Süd-Steiermark	196
Ybbs, Donauufer	Wachau	82

In den Tourenbeschreibungen, in den Tabellen und im Stellplatzverzeichnis (Seite 196) sind die Mobilstellplätze durch Fettdruck gekennzeichnet. Im Stellplatzteil des Buches sind die Wohnmobilstellplätze nicht nur durch den grünen Balken, sondern auch durch das Wohnmobil-Symbol deutlich hervorgehoben.

Oft haben Fahrer großer Wohnmobile Schwierigkeiten, Wohnmobilplätze mit schmalen Zufahrten anzufahren, durch eine enge Einfahrt zu gelangen, auf den Plätzen zu rangieren und zu wenden oder auf einer zu kleinen Stellfläche einzuparken. Wir haben in der Beschreibung der Plätze auf solche Schwierigkeiten durch die Vermerke „Für große Wohnmobile nicht geeignet" (ab 8 Metern Länge) und „Für sehr große Wohnmobile nicht geeignet" (ab 10 Metern Länge) hingewiesen. Auch Höhen-, Breiten- und Gewichtsbegrenzungen, sowie schmale Zufahrten sind in den Beschreibungen der Stellplätze zu finden.

Wohnmobilplätze an einem See oder an einem Schwimmbad sind in der **Badliste** (Seite 16) zu finden. Wohnmobilplätze in den Gemeinden und Städten sind in der **Städteliste** (Seite 14) zusammengefasst. Die Gemeindenverwaltungen verlangen nicht immer eine Gebühr. Kostenfreie Stellplätze finden Sie in der **Null-Liste** (Seite 11). Für Bergwanderer und Wintersportler sind Stellplätze an Seilbahnen und Liften besonders günstig. Diese Plätze finden Sie in der **Liftliste** (Seite 18). Plätze, die auch für Caravan (Wohnwagen, Wohnanhänger, Gespanne) zugelassen sind, haben wir in der **Caravanliste** zusammengestellt (Seite 19).

Wasser ist an den Tankstellen, an Seilbahnen und an öffentlichen Einrichtungen zu bekommen. Müllbehälter gibt es an fast allen Plätzen. Bei Schwierigkeiten mit der Ver- und Entsorgung empfehlen wir, einen Campingplatz anzufahren und dort auch zu übernachten. Alle Stellplätze sind im Verlaufe der Routen durchgehend nummeriert und mit Beschreibung, Anfahrt und Hinweisen versehen. Am oberen linken Rand der Seite ist sowohl im Text, bei der Skizze, der Tabelle wie auch bei den Stellplätzen die Ferienlandschaft immer in dem roten Balken zu erkennen.

Den einzelnen Reiserouten ist eine Skizze vorangestellt, aus der die Lage und Nummer der Stellplätze zu erkennen ist. Der Pfeil zeigt auf den Ort des Stellplatzes, nicht immer auf die Gemeinde. Die Skizze ist nach der Route benannt.

Die Anfahrt zu den Stellplätzen wurde, wie in allen unseren Stellplatzführern, genau beschrieben, um jedem die Anfahrt zu den Plätzen zu ermöglichen. Für Navigationsgeräte sind die notwendigen Daten (Bezeichnungen, Straßennamen und/oder GPS-Koordinaten) der Stellplätze angegeben. Für einige Plätze außerhalb der Ortschaften, z. B. am Strand, gibt es keine Straßennamen. Diese Plätze können mit einem Navigationsgerät nur nach den Koordinaten erreicht werden. **Um die Umrechnung zu vermeiden, haben wir für jeden Stellpatz zwei verschiedene Koordinatensysteme angegeben**. Die Koordinaten sind in Grad, Minuten und Sekunden (60 Minuten entsprechen 1 Grad, 60 Sekunden 1 Minute) und in Grad, Minuten und Zehntelminuten angegeben. Navigationsgeräte, die nur Grade statt Minuten und Sekunden anzeigen, verlangen eine entsprechende Umrechnung. Unsere genaue Anfahrtbeschreibung führt Sie jedoch auch ohne Navigation sicher zu allen Stellplätzen.

Ein Maßstab für die Größe des Platzes ist die Zahl der angegebenen Stellmöglichkeiten. Bei diesen Angaben wird aber eine Belegung der Hälfte der Parkflächen durch Pkw angenommen, was wohl selten zutrifft. Es muss berücksichtigt werden, dass Stellplätze an Sportstätten zur Zeit einer Veranstaltung und Stellplätze an Schwimmbädern und Seilbahnen in der Saison am Tage durch Pkw belegt sein können. In der Saison und an Wochenenden sollten solche Stellplätze abends angefahren werden. Die Stellplatzmöglichkeiten sind für 3, 5, 10, 20, 30 50 und 100 Wohnmobile gestaffelt. Sehr große Wohnmobile sollten die Stellplätze für 3 und 5 Wohnmobile und die Plätze mit schmalen Zufahrten nicht anfahren, weil möglicherweise der Platz belegt ist und Wendemanöver nur unter erheblichen Schwierigkeiten ausgeführt werden können. Solche Stresssituationen kann man vermeiden.

Für jede Route sind in einer Tabelle die Stellplätze zusammengestellt, aus denen der geeignete Platz auswählt werden kann. Die Tabelle gibt Auskunft über die Lage und Größe des Platzes, über die Gebühren zur Zeit der Drucklegung und über die nähere Umgebung, zum Beispiel über Häuser, Gaststätten, Toiletten, Strände oder Seen. Ausführliche Informationen sind in den einzelnen Stellplatzbeschreibungen zu finden. Wer nach Österreich fahren will, kann die Stellplätze auf seiner Reise schon bei der Planung mit unseren Stellplatzführern festlegen.

Unsere Bücher werden im allgemeinen alle drei Jahre überarbeitet und neu aufgelegt. In der Zwischenzeit muss immer mit Änderungen gerechnet werden. Manchmal werden Mobilplätze verlegt. Die Gebühren werden fast immer jährlich erhöht. Die Ausstattung des Platzes wird meistens verbessert. Deshalb sind unsere Angaben nur Anhaltswerte. Bitte beachten Sie, dass neue Stellplätze erst in der Neuauflage berücksichtigt werden können.

Wir mit unserem rollenden Ferienhaus haben das große Glück, an den schönsten Orten Europas zu Hause zu sein. Wo immer unsere Reise hingeht, wir verbringen unsere Tage im eigenen Haus, mal am Meer, mal in den Bergen, mal in einer Stadt, ganz nach Lust und Laune. Wir sind zu beneiden. Ein Traum ist wahr geworden. Wohnmobil-Urlaub, das ist die schönste Sache der Welt.

„Darum, Mensch, sei zeitig weise! Höchste Zeit ist's! Reise, reise!" Das sagte uns schon Wilhelm Busch. Wir wünschen Ihnen erlebnisreiche Tage, ruhige Nächte und einen erholsamen Urlaub in Österreich, aber auch in den anderen von uns beschriebenen Ländern, in Deutschland, Dänemark, Belgien, in den Niederlanden, in Luxemburg, Polen, Slowenien, Kroatien, Italien, Griechenland, Frankreich oder Spanien.

Null-Liste

Stellplätze ohne Gebühren

Ort	Bezeichnung	Seite	Ort	Bezeichnung	Seite
Abtenau	Karkogellifte	144	**Gallneukirchen**	**Freizeitanage**	**49**
Aggsbach-Dorf	**Kartause**	**79**	Gaming	Wanderparkplatz	158
Aigen im Mühlkreis	Ortsparkplatz	47	Gmunden	Sportplatz	91
Altaussee	**Loserstraße**	**92**	**Gösselsdorf**	**Gösselsdorfer See**	**181**
Altenburg	Stift Altenburg	69	Gosau	Hornspitzbahn	143
Altenmarkt/Triesting	Hafnerberg	101	**Gols**	**Erlebnisbad**	**109**
Anzendorf	**Schallaburg**	**79**	Griffen	Stift Griffen	188
Arbesbach	Badeteich	55	Gröbming	Schwimmbad	142
Artstetten	**Schloss Artstetten**	**81**	Großhöflein	Schilfhütte	112
			Grünbach	Lift	120
Bad Deutsch-Altenburg	**Amphitheater**	**100**	Gumpoldskirchen	Weinberg	101
Bad Goisern	Sprungschanze	91			
Bad Großpertholz	Naturpark Nordwald	56	Haitzendorf	Schloss Grafenegg	71
Bad Leonfelden	Sternsteinlift	48	Heidenreichstein	Busparkplatz	58
Bad Sankt Leonhard	Ortsparkplatz	189	**Heidenreichstein**	**Naturpark Gemeindeau**	**58**
Bad Tatzmannsdorf	**Freilichtmuseum**	**114**	Heiligenkreuz	Stift	101
Bernhardstal	Bernhardstaler Teich	99	**Henndorf am Wallersee**	**Seefreibad**	**90**
Bischofshofen	**Sprungschanze**	**136**	Hinterstoder	Hössbahnen	153
Bludenz	**Freizeitzentrum**	**27**	Horitschon	Am Sportplatz	114
Bludenz	Muttersbergbahn	26			
Braunau-Ranshofen	Schnaitl	43	Jagerberg	Am Kindergarten	197
Bregenz	Festspielplatz	25	Josefsberg	Skilifte	157
Deutsch Goritz	**Mostschenke**	**197**	Kaprun	Informationszentrum	129
Deutsch Jahrndorf	Wohnmobilplatz	109	Kaprun	Kesselfall Alpenhaus	130
Dorfgastein	**Ski-Schaukel**	**137**	Kaprun	Maiskogelbahn	130
Dornbirn	Messepark	26	Karlstift	Eichelberglift	55
Drosendorf	Terrassenbad	60	**Karlstift**	**Stierhübelteich**	**56**
			Kefermarkt	**Ortsparkplatz**	**48**
Eisenerz	Leopoldsteiner See	154	**Kirchbach**	**Freibad**	**167**
Eisenstadt	**Busparkplatz**	**113**	Klaffer	Badesee	46
Erlauf	Plaika	80	**Königsleiten**	**Berglifte**	**131**
			Kötschach-Mauthen	Ski- und Badezentrum	168
Ferlach	**Messeparkplatz**	**181**	Kremsmünster	Stift	153
Filzmoos	**Ortsparkplatz**	**144**	Krems-Stein	Schiffsanlegestelle	77
Finkenstein	Burgarena	179	Kritzendorf	Bahnhof	97
Flattach	**Möll**	**165**			
Flattach	Tourist-Information	164	**Lambach**	**Freibad**	**44**
Forchtenstein	Burg Forchtenstein	113	**Langau**	**Bergwerksseen**	**60**
Frauenberg	Wallfahrtskirche	154	Langschlag	Frauenwieserteich	55
Freistadt	Stieranger	48	Launsdorf	Burg	187
Furth	Stift Göttweig	77	Launsdorf	Hochosterwitz Auffahrt	187

Null-Liste

Stellplätze ohne Gebühren

Ort	Bezeichnung	Seite
Leiben	Schloss Leiben	80
Leobendorf	Burg Kreuzenstein	98
Leogang	Asitzbahn	128
Leutschach	**Krampl**	**196**
Liezen	**Sportzentrum**	**154**
Lochau	Pfänder	25
Magdalensberg	**Ausgrabungsstätte**	**186**
Magdalensberg	Gipfel	186
Maiersdorf	Hohe Wand Hanselsteig	120
Maiersdorf	Klettergarten	119
Mallnitz	Hallenbad	165
Maria Saal	Kärntner Freilichmuseum	186
Maria Taferl	Wallfahrtskirche	81
Mattsee	**Strandbad**	**89**
Maurach am Achensee	Rofanseilbahn	35
Mauterndorf	Großeck-Sessellift	175
Michaelbeuren	**Benediktstift**	**89**
Mitterbach	Alpensesselbahn	157
Mürzzuschlag	Sportanlage	156
Neufeld/Leitha	Neufelder See	113
Neukirchen	Friedburg	130
Neusiedl	Hallenbad	110
Obervellach	Hallenbad	166
Orth	**Ort**	**100**
Oslip	Scelley-Mühle	111
Ossiach	Strandbad	179
Partenen	Bielerhöhe	27
Pernegg-Gallien	**Freizeitanlage**	**61**
Pichl-Preunegg	Reiteralm-Sessellift	141
Puchberg	Zahnradbahn	121
Puchberg-Losenheim	Forellenhof	121
Puchenstuben	**Sulzbichl**	**158**
Purbach	Bootshafen	110
Raiding	**Lisztzentrum**	**114**
Ranshofen	Schnaitl	43
Reißeck	**Kreuzeckbahn**	**166**
Reißeck	Reißeckbahn	166
Reißeck	Reißeck See Ostufer	167
Retz	Ortsparkplatz	61
Ried	Stadion	44
Riegersburg	**Barockschloss**	**61**
Rohrmoos-Untertal	**Hochwurzen**	**114**
Rosenau-Schloss	Schloss Rosenau	67
Rosenburg	Schloss Rosenburg	69
Rust	Am Alten Hafen	111
Salzburg	Schloss Hellbrunn	136
Sankt Andrä	Sankt Andräer See	188
Sankt Andrä	Yachthafen	97
Sankt Margarethen i.L.	Ainecklifte	176
Sankt Michael	Katschberg	177
Sankt Michael	Speieckbahn	176
Sankt Stefan	**Rosenhalle**	**197**
Scheibbs	**Hallenfreibad**	**159**
Schönberg am Kamp	Freibad	70
Schrems	Kulturhaus	57
Schrems	Stadthalle	58
Seeboden	Millstätter See	177
Seeham	Seebad	89
Seitenstetten	Benediktinerstift	151
Semmering	**Berglift Hirschkogel**	**122**
Sonntagsberg	Wallfahrtsbasilika	151
Spittal an der Drau	Goldeckbahn	177
Stadt Haag	Tierpark	152
Stainz	Hauptplatz	194
Stall	Windsurfschule	164
Stockerau	Alte Au	98
Tauplitz	Berglifte	143
Thunau	**Burgruine**	**70**
Thunau	**Freibad**	**70**
Traun-Oedt	**Badezentrum**	**45**
Trautenfels	Schloss Trautenfels	142
Tulln	Yachthafen	97
Ulrichsberg-Schöneben	Langlaufzentrum	46
Veitsch	Marktgemeindeamt	194
Villach	Reitsportzentrum	179
Vordernberg	**Wohnmobilstellplatz**	**155**

Null-Liste

Stellplätze ohne Gebühren

Ort	Bezeichnung	Seite
Waidhofen	Freizeitzentrum	59
Waidhofen	**Tenniscenter**	**159**
Waldhäuser	Sportanlage	47
Waldhausen	Schlossberg	82
Wastl am Wald	**Turmkogellift**	**158**
Weibern-Leithen	Badesee	44
Weiden	See	109
Weißenbriach	Freibad	167
Weistrach	**Sportanlagen**	**152**
Weitra	Ortsrand	56
Weitra	**Promenade**	**57**
Wels	Eissportbahn	45
Werfenweng	**Loipenparkplatz**	**136**
Weyregg am Attersee	Badestelle	90
Wiener Neustadt	Landespflegeheim	119
Wiener Neustadt	**Stadion**	**119**
Wilhering	Stift	46
Ybbs	Donauufer	82
Zauchensee	Lifte	144
Zierings	Schloss Waldreichs	68
Zwettl	Stift Zwettl	67

Burg Hochosterwitz

Städteliste

Stellplätze in der Nähe der Ortszentren

Ort	Bezeichnung	Seite
Aigen im Mühlkreis	Ortsparkplatz	47
Altenmarkt/Triesting	**Hafnerberg**	**101**
Arbesbach	Badeteich	55
Artstetten	**Schloss Artstetten**	**81**
Bad Gams	Badesee	195
Bad St. Leonhard	**Ort**	**189**
Bernhardstal	Bernhardstaler Teich	99
Deutsch Feistritz	Reithalle	194
Deutsch Goritz	**Mostschenke**	**197**
Deutsch Jahrndorf	Wohnmobilplatz	109
Deutsch Landsberg	Koralmhalle	195
Ferlach	Messeparkplatz	181
Filzmoos	**Ortsparkplatz**	**144**
Flattach	Tourist-Information	164
Freistadt	**Stieranger**	**48**
Fügen-Gagering	**Ortsrand**	**36**
Gallneukirchen	Freizeitanlage	49
Geinberg	Therme	43
Gmunden	Sportplatz	91
Gmunden	**Wohnmobilplatz**	**91**
Hall in Tirol	**Freibad**	**34**
Heidenreichstein	Busparkplatz	58
Jagerberg	Am Kindergarten	197
Judenburg	Erlebnisbad	155
Kaltenbach-Stumm	Rissbacher Hof	36
Kefermarkt	Ortsparkplatz	48
Königswiesen	**Freibad**	**49**
Liezen	Sportzentrum	154
Mallnitz	Hallenbad	165
Maria Taferl	Wallfahrtskirche	81

Ort	Bezeichnung	Seite
Mariazell	Ortsparkplätze	157
Maurach/Achensee	Rofanseilbahn	35
Naarn im Machland	Mostschenke	49
Orth	Ort	100
Ottenschlag	Freizeitanlage	68
Pettneu	Wohnmobilhafen	32
Pillichsdorf	**Bahnhof**	**99**
Puchberg	Zahnradbahn	121
Raiding	Lisztzentrum	114
Retz	Ortsparkplatz	61
Rust	Am Alten Hafen	111
Sankt Stefan	Rosenhalle	197
Schönberg am Kamp	Freibad	70
Schrems	**Kulturhaus**	**57**
Schrems	Stadthalle	58
Schwanberg	**Badesee**	**195**
Schwaz	Ort	35
Seeboden	Millstätter See	177
Spielfeld	**Wohnmobilpark**	**196**
Stainz	Hauptplatz	194
Tauplitz	Berglifte	143
Thunau	Freibad	70
Veitsch	Marktgemeindeamt	194
Vordernberg	Wohnmobilstellplatz	155
Waldhausen	**Schlossberg**	**82**
Weistrach	**Sportanlagen**	**152**
Weitra	Ortsrand	56
Weitra	**Promenade**	**57**
Wilfersdorf	Schloss	99
Ybbs	Donauufer	82

In der Nähe der Stadtmitte von Freistadt

Burg Grafenegg

Badliste

Stellplätze am See oder am Schwimmbad

Ort	Bezeichnung	Seite
Aggsbach-Markt	Donauufer	80
Arbesbach	**Badeteich**	**55**
Bad Gams	**Badesee**	**195**
Bludenz	Freizeitzentrum	27
Breitenbrunn	Freizeitzentrum	110
Dornbirn	Mathis	26
Drobollach	**Strandbad**	**180**
Drosendorf	Terrassenbad	60
Eisenerz	Leopoldsteiner See	154
Gallneukirchen	Freizeitanlage	49
Geinberg	Therme	43
Geras	**Naturpark**	**60**
Gösselsdorf	Gösselsdorfer See	181
Gols	**Erlebnisbad**	**109**
Gröbming	**Schwimmbad**	**142**
Hall in Tirol	Freibad	34
Henndorf am Wallersee	Seefreibad	90
Judenburg	**Erlebnisbad**	**155**
Karlstift	**Stierhübelteich**	**56**
Kirchbach	Freibad	167
Klaffer	Badesee	46
Königswiesen	Freibad	49
Kötschach-Mauthen	Ski- und Badezentrum	168
Kramsach	**Seeblick Toni**	**37**
Kramsach	Seehof	37
Lambach	**Freibad**	**44**
Langau	**Bergwerksseen**	**60**
Langschlag-Mitterschlag	Frauenwieserteich	55
Mallnitz	Hallenbad	165
Mattsee	Strandbad	89
Mauterndorf	Großeck Sessellift	175
Mitterbach	Alpensesselbahn	157
Mörbisch	Yachthafen	112
Neufeld	**Neufelder See**	**113**
Neusiedl	Hallenbad	110
Obersammelsdorf	**Strandbad**	**181**
Obervellach	Hallenbad	166
Ossiach	**Strandbad**	**179**
Pernegg-Gallien	Freizeitanlage	61
Purbach	Bootshafen	110
Reißeck	Reißeck See Ostufer	167
Rust	Am Alten Hafen	111
Rust	Seebad	111
Sankt Andrä	**Sankt Andräer See**	**188**
Sankt Georgen	Strandbad Längsee	187
Scheibbs	**Hallenfreibad**	**159**
Schönberg am Kamp	Freibad	70
Schwanberg	Badesee	195
Seeboden	**Millstätter See**	**177**
Seeham	Seebad	89
Stall	Windsurfschule	164
Stockerau	Wohnmobilpark	98
Thunau	Freibad	70
Traun-Oedt	Badezentrum	45
Veitsch	**Marktgemeindeamt**	**194**
Waidhofen	**Freizeitzentrum**	**59**
Waldhäuser	Sportanlage	47
Waldhausen	**Schlossberg**	**82**
Weibern-Leithen	Badesee	44
Weiden	See	109
Weißenbriach	Freibad	167
Weyregg am Attersee	Badestelle	90

Am Gleinkersee

Liftliste

Stellplätze an Seilbahnen und Liften

Ort	Bezeichnung	Seite
Abtenau	Karkogellifte	144
Bad Leonfelden	Sternsteinlift	48
Bludenz	**Muttersbergbahn**	**26**
Dorfgastein	Ski-Schaukel	137
Ehrwald	Zugspitzbahn	32
Gosau	Hornspitzbahn	143
Grünbach	**Lift**	**120**
Hinterstoder	Hössbahnen	153
Josefsberg	Skilifte	157
Kaprun	Maiskogelbahn	129
Karlstift	**Eichelberglift**	**55**
Königsleiten	**Berglifte**	**131**
Königswiesen	Freibad	49
Kötschach-Mauthen	Ski- und Badezentrum	168
Leogang	Asitzbahn	128
Maurach	Rofanseilbahn	35
Mauterndorf	**Großeck-Sessellift**	**175**
Mitterbach	Alpensesselbahn	157
Pichl-Preunegg	Reiteralm-Sessellift	141
Puchberg	Zahnradbahn	121
Puchberg-Losenheim	**Forellenhof**	**121**
Reißeck	Kreuzeckbahn	166
Reißeck	**Reißeckbahn**	**166**
Rohrmoos-Untertal	**Hochwurzen**	**141**
Sankt Gertrauden	**Sonnleiten Schilift**	**175**
Sankt Johann	Hahnbaumlifte	137
Sankt Margarethen i.L.	Ainecklifte	176
Sankt Michael	Katschberg	177
Sankt Michael	Speieckbahn	176
Schladming	Planai	142
Semmering	Berglift Hirschenkogel	122
Spittal an der Drau	**Goldeckbahn**	**177**
Tauplitz	Berglifte	143
Wastl am Wald	Turmkogellift	158
Zauchensee	Lifte	144

Caravanliste

Ort	Bezeichnung	Landschaft	Seite
Aschau im Zillertal	Aufenfeld	Zillertal	36
D-Burghausen	Caravanstellplatz	Inntal	43
Ehrwald	Ferienanlage Zugspitzbahn	Zugspitzgebiet	32
Hochfilzen	Kulturhaus	Kitzbüheler Alpen	128
Hüttschlag	Bauernhof	Hohe Tauern	137
Königswiesen	Freibad	Mühlviertel	49
Kötschach-Mauthen	Gailberhöhe	Gailtaler Alpen	168
Kramsach	Seehof	Inntal	37
Maria Alm	Stegerbauer	Kitzbüheler Alpen	129
Naarn im Machland	Mostschenke	Mühlviertel	49
Nassereith	Fernsteinsee	Fernsteinpass	32
Neukirchen	Friedburg	Großvenediger	130
Obsteig-Gschwent	Gasthaus Lenz	Inntal	33
Partenen-Bielerhöhe	Wohnmobilstellplatz	Silvretta	27
Pettneu am Arlberg	Wohnmobilhafen	Arlberg	32
Rosegg	Rosegger Hof	Kärntner Seen	180
Sankt Stefan im Rosental	Rosenhalle	Süd-Steiermark	197
Unken	Wohnmobilplätze	Großglockner	128
Vordernberg	Wohnmobil- und Caravanplatz	Tauern	155

Sonnenuntergang auf einem Mobilplatz

Von der Seebühne zu den Dreitausendern Bregenzer Wald und Montafon

Tour 1

Tosender Applaus beschließt einen schönen Tag in Bregenz. Wir haben die Festspiele in Bregenz auf der Seebühne – vor der grandiosen Kulisse des Bodensees – erlebt. Das Wetter hat mitgespielt. Sollte es vor oder während der Vorstellung regnen, so wird die Aufführung 30 Minuten später im Festspielhaus fortgesetzt.

Da die Parkplätze während einer Aufführung immer mit Fahrzeugen voll besetzt sind, ist es sinnvoller, vom Wohnmobilplatz in Lindau zu starten und dort zu übernachten, wenn man nur zu den Festspielen nach Bregenz fahren möchte (**VA-1**). Das einmalige Übernachten nach einer Aufführung auf dem Großparkplatz bei der Seebühne wird von den Behörden für Fahrzeuge bis 3,5 Tonnen geduldet (VA-3).

Die Nacht vor unserem Besuch der Festspielstadt Bregenz haben wir auf dem „Balkon des Bodensees“, am Pfänder, in 1000 Meter Höhe und in einer reizvollen Umgebung mit Blick auf den Bodensee verbracht (VA-2). Die sieben Kilometer auf der schmalen Zufahrtsstraße mit vielen Ausweichstellen hatten sich gelohnt. Im rustikalen Gasthof verbrachten wir einen gemütlichen Abend, nette Menschen gaben uns viele Tipps für Bregenz und das kleine Bundesland Vorarlberg. Das Wetter erlaubte uns nicht nur den Blick über das „Schwäbische Meer“, sondern auch die Sicht bis zu den mächtigen Gebirgsstöcken Rätikon und Silvretta.

An diesem Tag sind wir durch die malerische Altstadt gebummelt und haben uns an den zehn Kilometer langen Stränden erholt und gebadet. Bregenz ist eine alte Stadt, die zur Römerzeit Brigantium hieß. Damals zogen die Stiefsöhne des römischen Kaisers Augustus über die Alpen und unterwarfen die keltischen Brigantier.

Die Burg auf dem Felsen, der nach zwei Seiten steil abfällt, wurde im Dreißigjährigen Krieg von den Schweden zerstört. Wahrzeichen von Bregenz ist der Martinsturm in der Altstadt, ein Teil der Stadtbefestigung aus dem 14. Jahrhundert. Sehenswert sind in der Altstadt die barocke St.Gallus-Pfarrkirche, das Kapuzinerkloster Thalbach, das Alte Rathaus und das Deuring-Schlösschen. Einen guten Tages-Parkplatz gibt es am Strandbad West.

Wir wollen ins Montafon, besuchen zunächst aber Dornbirn, Rankweil, Feldkirch und Bludenz, sehenswerte Städte am Rande des Bregenzer Waldes und in der Nähe der Autobahn A14 von Bregenz zum Arlberg. Dornbirn ist das Zentrum der österreichischen Textilindustrie, was die Dornbirner Messe im Sommer eindrucksvoll belegt. Das Messegelände eignet sich auch für eine Übernachtung (VA-4), zumal die Autobahnabfahrt nur einen Kilometer entfernt ist. Dornbirn hat nicht nur eine aktive Industrie, sondern auch Industrie-Denkmäler, Villen von Unternehmern, alte Fabrikgebäude und Arbeitersiedlungen. In der Stadt sind das Rote Haus von 1634, die klassizistische Pfarrkirche und die Bürgerhäuser sehenswert. Sehr schöne Wanderungen beginnen in Dornbirn: Durch die Rappenloch- und Alplochschlucht der Dornbirner Ache, im breiten Rheintal oder durch das Fussacher Ried, ein großes, unter Naturschutz stehendes Moorgebiet. Ausgangspunkt kann für einige Tage der Stellplatz Mathis sein (**VA-5**).

Wir besuchen das Renaissance-Schloss in Hohenems, ausgestattet mit vielen Kunstschätzen, bekannt durch die Nibelungenbibliothek, in der 1775 zwei Handschriften des Nibelungenliedes gefunden wurden. Im Schlosshof und im Schlosssaal finden im Juni Schubert-Konzerte statt. Im Nachbarort Götzis besichtigen wir die Pfarrkirche St. Ulrich, die Burgruine Montfort und die Wallfahrtskirche St. Arbogast mit dem Gemäldezyklus der Legende von Arbogast in der Vorhalle. Uns beeindruckt, wie der heilige Bischof von Straßburg einem Besessenen das Teufelsgeschwür aus dem Mund holt.

 In Rankweil ragt mitten im Ort auf dem Inselberg die Wallfahrtskirche Mariä Heimsuchung mit der Gnadenkapelle empor. Mauern mit Wehrgang erinnern an eine Burg. Daneben steht ein „Wundertätiges Kreuz“ mit Reliefdarstellungen aus dem Leben Christi.

Nahe zur Grenze des Fürstentums Liechtenstein liegt Feldkirch, die „Einkaufsstadt“ mit einem sehenswerten Altstadtkern, das Rathaus mit getäfelten Räumen, das barocke Palais Liechtenstein, die Türme und Tore der Stadtbefestigung, die Schattenburg, der spätgotische Dom St. Nikolaus mit einem schmiedeeisernen Sakramentshäuschen, das gleichzeitig als Kanzel dient.

Nach so vielen Sehenswürdigkeiten wollen wir nun auf die Berge. In Bludenz, an der Muttersbergbahn, finden wir einen Park- und Übernachtungsplatz (VA-6). Der Muttersberg ist nicht nur ein schönes Wandergebiet, sondern im Winter ein Anziehungspunkt für Skifahrer. Der Bregenzer Wald besteht nur zum Teil aus waldbedeckten Hängen. Grüne Almweiden bis zu den runden, abgeflachten Gipfeln und breite, liebliche Täler überwiegen. Schroffe Felsen und steile Wände fehlen in diesem Gebirge, die Landschaft ist offen und freundlich. Wer lieber in Ortsnähe übernachten möchte, findet am Sport- und Freizeitzentrum einen geeigneten Platz. Der alte Stadtkern – das „Städtle“ – hat historische Häuser mit Laubengängen, das Untere und Obere Tor und den Nepomukbrunnen zu bieten. In der Lauratius-Kirche sind Grabdenkmäler und Barockaltäre aus schwarzem Marmor und in der Spitalkirche ebenfalls ein Barockaltar zu sehen. Am Ortsrand von Bludenz übernachten wir am Sport- und Freizeitzentrum (VA-7).

Montafon und Silvretta, zwei Worte, die uns bezaubern. Ein berühmtes Tal und ein großartiger Gebirgsstock mit vielen Dreitausendern. Die sanften Berge des Bregenzer Waldes sind vergessen, in Vadans erhebt sich majestätisch, nahezu unbezwingbar, die Vandanser Steinwand.

In Latschau und Tschagguns sind die schönen Parkplätze für Wohnmobile gesperrt worden. Die barocke Marienwallfahrtskirche überragt die Häuser und bestimmt das Ortsbild. Sehr schön – mit einem Panoramablick über die Bergwelt – liegt oben am Speicher der Golmer Bahn ein ruhiger, asphaltierter Parkplatz mit einer langgestreckten Parknische am Rande. Die Standseilbahn zum Golmer Joch bringt uns schnell zum Bergwandergebiet in 2000 Metern Höhe. Eine sehr schöne Wanderung führt ins Gauertal bis zur Lindauer Hütte, Stützpunkt für die Kletterer an den Drei Türmen. Immer haben wir den schönsten Talschluss Vorarlbergs vor Augen: Die markante, schneebedeckte Kulisse der Drei Türme, flankiert von den Felsspitzen der Drusenfluh und Sulzfluh.

Gegenüber von Tschagguns liegt in einem breiten Talkessel des Montafon Schruns, einer der ältesten Fremdenverkehrsorte Österreichs, heute Zentrum des Tourismus und des Skisports im Montafon. Sehenswert ist die St. Jodoks-Pfarrkirche in Schruns, die barocke Bartholomäuskirche in Bartholomäberg mit einem prächtigen, berühmten Knappenaltar, die barocke Pfarrkirche in Immerberg, die gotische Agathenkirche der Bergknappen auf dem Kristberg mit gotischen und barocken Altären und die neugotische Pfarrkirche in Silbertal. Im Silbertal wurde in den vergangenen Jahrhunderten Silber abgebaut. Die dunklen Schächte sind zwar nicht mehr zugänglich, aber der Name ist geblieben, denn Montafon leitet sich von der rätoromanischen Sprache ab und bedeutet „Berg“ und „Stollen“.

Für Wohnmobile sind auch die Parkplätze an der Seilbahn und am Talschluss in Silbertal nicht zugänglich, Verbotsschilder weisen uns ab. In der Ortsmitte sind zwar keine Verbote zu erkennen, wir verzichten aber lieber darauf, in Schruns zu übernachten. Jeden Donnerstag fährt im Sommer eine historische Dampfeisenbahn von Schruns nach Bludenz, man darf sogar auf der Lok mitfahren.

Wir fahren weiter talaufwärts. In St. Gallenkirch wollten wir ins Gargellental abbiegen, aber ein durchgestrichenes Wohnmobil-Schild hält uns davon ab. St. Gallenkirch empfängt uns freundlich. Am Bauhof der Valiresa-Bahn dürfen wir einige Tage bleiben (**VA-8**). Im Winter beginnt hier der Skizirkus Silvretta Nova, der bis nach Gaschurn abläuft. In Gaschurn grinsen uns wieder die Übernachtungs-Verbotsschilder mit Strafandrohung an, in Partenen gehören die Parkplätze an den Standseilbahnen zu den Kraftwerken.

In Partenen beginnt die mautpflichtige, nur im Sommer zu befahrene, Silvretta-Hochalpenstraße, am Vermont-Stausee vorbei zur Bielerhöhe am Silvretta Stausee. In den Sommermonaten kann man auf der Bielerhöhe übernachten (**VA-9**), in den Wintermonaten ist die Mautstraße gesperrt. Vom Silvretta-Stausee wandern wir über Schotter und Fels durchs Ochsental und durchs Klostertal, immer Dreitausender im Blickfeld, den Piz Buin (3312 m), das Silvrettahorn (3244 m) und das Große Seehorn (3121 m). Das gewaltige Silvretta-Massiv mit dem Piz Linard als höchstem Berg (3411 m) ist stark vergletschert. An der Wiesbadener Hütte treffen wir in 2500 m Höhe auf die erste Gletscherzunge. Unsere Wanderung hat ihren Höhepunkt erreicht. Unsere Wochenreise hat uns vom Bodensee zu den gewaltigen Dreitausendern der Silvretta geführt.

Kühe am Mobil

Am Badesee

Vorarlberg

D e u t s c h l a n d
Lindau – 1
Lochau – 2
Bodensee
Bregenz – 3
A14
Lingenau
Hitisau
Lustenau
Dornbirn – 4
Dornbirn – 5
Egg
Bezau
Hohenems
Mellau
Götzis
B r e g e n z e r W a l d
Mittelberg
Baad
Damüls
Schoppernau
Feldkirch
Innerlaterns
Rankweil
A14
Sonntag
Schröcken
Thüringerberg
Warth
Steg
Frastanz
Lech
Bludenz – 6+7
ZüRs
Innerbraz
Bürserberg
Bürs
A14
Klösterle
Langen
St.Anton
Lichten-
stein
Brand
Dalaas
Silbertal
Tschagguns
Schruns
St. Gallenkirch – 8
V e r w a l l -
G r u p p e
Ischgl
Partenen-Bielerhöhe – 9
Mathon
Gargellen
Partenen
Galtür
S c h w e i z
S i l v r e t t a

Vorarlberg **Tour 1**

Nr.	Ort, Bezeichnung	Stell-plätze	Gast-haus	Häu-ser	WC	Bad See	Orts-nähe	Ent-sorg.	Park-dauer	Park-gebühr
		A					B		C	D
VA-1	**Lindau, Wohnmobilplatz ****	30	-	+	+	-	15	-	1	12
VA-2	Lochau, Pfänder ***	10	+	+	-	-	x	-	1	P
VA-3	Bregenz, Festspiel-Platz **	30	-	+	-	+	x	-	1	0
VA-4	Dornbirn, Messepark *	30	-	+	-	-	x	-	1	0
VA-5	**Dornbirn, Mathis ****	**3**	-	+	-	+	**x**	-	**T**	**15**
VA-6	Bludenz, Muttersbergbahn **	5	-	+	+	-	x	-	1	0
VA-7	Bludenz, Sportzentrum **	5	-	+	-	+	x	-	1	0
VA-8	**St. Gallenkirch, Bauhof**	**10**	-	+	-	-	**x**	+	**T**	**6**
VA-9	**Partenen-Bielerhöhe *****	**20**	+	+	-	-	**x**	-	**T**	**0**

Legende

****	sehr ruhige und sehr schöne Lage.
***	sehr ruhige und schöne Lage.
**	ruhige und gute Lage.
*	keine ruhige Lage.
A	Stellplätze gestaffelt nach 3, 5, 10, 20, 30, 50 Wohnmobilen. Dabei wird angenommen, dass nur die Hälfte des Platzes zur Verfügung steht und die andere Hälfte durch PKW belegt ist.
B	Fußweg in Minuten, x über 15 min Fußweg.
C	Aufenthaltsdauer in Tagen.
D	Stellplatzgebühr in Euro pro Wohnmobil und 24 Stunden oder Parkgebühr.
P	Parkgebühr in der Saison.
T	Aufenthaltsdauer einige Tage.
U	Aufenthaltsdauer unbegrenzt.

Parkplatz (gelb) — Wohnmobil-Stellplatz (grün)

Am Silvretta-Stausee

D-Lindau Wohnmobilplatz **  VA - 1

Wohnmobilplatz in ruhiger und schöner Lage.

Von der Ausfahrt Lindau der Autobahn A96 nach 1,5 km links Richtung Lindau fahren (B12). Nach 1,8 km – 1 km nach dem Ortsanfang – rechts dem Symbol folgen. Noch 200 m bis zum Parkplatz P1 für Mobile.
Koordinaten: 47° 33,52' Nord, 9° 42,07' Ost.
Koordinaten: 47° 33' 31" Nord, 9° 42' 04" Ost.
Häuser, WC und Müllbehälter am Parkplatz.
Bushaltestelle (City-Bus), Taxistand und Tankstelle am Parkplatz.
Wohnmobile fast immer anzutreffen. Aufenthaltsdauer 24 Std.
15 Minuten Fußweg zur Insel (Altstadt).
Besichtigung von Lindau: Marktplatz mit Stiftskirche St. Maria, Stephanskirche, Maximilianstraße mit bemalten Bürgerhäusern, Rathaus, Diebsturm, Paterskirche, Haus Cavazzen, Hafenpanorama mit Leuchtturm, Löwen und Mangturm.
Fahrt nach Bregenz. Besuch der Bregenzer Festspiele.
Fahrt auf den Pfänder. Panoramablick.
Parkgebühr: 1,50 € für 2 Stunde.
Jede weitere Stunde 0,70 €. 17 € für 24 Stunden.
Ebene Stellflächen für 30 Wohnmobile.

Lochau Pfänder *** VA - 2

Parkplatz unterhalb der Pfänderspitze in 1000 m Höhe und sehr ruhiger und schöner Lage.

Von der B190 aus Richtung Bregenz 900 m nach dem Ortsende Lochau rechts Richtung Hörbranz und nach weiteren 900 m rechts Richtung Wildpark Pfänder abbiegen. Noch 6,5 km auf schmaler Straße bis zum Parkplatz rechts. Von der Ausfahrt Hörbranz/Lochau der Autobahn A14 Richtung Lochau fahren und nach 1,7 km links Richtung Wildpark Pfänder abbiegen. Noch 6,5 km bis zum Parkplatz rechts.

Gasthäuser und Häuser am Parkplatz. Blick zum Bodensee.
Wanderwege am Pfänder. Müllbehälter am Parkplatz.
Zufahrt für große Wohnmobile nicht geeignet.
Schmale Zufahrt auf 7 km mit vielen Ausweichstellen.
15 Minuten Fußweg zur Pfänderspitze (1064 m), Panoramablick.
Besuch der Bregenzer Festspiele (auf der Seebühne) im Juli und August.
Besuch des Wildparks.
Besichtigung von Bregenz: Altstadt (Oberstadt), Martinsturm, Martinskapelle, St. Gallus-Pfarrkirche, Klosterkirche Thalbach, Altes Rathaus, Deuringschlösschen, Vorarlberger Landesmuseum, Kloster Mehrenau, Burg Hohenbregenz.
Parkgebühr von 9.00-17.00 Uhr.
Ebene und schräge Stellflächen für 10 Wohnmobile.

Bregenz Festspiel-Platz ** VA - 3

Geschotterter **Parkplatz** mit Bäumen in sehr ruhiger und schöner Lage.

Von der Ausfahrt Bregenz der Autobahn A14 Richtung Bregenz und nach 2 km hinter dem City-Tunnel rechts Richtung Bregenz abbiegen. Nach 100 m rechts dem Parkplatz-Schild folgen. Noch 400 m bis zum Parkplatz Ost. Am Platz Ost vorbeifahren und nach 600 m rechts dem P-Schild folgen. Noch 200 m.
Koordinaten: 47° 30,20' Nord, 9° 44,19' Ost.
Koordinaten: 47° 30' 12" Nord, 9° 44' 11" Ost.

Häuser und Strandbad am Parkplatz. Hallenbad in der Nähe.
Wanderweg am Seeufer. Radfahrten.
Wassersport. Segelhafen in der Nähe. Schiffsrundreise auf dem Bodensee.
Besuch des Vorarlberger Landesmuseums. Besuch des Klosters Mehrenau.
Besichtigung von Bregenz: Altstadt (Oberstadt), Martinsturm, Martinskapelle, St. Gallus-Pfarrkirche, Klosterkirche Thalbach, Altes Rathaus, Deuringschlösschen, Vorarlberger Landesmuseum, Kloster Mehrenau, Burg Hohenbregenz.
Nur für Mobile bis 3,5 t. Keine Parkgebühr.
Ebene Stellflächen für 30 Wohnmobile.

Dornbirn Messepark Schwerfahrzeuge * VA - 4

Mehrere asphaltierte **Parkplätze** am Parkplatz des Messegeländes.

Von der Ausfahrt Dornbirn-Süd der A14 Richtung Dornbirn/Messe fahren (B204) und nach 300 m rechts zur Messe abbiegen. Noch 100 m bis zum Messepark rechts und 500 m bis zum Platz Schwerlastfahrzeuge.
Koordinaten: 47° 24,52' Nord, 9° 42,72" Ost.
Koordinaten: 47° 24' 31" Nord, 9° 42' 43" Ost.

Häuser und Einkaufszentrum am Parkplatz.
Wanderweg. Radfahrten im Rheintal und im Bregenzerwald.
Parkplatz Messepark meistens mit Schranken verschlossen.
Naturschutzgebiet Fassacher Ried.
Besuch des Stickerei-Museums in Lustenau.
Besuch der Rappenlochschlucht.
Besichtigung von Dornbirn: St. Martin, Rotes Haus (Weinstube), Museum Vorarlberger Naturschau.
Besichtigung von Bregenz. Fahrt ins Montafon.
Keine Parkgebühr. Ebene Stellflächen für 30 Wohnmobile.
Parken an Wochenenden nicht erlaubt.

Dornbirn Ferienwohnungen Mathis ** VA - 5

Drei **Wohnmobilplätze** an den Ferienwohnungen in ruhiger Lage.

Von der Ausfahrt Dornbirn-Süd der Autobahn A14 Richtung Dornbirn/Messe fahren (B204). Nach der Bahnüberführung rechts (Härte) und nach 600 m links abbiegen (Obere Härte). Noch 100 m bis zum Platz rechts (**Obere Härte 27/Unterfeld**).
Koordinaten: 47° 24,42' Nord, 9° 43,48' Ost
Koordinaten: 47° 24' 25" Nord, 9° 43' 29" Ost.

Häuser am Platz. Bäckerei, Hallenbad und Wellness in der Nähe.
Wasser- und Stromversorgung am Stellplatz.
Aufenthaltsdauer einige Tage. Ganzjährig zugänglich.
Fahrradverleih am Platz.
Wanderweg. Radfahrten im Rheintal und im Bregenzerwald.
Naturschutzgebiet Fassacher Ried.
Besuch des Stickerei-Museums in Lustenau.
Besuch der Rappenlochschlucht.
Besichtigung von Dornbirn: St. Martin, Rotes Haus (Weinstube).
Besichtigung von Bregenz. Fahrt ins Montafon.
Parkgebühr: 15 € für 24 Stunden inkl. aller Nebenkosten.
Ebene Stellflächen für 3 Mobile bis 8 m Länge auf Rasengittersteinen.
Informationen: Tel. 0043/66 05 55 95 05. www.ferien-in-dornbirn.at.

Bludenz Mutterbergbahn ** VA - 6

Parkplatz an der Muttersbergbahn in sehr ruhiger Lage und landschaftlich reizvoller Umgebung.

Von der Ausfahrt Bludenz/Nüziders der Autobahn A14 Richtung Nüziders fahren (B193) und nach 1 km rechts Richtung Nüziders abbiegen. Nach weiteren 3,8 km – 800 m nach dem Ortsanfang Bludenz – links Richtung Muttersbergbahn fahren. Noch 800 m bis zum Parkplatz.
Koordinaten: 47° 10,00' Nord, 9° 49,25' Ost.
Koordinaten: 47° 10' 00" Nord, 9° 49' 15" Ost.

Häuser am Parkplatz. WC am Parkplatz.
Wanderweg am Muttersberg. Radwanderwege.
Fahrt auf den Muttersberg. Gasthaus an der Bergstation.
Alpine Wanderungen zum Hohen Fraßen (1981 m) und zur Gamsfreiheit (2214 m). Skigebiet.
Besuch des Heimatmuseums im Oberen Tor.
Besichtigung von Bludenz: Stadtkern mit Laubengang-Häusern, Unterem und Oberem Tor, Laurentius-, Spital-, Heiligkreuzkirche.
Fahrt ins Brandnertal. Fahrt ins Montafon.
Keine Parkgebühr.
Ebene und leicht schräge Flächen für 5 Mobile.

Vorarlberg

Bludenz Sport- und Freizeitzentrum ** VA - 7

Asphaltierter **Parkplatz** am Sport- und Freizeitzentrum in ruhiger Lage.

Von der Ausfahrt Bludenz/Bürs der Autobahn A14 Richtung Bludenz fahren und nach 300 m hinter der Bahnüberquerung rechts Richtung Ortsmitte abbiegen. Nach weiteren 400 m rechts dem Symbol Schwimmbad erst links und dann rechts folgen. Nach insgesamt 1,8 km wird der Platz rechts erreicht.
Koordinaten: 47° 09,37' Nord, 9° 49,65' Ost.
Koordinaten: 47° 09' 22" Nord, 9° 49' 39" Ost.

Häuser am Parkplatz.
Müllcontainer am Parkplatz.
Freibad und Hallenbad am Parkplatz.
Wanderweg im Klostertal.
Radfahrten. Bergwandern am Muttersberg.
Skigebiet Muttersberg.
Besuch des Heimatmuseums im Oberen Tor.
Besichtigung von Bludenz: Stadtkern mit Laubengang-Häusern, Unterem und Oberem Tor, Laurentius-, Spital-, Heiligkreuzkirche.
Fahrt ins Brandnertal. Fahrt ins Montafon.
Asphaltierte Stellplätze für 5 Mobile. Keine Parkgebühr

St. Gallenkirch-Galgenul Bauhof Valisera-Bahn **  VA - 8

Übernachtungsplätze auf dem Bauhof der Valiresa-Bahn (Silvretta Nova-Bergbahn) in ruhiger Lage.

Von der 188 nördlich von Garfrescha Richtung Bauhof/Galgenul abbiegen (**Straße Sankt Gallenkirch**). Noch 300 m bis zum Bauhof.
Koordinaten: 47° 01,52' Nord, 9° 57,78' Ost.
Koordinaten: 47° 01' 31" Nord, 9° 57' 47" Ost.

An der Valiresa-Bahn

Häuser in der Nähe.
Entsorgung von Chemie-Kassetten und Müllbehälter am Parkplatz.
Stromanschlüsse vorhanden. Gebühr 0,50 €
Zugänglich 15.12.–06.04. Aufenthalt einige Tage.
Wanderwege im Montafon und im Gargellental. Radfahrten.
Nebenstraße am Parkplatz.
Skigebiet Silvretta in der Nähe (Valisera-Bahn).
Fahrt zur Silvretta-Hochalpenstraße.
Parkgebühr: 6 € inkl. Kurtaxe für 24 Stunden.
Ebene, befestigte Stellflächen für 10 Wohnmobile.
Übernachten im Gargellental und an der Seilbahn verboten.
Stellplatz an der Valiresa-Bahn seit 2009 geschlossen.
Informationen: Tel. 0043/55 57 63 00.

6794 Partenen-Bielerhöhe Wohnmobilstellplatz ***   VA - 9

Schöner **Wohnmobil- und Caravanplatz** auf der Bielerhöhe mit Panoramablick.

Auf der Silvrettahochalpenstraße zur Bielerhöhe fahren. Dem Wohnmobilschild folgend rechts zum Platz.
Koordinaten: 46° 55.14' Nord, 10° 05.38' Ost.
Koordinaten: 46° 55' 08" Nord, 10° 05' 23" Ost.

Restaurant am Platz.
Tagsüber Geräusche durch Passstraße.
Maut auf Silvrettahochalpenstraße 15 € pro Tag.
Müllbehälter vorhanden.
Wanderungen und Skitouren.
Mountainbiketouren in der Umgebung.
In den Sommermonaten zugänglich.
Aufenthaltsdauer nicht begrenzt.
Sanitäranlage in der Nähe vorhanden.
Geschotterte, ebene und gerade Stellflächen.
Stellflächen für 20 Wohnmobile.
Keine Parkgebühr.

Im Land der hohen Berge
In Tirol

Tour 2

Vor einigen Jahren war in Tirol das Übernachten im Wohnmobil außerhalb von Campingplätzen grundsätzlich verboten. Das Wohnmobil durfte nur vorübergehend auf einem öffentlichen Parkplatz abgestellt werden, wenn man besonderen Aktivitäten wie Bergwandern, Bootsfahrten usw. nachgehen wollte. Das Fahrzeug durfte hierbei nicht zum Schlafen, Kochen usw. benutzt werden. Inzwischen hat man erkannt, dass die Wohnmobilisten oft frei stehen und übernachten möchte. Auf diese finanzstarke Urlaubergruppe möchte man nicht mehr verzichten. Deshalb sind auch in Tirol einige Stellplätze vor der Schranke eines Campingplatzes, an Gaststätten oder durch private Personen und Gemeinden entstanden.

Tirol wurde nach dem 1. Weltkrieg aufgeteilt, Nordtirol blieb bei Österreich, das deutschsprachige Südtirol erhielt Italien, Osttirol wurde ein eigenes Bundesland in Österreich. Auch nach dem 2. Weltkrieg gab es keine Veränderungen. Der Name Tirol leitet sich von dem Stammsitz und der Residenz der früheren Landesfürsten, vom Schloss Tirol bei Meran in Italien ab. Die Hauptstadt des Bundeslandes Tirol ist heute Innsbruck. Die deutsch-italienische Staatsgrenze ist weder eine Kulturgrenze noch eine Sprachgrenze. Tiroler Traditionen und Österreichischer Dialekt sind fast überall südlich des Brenners und des Reschenpasses zu finden.

Die Alpen prägen das Land Tirol. Die Wildspitze ist mit 3.768 in den Ötztaler Alpen der höchste Berg. Der wichtigste Wirtschaftszweig ist der Tourismus. Besonders bekannt ist der Tiroler Speck. Es gibt aber auch einige wichtige Industrieanlagen.

Eine Urlaubsreise durch Tirol beginnen wir am Arlberg. Gleich nach dem Pass finden wir im Stanzer Tal bei Pettneu einen guten Schlafplatz vor der Schranke eines Campingplatzes (**TR-1**). Im Winter fährt sogar ein kostenloser Skibus zu den Wintersportgebieten am Arlberg. Wer über den Fernpass nach Österreich kommt, kann in Nassereith vor einem Campingplatz am Fernsteinsee (**TR-2**) oder an der Ferienanlage Zugspitzbahn in Ehrwald (**TR-3**) übernachten.

Sehr schön liegt in einer landschaftlich reizvoller Umgebung der Wohnmobilhafen Marienberg in Biberwier (**TR-4**). Der Platz ist auch im Winter erreichbar und mit allen notwendigen Einrichtungen ausgerüstet. In Obsteig-Gschwent nimmt das Gasthaus Lenz nicht nur Wohnmobile, sondern auch Gespanne für eine längere Aufenthaltsdauer auf (**TR-5**). Vor dem Farm-Camping Branger Alm in Kematen-Unterperfuss mit Gaststätte und Hausbrauerei ist ein weiterer Stellplatz zu finden (**TR-6**).

Vom Wohnmobilstellplatz in Telfs (**TR-7**) erkunden wir Innsbruck. Am Stellplatz finden wir nicht nur alle notwendigen Einrichtungen für einen mehrtägigen Aufenthalt, sondern haben auch ein Restaurant, einen Frühstück-Service, Bauernhofprodukte, einen Freizeitpark und Einkaufsmöglichkeiten in der Nähe. Einen weiteren Mobilstellplatz für mehrere Tage finden wir in Leutasch am Kreith Lift (**TR-8**).

Innsbruck ist eine sehenswerte Stadt mit einer bemerkenswerten Altstadt. Berühmt sind das Goldene Dachl an der Herzog-Friedrich-Straße, das Schloss Ambras mit dem Schlosspark und die Innsbrucker Hofburg. Sehenswert sind auch das Befreiungsdenkmal, die Annasäule, das Landhaus, das Helblinghaus, die Triumphpforte und der Wappenturm. Besichtigen sollte man auch die Hofkirche, den Dom zu Sankt Jakob, die Dreiheiligenkirche, das Stift Wilten und die ehemalige Ursulinenkirche. Die Bergiselschanze ist durch die Skispringer und die Vierschanzentournee bekannt. Von dem Sprungturm hat man eine herrliche Aussicht auf das Inntal und die Landeshauptstadt Innsbruck.

Die Übernachtungsplätze in Hall liegen mit Ver- und Entsorgung und Stromanschlüssen am Schwimmbad (**TR-9**). In acht Minuten sind wir in der historischen Altstadt und bewundern den Oberen und Unteren Stadtplatz und die Burg Hasgg mit dem bekannten Münzturm.

In Schwaz im Inntal liegt der Wohnmobilplatz sehr günstig in der Nähe der Stadtmitte, aber auch in einer ruhigen Lage und hat eine Ver- und Entsorgungsstation (**TR-10**). Wir besuchen die historische Altstadt, das Schimuseum, das Planetarium und steigen in das Schau-Silberbergwerk.

Wer vom Tegernsee über den Achenpass nach Österreich fährt, findet in Achenkirch (**TR-12**) einen guten Stellplatz für die Übernachtung. Einen besonders schönen Platz entdecken wir an der Rofan-Seilbahn in Maurach am Achensee (**TR-11**). Den sehr ruhig in einer abwechslungsreichen Landschaft gelegenen Parkplatz dürfen Wohnmobile für eine Übernachtung kostenfrei nutzen. Erwartet wird nur die Fahrt mit der Seilbahn in die wunderschöne Bergwelt am Rofan. Aber auch der Ort Maurach, das Freibad im Achensee und die Schiffsanlegestelle für eine Rundfahrt auf dem See sind in wenigen Minuten zu Fuß zu erreichen.

Ein Abstecher führt uns ins Zillertal. Wohnmobilstellplätze sind in Fügen-Gagering (**TR-13**), in Kaltenbach-Stumm (**TR-14**) und in Aschau (**TR-15**) zu finden. Wir beenden unsere Fahrt durch Tirol in Kramsach. Am Reintaler See entdecken wir gleich zwei Stellplätze vor Campingplätzen (**TR-16** und **TR-17**). Auf der großen Liegewiese und im klaren Wasser des Sees erholen wir uns mehrere Tage.

Unsere letzte Besichtigungsstation ist das Städtchen Kufstein. Auf der ganzen Welt ist die Stadt durch das volkstümliche Kufsteinlied von Ganzer bekannt. Jahrhunderte war Kufstein eine wichtige Zollgrenze. Das Salz und andere Bergbauprodukte wurden über den Inn nach Deutschland verschifft und in Kufstein kontrolliert.

Das Wahrzeichen der Stadt ist die Festung Kufstein mit dem weithin sichtbaren Kaiserturm von 1522. Weitere Sehenswürdigkeiten sind die Burgruine Thierberg, das Schloss Hohenstaffing, die Römerhofgasse, die Weinhäuser Batzenhäusl und Auracher Löchl, das Rathaus und die barocke Sankt Vitus-Kirche.

An der Silvretta-Hochalpenstraße

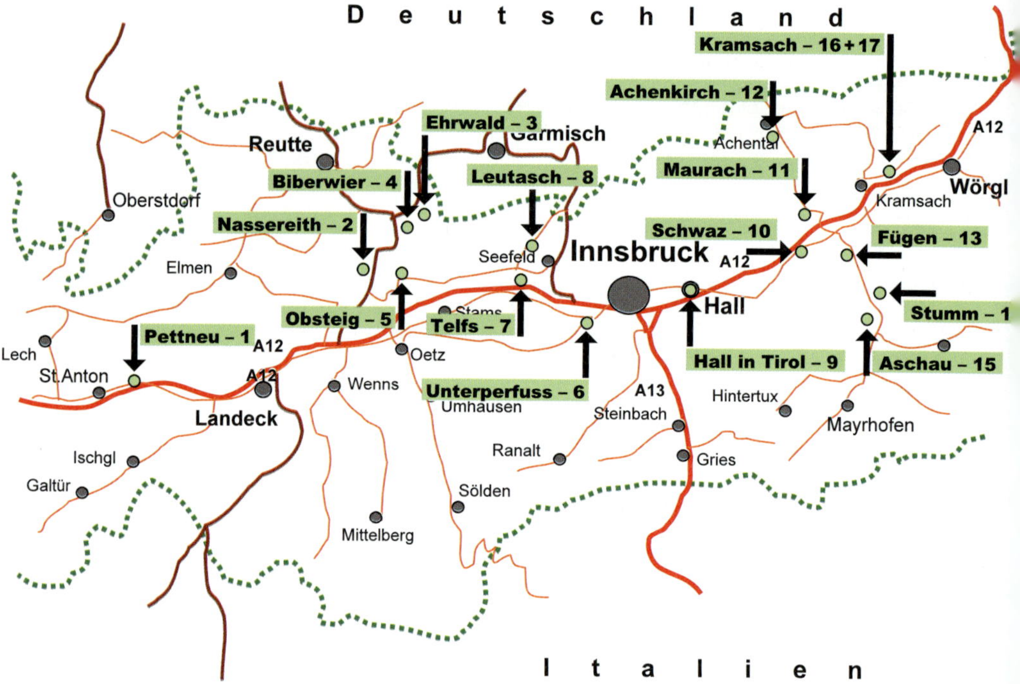

D e u t s c h l a n d

Kramsach – 16 + 17

Achenkirch – 12

Ehrwald – 3

Garmisch

Reutte

Biberwier – 4

Leutasch – 8

Maurach – 11

Achental

A12

Wörgl

Kramsach

Oberstdorf

Nassereith – 2

Elmen

Seefeld

Innsbruck

A12

Schwaz – 10

Fügen – 13

Hall

Stumm – 1

Obsteig – 5

Stams

Telfs – 7

Pettneu – 1

A12

Lech

Oetz

St.Anton

A12

Wenns

Unterperfuss – 6

Umhausen

A13

Hall in Tirol – 9

Aschau – 15

Hintertux

Landeck

Steinbach

Mayrhofen

Ranalt

Gries

Ischgl

Galtür

Sölden

Mittelberg

I t a l i e n

Tirol

Tour 2: **In Tirol**

Nr.	Ort, Bezeichnung	Stell-plätze A	Gast-haus	Häu-ser	WC	Bad See	Orts-nähe B	Ent-sorg.	Park-dauer C	Park-gebühr D
TR-1	**Pettneu, Wohnmobilhafen *****	**50**	+	-	+	-	**x**	+	**U**	**12**
TR-2	**Nassereith, Fernsteinsee ****	**10**	+	-	-	-	**x**	+	**U**	**18**
TR-3	**Ehrwald, Ferienanlage *****	**20**	+	+	+	-	**x**	+	**1**	**15**
TR-4	**Biberwier, Marienberg ******	**24**	+	+	-	-	**x**	+	**U**	**17**
TR-5	**Obsteig-Gschwent, Lenz *****	**6**	+	-	-	-	**x**	+	**U**	**10**
TR-6	**Unterperfuss, Branger Alm ****	**10**	+	+	-	-	**x**	+	**1**	**15**
TR-7	**Telfs, Wohnmobilplatz ****	**3**	-	-	-	-	**x**	+	**U**	**8**
TR-8	**Leutasch, Stellplatz Kreith Lift ****	**20**	-	-	+	-	**x**	+	**U**	**23**
TR-9	**Hall in Tirol, Freibad ****	**8**	+	+	-	+	**8**	+	**1**	**15**
TR-10	**Schwaz, Ort ****	**5**	+	+	-	-	**7**	+	**1**	**4**
TR-11	**Maurach, Rofanseilbahn *****	**10**	+	+	-	-	**8**	-	**1**	**0**
TR-12	**Achenkirch, Alpencaravanpark ****	**6**	-	-	-	-	**x**	+	**U**	**27**
TR-13	**Fügen-Gagering, Ortsrand ***	**5**	+	+	-	-	**10**	+	**1**	**15**
TR-14	**Stumm, Rissbacher Hof ****	**5**	+	+	-	-	**x**	-	**1**	**10**
TR-15	**Aschau, Aufenfeld ***	**5**	+	+	-	-	**x**	+	**1**	**10**
TR-16	**Kramsach, Seehof *****	**10**	+	-	-	+	**x**	-	**1**	**15**
TR-17	**Kramsach, Seeblick Toni ****	**5**	+	-	-	+	**x**	-	**1**	**15**

Legende

****	sehr ruhige und sehr schöne Lage.
***	sehr ruhige und schöne Lage.
**	ruhige und gute Lage.
*	keine ruhige Lage.
A	Stellplätze gestaffelt nach 3, 5, 10, 20, 30, 50 Wohnmobilen. Dabei wird angenommen, dass nur die Hälfte des Platzes zur Verfügung steht und die andere Hälfte durch PKW belegt ist.
B	Fußweg in Minuten, x über 15 min Fußweg.
C	Aufenthaltsdauer in Tagen.
D	Stellplatzgebühr in Euro pro Wohnmobil und 24 Stunden oder Parkgebühr.
P	Parkgebühr in der Saison.
T	Aufenthaltsdauer einige Tage.
U	Aufenthaltsdauer unbegrenzt.

Parkplatz — Wohnmobil-Stellplatz

Pettneu am Arlberg Wohnmobilhafen ***

  TR - 1

Wohnmobilplätze vor dem Campingplatz in ruhiger und schöner Lage.

Von der S16 östlich von St. Anton Richtung Pettneu abbiegen. Links zum Camping Arlberg fahren. Der Platz liegt vor dem Campingplatz. Schranke vor der Einfahrt.
Koordinaten: 47° 8,71' Nord, 10° 20,28' Ost.
Koordinaten: 47° 8' 43" Nord, 10° 20' 17" Ost.

Gaststätten in der Nähe.
Ver- und Entsorgung in der Nähe. Stromanschlüsse (16 A).
Loipen am Platz.
Ganzjährig zugänglich.
12 Minuten Fußweg zur Ortsmitte.
Wandern im Gebiet des Arlbergs. Bergwandern.
Wintersport am Arlberg (kostenloser Skibus).
Stellplatzgebühr 12 € (Mai-Okt.),
15 € (Dez.-April) für 24 Stunden.
Ebene Stellflächen (6 m x 12 m) auf Wiese für 50 Wohnmobile oder Caravan.
Informationen: Camping Arlberg (0 54 48) 22 26 60.
Internet: www.camping-arlberg.at.

Nassereith Fernsteinsee **

  TR - 2

Übernachtungsplätze vor dem Campingplatz in ruhiger und schöner Lage.

Von Reutte Richtung Fernpass (B179, bis 7,5 t) und vom Fernpass Richtung Imst fahren. 200 m nach dem Hotel Schloss Fernsteinsee rechts zum Campingplatz abbiegen (schmale Zufahrt).
Koordinaten: 47° 20,65' Nord, 10° 49,10' Ost.
Koordinaten: 47° 20' 39" Nord, 10° 49' 06" Ost.

Gaststätten in der Nähe.
Wasserversorgung und Stromanschluss am Platz.
Wegen schmaler Zufahrt nicht für große Wohnmobile geeignet.
Zugänglich Anfang April bis Ende Oktober.
Fahrt mit der Tiroler Zugspitzbahn.
Wandern im Gebiet des Fernsteinsees.
Fahrt zum Fernpass.
Ausflug nach Reutte.
Übernachtungsgebühr 18 € für 24 Stunden.
Ebene Stellflächen auf Wiese für 10 Wohnmobile oder Caravan.
Internet: www.schlos-fernsteinsee.at/camping.

Ehrwald Ferienanlage Zugspitzbahn ***

  TR - 3

Übernachtungsplätze in sehr ruhiger und schöner Lage.

Von Reutte Richtung Fernpass fahren (B179, bis 7,5 t)) und Richtung Garmisch/Leermoos abbiegen (B187). 14,5 km nach der Abzweigung der B187 am Ortsanfang Ehrwald links Richtung Tiroler Zuspitzbahn abbiegen. Nach 3,3 km links dem P-Schild in der Ferienanlage folgen. Noch 100 m bis zum Platz links.
Koordinaten: 47° 25,63' Nord, 10° 56,48' Ost.
Koordinaten: 47° 25' 38" Nord, 10° 56' 29" Ost.

Gaststätten und Häuser am Parkplatz.
Ver- und Entsorgung (Holiday Clean) und WC am Platz.
Stromanschluss. Gebühr 0,80 € pro kWh.
Ganzjährig zugänglich. Fahrt mit der Tiroler Zugspitzbahn.
Wandern im Talkessel. Bergwandern im Zugspitzgebiet.
Winterskigebiet. Winterwanderwege.
Fahrt zum Fernpass. Ausflug nach Reutte.
Übernachtungsgebühr 15 € von 17-10.00 Uhr,
26 € im Sommer, 32 € im Winter für 24 Stunden und 2 Personen.
Ebene, befestigte Stellflächen mit Randbäumen für
20 Wohnmobile oder Caravan.
Informationen: Tiroler Zugspitz (0 56 73) 23 09.
Internet: www.ferienanlage-zugspitze.at.

6633 Biberwier Wohnmobilhafen Marienberg ****  TR - 4

Wohnmobilhafen in sehr ruhiger Lage und landschaftlich reizvollen Umgebung. Auf der A12 die Ausfahrt 132 nehmen und nach Biberwier fahren. Am Ortsende dem Schild Marienberglifte folgend links abbiegen. Noch 150m bis zum Platz links.
Koordinaten: 47° 22.48' Nord, 10° 53.50' Ost.
Koordinaten: 47° 22' 29" Nord, 10° 53' 30" Ost.

Schöner Blick auf Berge.
Skilift am Platz. Restaurant in der Nähe.
Ver- und Entsorgung und Stromversorgung am Platz.
Gebühr 2,70 € pro Nacht.
Ganzjährig zugänglich. Aufenthaltsdauer nicht begrenzt.
Abreise bis 12 Uhr.
Sanitäranlage vorhanden.
Warmwasser und Dusche im Preis inbegriffen.
Wanderungen und Skitouren in der Umgebung.
Mountainbiketouren in der Umgebung.
Fahrt zum Fernpass. Ausflug nach Reutte.
Parkgebühren: 10 € Stellplatz. 2 € pro Person.
Kurtaxe 1,30 € pro Person. Preisänderung zur Skisaison.
Geschotterte, ebene und gerade Stellflächen.
Stellflächen für 24 Wohnmobile.
Informationen: Tel. 0043 (0)5673 20237

6416 Obsteig-Gschwent Gasthaus Lenz ***   TR - 5

Kleiner **Wohnmobil- und Caravanplatz** am Gasthaus in sehr ruhiger und sehr schöner Lage.

Von der A12 die Ausfahrt 13 nehmen und auf der B189 nach Obsteig fahren. Sofort am Ortseingangsschild links dem Schild Gasthaus zum Lenz folgen. Nach 1,5 km links und noch weitere 200 m bis zum Platz.
Koordinaten: 47° 18.57' Nord, 10° 56.65' Ost.
Koordinaten: 47° 18' 34" Nord, 10° 56' 39" Ost.

Herrliche Natur rings um den Platz.
Angrenzende Weiden.
Ver- und Entsorgung und Müllbehälter am Platz.
Stromversorgung vorhanden. Ganzjährig zugänglich.
Aufenthaltsdauer nicht begrenzt.
Sanitäranlage im Gasthaus.
Ebene und gerade Stellflächen auf Wiese für 6 Wohnmobile.
Parkgebühr: 10 €.
Wandern und Mountainbiketouren in der Umgebung.
Informationen: info@gasthaus-lenz.com

6175 Kematen-Unterperfuss Branger Alm **  TR - 6

Übernachtungsplätze auf einem Großparkplatz in schöner Lage.

Von der B171 westlich von Innsbruck Richtung Unterperfuss und nach 2,2 km im Kreisel rechts Richtung Unterperfuss abbiegen. Nach weiteren 1,2 km – 700 m nach dem Ortsanfang – links zum Platz fahren.
Koordinaten: 47° 15,64' Nord, 11° 15,37' Ost.
Koordinaten: 47° 15' 38" Nord, 11° 15' 22" Ost.

Gaststätten, Hausbrauerei und Häuser am Platz.
Ver- und Entsorgung vor dem Farm-Camping.
Stromanschluss in Stellplatzgebühr enthalten.
Ganzjährig zugänglich.
Ausflug nach Innsbruck.
Wandern und Radtouren im Inntal.
Übernachtungsgebühr 15 € für 24 Stunden.
Asphaltierte, ebene Stellflächen
mit einzelnen Bäumen für 10 Wohnmobile.
Informationen: Hörtnagl (0 52 32) 22 09.
Internet: www.brangeralm.at.

6165 Telfs **Wohnmobilstellpatz **** TR - 7

Kleiner **Wohnmobilplatz** vor dem Campingplatz in ruhiger Umgebung und schöner Lage.

Auf der A13 Ausfahrt Schönberg nehmen und Richtung Telfs fahren. Richtung Telfs Freizeitzentrum abbiegen und wieder rechts Richtung Telfs. Nach 200 m links. Noch 100 m bis zum Platz rechts.
Koordinaten: 47° 09.66' Nord, 11° 21.29' Ost.
Koordinaten: 47° 09' 40" Nord, 11° 21' 17" Ost.

Geräusche von der Straße.
Mautgebühr auf der Zufahrt: 2,50 € Brennerautobahn.
Freizeitzentrum am Platz mit Restaurant.
Ver- und Entsorgung am Campingplatz. 1 €.
Stromversorgung. Gebühr nach Verbrauch.
Ganzjährig zugänglich. Aufenthaltsdauer nicht begrenzt.
Bauerhofprodukte und Brot/Brötchen am Platz.
Einkaufsmöglichkeiten: 10 Gehminuten.
Ebene und gerade Stellflächen auf Rasengittersteinen für 3 Wohnmobile bis 8,5 m Länge.
Parkgebühr: 6 € pro Nacht und 1 € Kurtaxe.
Wandern und Skitouren in der Umgebung. Freizeitpark in der Nähe.
Informationen: www.sonnencamping-stubai.at

6105 Leutasch **Wohnmobilstellpatz Kreith Lift **** TR - 8

Wohnmobilplatz am Skilift in ruhiger und reizvoller Umgebung.

Auf der A12 die Ausfahrt 101 Telfs/Ost nehmen und Richtung Leutasch Seefeld fahren. Nach 800 m im Kreisverkehr rechts Richtung Leutasch fahren (14 km). Direkt am Ortseingangsschild Weidach links dem Schild Kreith Alm folgen. Noch 100 m bis zum Platz links.
Koordinaten: 47° 21.95' Nord, 11° 10.02' Ost.
Koordinaten: 47° 21' 57" Nord, 11° 10' 01" Ost.

Ver- und Entsorgung am Platz. (15.12.–31.03.)
Stromversorgung (15.12.–31.03.) Müllbehälter am Platz.
Sanitäranlage vorhanden.
Bushaltestelle in 200 m Entfernung.
Skilifte am Platz.
Ganzjährig zugänglich.
Aufenthaltsdauer nicht begrenzt.
Geschotterte, ebene und gerade Stellflächen für 20 Wohnmobile.
Parkgebühr: 21 € pro Tag. Kurtaxe 1,10 € pro Person ab dem dritten Tag im Tourismusbüro Weidach.
Informationen: Tel. 0043 (0)5214 6260

Hall in Tirol **Freibad **** TR - 9

Übernachtungsplätze am Freibad vor der Schranke des Campingplatzes in ruhiger und guter Lage.

Von der Ausfahrt Hall-Mitte der A12 über die Brücke Richtung Zentrum fahren (171a), dem Wegweiser Camping am Schwimmbad folgen und links in die Speckbacher Straße und dann in die **Scheidensteinerstraße** abbiegen.
Koordinaten: 47° 17,04' Nord, 11° 29,76' Ost.
Koordinaten: 47° 17' 02" Nord, 11° 29' 46" Ost.

Gaststätte und Häuser in der Nähe. Verkehrsgeräusche durch Straße.
Ver- und Entsorgung am Platz (Holday Clean).
Stromanschluss möglich. Freibad, Spielplatz und Minigolf am Platz.
Ganzjährig zugänglich. 8 min Fußweg zur Altstadt.
Besichtigung von Hall: Historische Altstadt, Oberer und Unterer Stadtplatz, Burg Hasegg mit Münzerturm.
Wandern und Radtouren im Inntal. Ausflug nach Innsbruck.
Stellplatzgebühr: 15 € für 24 Stunden einschl. Ver-/Entsorgung und Strom.
Befestigte, ebene Stellflächen für 8 Wohnmobile.
Nur für kleine Mobile geeignet. Boxenlänge und Wenderaum zu gering.
Internet: www.camping-hall.at.

Schwaz Ort ** TR - 10

Wohnmobilplatz im Ort in ruhiger und guter Lage.

Bei Anfahrt aus dem Osten von der B171 1,6 km nach dem Ortsanfang rechts über die Brücke fahren und dem grünen Wohnmobil-Symbol folgen (**Svarowskistraße**). Nach 300 m rechts Richtung Wohnmobil-Symbol abbiegen. Noch 100 m bis zum Platz. Bei Anfahrt aus dem Westen von der B171 1,7 km nach dem Ortsanfang links über die Brücke abbiegen. Dann wie oben.
Koordinaten: 47° 20,80' Nord, 11° 42,26' Ost.
Koordinaten: 47° 20' 48" Nord, 11° 42' 16" Ost.

Häuser und Gaststätte am Platz.
Ver- und Entsorgung (Holiday Clean).
Ganzjährig zugänglich. Aufenthaltsdauer 3 Tage.
7 Minuten Fußweg zur Innenstadt.
Besichtigung von Schwaz: Planetarium, Schau-Silberbergwerk, Skimuseum, historische Altstadt.
Fahrt nach Hall und Innsbruck. Wandern und Radfahren im Inntal.
Übernachtungsgebühr 5 € für 24 Stunden (Parkautomat).
Asphaltierte, ebene Stellflächen für 5 Wohnmobile.
Informationen: Tourismusverband (0 52 42) 63 24 00.
Internet: www.schwaz.at.

Maurach am Achensee Rofanseilbahn *** TR - 11

Übernachtungsplatz an der Seilbahn in sehr ruhiger und schöner Lage.

Von der B171 (Schwaz-Wörgl) Richtung Achensee (B181) fahren. Nach 9,7 km rechts Richtung Rofan-Bahn abbiegen. Nach 100 m rechts fahren. Noch 100 m bis zum Parkplatz 2.
Koordinaten: 47° 25,48' Nord, 11° 45,14' Ost.
Koordinaten: 47° 25' 29" Nord, 11° 45' 08" Ost.

Gaststätten und Häuser am Platz.
Ganzjährig zugänglich. Aufenthaltsdauer 24 Stunden.
Fahrt mit der Rofanbahn. Bergwandern am Rofan.
Wintersportgebiet Rofan.
8 Minuten Fußweg zur Ortsmitte.
Schiffsanlegestelle in Maurach. Schiffstour auf dem Achensee.
Strandbad am See (1 km).
Wassersport auf dem Achensee.
Fahrt mit der Zahnradbahn von Maurach.
Fahrt nach Hall, Innsbruck und Kufstein.
Keine Stellplatzgebühr.
Asphaltierte, ebene Stellflächen für 10 Wohnmobile.
Informationen: Rofanseilbahn AG Tel. (0 52 43) 52 92.
Internet: www.rofanseilbahn.at.

6215 Achenkirch Alpencaravanpark **  TR - 12

Wohnmobilplatz vor dem Alpencaravanpark in ruhiger und schöner Lage.

Von der B171 Richtung Achensee fahren. Am Achensee entlang und am Ende des Sees Richtung Achenkirch Süd abbiegen. Dem Schild Alpencaravanpark folgen.
Koordinaten: 47° 29.97' Nord, 11° 42.40' Ost.
Koordinaten: 47° 29' 58" Nord, 11° 42' 24" Ost.

Ver- und Entsorgung auf dem Campingplatz.
Ganzjährig zugänglich.
Aufenthaltsdauer nicht begrenzt.
Wassersport auf dem Achensee.
Fahrt nach Hall, Innsbruck und Kufstein.
Geschotterte, ebene und gerade Stellflächen für 6 Wohnmobile. Teilweise auf Wiese.
Parkgebühr: ab 13 € bis 17 € pro Mobil. 5 € pro Person.
Fahrt zum Achensee. Schiffstour auf dem Achensee.
Informationen: www.camping-seeblick.at

Fügen-Gagering Ortsrand * TR - 13

Übernachtungsplatz vor dem Campingplatz Hell.

Von der B171 östlich von Schwaz Richtung Zillertal abbiegen (B169). Nach 5,3 km rechts und gleich wieder links Richtung Gagering abbiegen. Nach 300 m rechts fahren. Noch 100 m bis zum Platz (**Fügen 212**).
Koordinaten: 47° 21,54' Nord, 11° 51,12' Ost.
Koordinaten: 47° 21' 32" Nord, 11° 51' 07" Ost.

Gaststätte und Häuser am Platz. Tor vor der Einfahrt.
Ver- und Entsorgung am Platz.
Stromanschluss möglich. Gebühr 2,50 €.
Verkehrsgeräusche durch Bundesstraße.
Ganzjährig zugänglich. Aufenthaltsdauer 24 Stunden.
10 Minuten Fußweg zur Ortsmitte.
Fahrt mit der Zillertaler Schalspurbahn. Fahrt durch das Zillertal.
Wandern und Radtouren im Zillertal.
Übernachtungsgebühr 8-15 € für 24 Stunden je nach Saison.
Ebene Stellflächen auf Wiese für 3 Wohnmobile oder Caravan.
Für sehr große Wohnmobile nicht geeignet. Schmale Zufahrt.
Informationen: Hell (0 52 88) 6 46 15.

Kaltenbach-Stumm im Zillertal Rissbacher Hof ** TR - 14

Übernachtungsplatz am Hotel Rissbacher Hof in ruhiger und schöner Lage.

Von der B169 südlich von Fügen im Kreisel Richtung Stumm abbiegen. Nach 100 m rechts Richtung Stumm fahren und nach weiteren 300 m rechts abbiegen (Kofler Weg). Nach weiteren 300 m halbrechts fahren. Noch 1,1 km bis zum Platz vor dem Rissbacher Hof links (**Ahrnbachstraße 37**).
Koordinaten: 47° 16,80' Nord, 11° 53,63' Ost.
Koordinaten: 47° 16' 48" Nord, 11° 53' 38" Ost.

Gaststätte und Häuser am Platz. Bushaltestelle am Platz.
Zugänglich Mitte Dez. bis Mitte Okt. Aufenthaltsdauer 24 Stunden.
8 Minuten Fußweg zur Ortsmitte.
Besichtigung von Stumm: Schloss, Pfarrkirche.
Fahrt mit der Zillertaler Schalspurbahn.
Fahrt durch das Zillertal.
Wandern und Radtouren im Zillertal.
Keine Übernachtungsgebühr bei Verzehr für 30 €, sonst 10 €.
Leicht schräge, asphaltierte Stellflächen für 3 Wohnmobile.
Informationen: Rissbacher Hof (0 52 83) 22 14.
Internet: www.rissbacherhof.at.

Aschau im Zillertal Aufenfeld *  TR - 15

Übernachtungsplatz vor dem Camping Aufenfeld.

Von der B169 südlich von Fügen Richtung Aschau abbiegen. Nach 200 m links dem Wegweiser Camping Aufenfeld folgen und nach weiteren 400 m rechts Richtung Camping Aufenfeld fahren. Noch 300 m bis zum Platz rechts (**Distelweg 1**).
Koordinaten: 47° 15,80' Nord, 11° 53,96' Ost.
Koordinaten: 47° 15' 48" Nord, 11° 53' 58" Ost.

Gaststätte und Häuser am Platz.
Ver- und Entsorgung auf dem Campingplatz.
Stromanschluss möglich.
Verkehrslärm durch Straße.
Bushaltestelle am Platz.
Ganzjährig zugänglich. Aufenthaltsdauer 19-9.00 Uhr.
Besichtigung von Stumm: Schloss, Pfarrkirche.
Fahrt mit der Zillertaler Schalspurbahn.
Fahrt durch das Zillertal.
Wandern und Radtouren im Zillertal.
Übernachtungsgebühr 10 € für 24 Stunden.
Ebene, befestigte Stellflächen für 5 Mobile oder Caravan.

Kramsach Seehof ***

TR - 16

Übernachtungsplatz am Reintaler See in sehr ruhiger und schöner Lage.

Von der B171 und von der A12 Richtung Kramsach und 100 m nach dem Ortsanfang im Kreisel rechts Richtung Zentrum fahren. Nach 100 m links, nach 1 km rechts und nach 100 m links dem Wegweiser Zu den Seen folgen. Nach weiteren 3,3 km – 2,8 km nach dem Ortsende – an der Kreuzung links abbiegen, der Camping Seehof ist dann der 1. Platz. Achtung, Nachbarplatz grenzt an!
Koordinaten: 47° 27,75' Nord, 11° 54,47' Ost.
Koordinaten: 47° 27' 45" Nord, 11° 54' 28" Ost.

Restaurant und Kiosk am Platz.
Schranke vor dem Platz von 22–7 Uhr geschlossen.
Ver- u. Entsorgung auf dem Campingplatz. Stromanschluss möglich.
Direkter Seezugang, gratis Schwimmen und Spielplatz.
Loipen am Platz. Skibus zu den Pisten.
Ganzjährig zugänglich.
Fahrt durch das Inntal. Ausflug nach Kufstein.
Wandern und Radtouren im Gebiet der Seen.
Übernachtungsgebühr NS 11 € excl. Strom, Abfallgebühr und Kurtaxe, Tagesgäste gegen Gebühr.
Ebene, geschotterte Stellflächen mit einzelnen Bäumen für 10 Wohnmobile oder Caravan.
Informationen: Camping Seehof (0 53 37) 6 35 41. Internet: www.camping-seehof.com

Kramsach Seeblick Toni **

TR - 17

Übernachtungsplatz vor dem Camping Seeblick am Reintaler See in sehr ruhiger Lage.

Von der B171 und von der A12 Richtung Kramsach und 100 m nach dem Ortsanfang im Kreisel rechts Richtung Zentrum fahren. Nach 100 m links, nach 1 km rechts und nach 100 m links dem Wegweiser Zu den Seen folgen. Nach weiteren 3,3 km – 2,8 km nach dem Ortsende – links zu den Campingplätzen abbiegen. Noch 400 m bis zum Platz rechts.
Koordinaten: 47° 27,80' Nord, 11° 54,40' Ost.
Koordinaten: 47° 27' 47" Nord, 11° 54' 25" Ost.

Gaststätten am Platz.
Ver- und Entsorgung am Platz.
Stromanschluss möglich. Badestelle am Platz.
Loipen am Platz. Skibus zu den Pisten.
Ganzjährig zugänglich, aber nur von 20-9.00 Uhr.
Fahrt durch das Inntal. Ausflug nach Kufstein.
Wandern und Radtouren im Gebiet der Seen.
Übernachtungsgebühr 15 €.
Ebene, geschotterte Stellflächen für 3 Wohnmobile.
Informationen: Camping Seeblick (0 53 37) 6 35 44.
Internet: www.camping-seeblick.at.

Stellplatz im Zillertal

Urlaub südlich des Böhmerwaldes
Mühl- und Innviertel

Tour 3

Bevor wir unsere Tour durch Oberösterreich beginnen, übernachten wir auf deutscher Seite in Burghausen am Inn (**MV-1**). Der Platz liegt in einer reizvollen Landschaft und garantiert eine ruhige Nacht. Auch Caravan-Gespanne dürfen hier längere Zeit verweilen.

Wir fahren in den Norden Österreichs, ins Mühlviertel. Wer in dieser reizvollen, fast unbekannten Ecke Österreichs ein kleines Holland mit vielen Windmühlen erwartet, wird enttäuscht. Der Name Mühlviertel leitet sich von den zahlreichen kleinen Flüssen ab: Große Mühl, Steinerne Mühl, Kleine Mühl. Die Landschaft ist auch keineswegs flach, vielmehr steigen die Berge an der tschechischen Grenze über 1300 Meter an, die Ausläufer des Böhmerwaldes. Im Winter ist das nördliche Mühlviertel oft ein Skiparadies. Es werden nicht nur Loipen gespurt, sondern es gibt auch Lifte und Pisten. Im Gegensatz zu den Alpen sind diese Skigebiete den ausländischen Touristen fast unbekannt und deshalb ein Geheimtipp.

Wir durchstreifen das Mühltal im Sommer. Gleich hinter der bayerischen Grenze kann man in Ranshofen bei Braunau oder an der Therme in Geinberg auf Übernachtungsplätzen sein Schlafmobil abstellen (**MV-2** und **MV-3**).

Ried im Innkreis nennt sich zu Recht „Schwanthaler-Stadt“. Der berühmte Bildhauer lebte lange in dieser Stadt und schuf zahlreiche Werke in Ried, zum Beispiel die barocke Einrichtung der Stadtpfarrkirche zu den Heiligen Peter und Paul und die Altäre in den acht Zunftkapellen. Wir bummeln durch die Gassen der Altstadt, kaufen Vorräte für unsere Rückreise und übernachten auf dem Parkplatz am Stadion (MV-4).

Am nächsten Morgen wandern wir durch die hügelige Landschaft des Hausruck und schwimmen im Badesee bei Weibern-Leithen. Der Platz am See eignet sich gut für eine Übernachtung (MV-5).

Das Benediktinerstift Lambach wurde vom Bischof von Würzburg 1056 gegründet. Der romanisch-gotische Bau musste einem barocken Neubau weichen. Großartig und überwältigend wirkt der Hochaltar von Beduzzi mit dem wuchtigen Säulenaufbau und der krönenden Dreifaltigkeitsgruppe. Nördlich des Chores steht die 1690 erbaute Loretokapelle, eine originalgetreue Nachbildung des Heiligen Hauses in Loreto, das Engel nach einer Legende von Nazareth nach Italien gebracht haben sollen. Sehenswert sind im Inneren der Stiftskirche die lebensgroße Holzstatue der Mutter Gottes, die Schatzkammer und die Fresken im Läuthaus. Die Klosteranlagen sind als Vierflügelgebäude um drei Höfe gruppiert. Einen Parkplatz für die Übernachtung finden wir in ruhiger und schöner Lage am Freibad (MV-6).

Unser nächstes Ziel ist Wels, die alte Römerstadt Ovilava. Forum, Kapitol, Thermen und Theater sind unter den Bauten der Innenstadt vergraben, Funde aus Gräbern außerhalb der Stadt sind im Stadtmuseum zu besichtigen. Wir besuchen die Stadtpfarrkirche, eine dreischiffige Basilika mit einem Zwiebelhelm aus dem 18. Jahrhundert und bedeutenden Glasfenstern aus dem 14. Jahrhundert. Die Thematik beschäftigt sich mit Christi Geburt, Anbetung der Könige, Abendmahl, Kreuzigung und mit den Legenden um die beiden Kirchenpatrone. Eine Gasse führt uns am Haus der Salome vorbei zur Ruine der kaiserlichen Burg. Kaiser Maximilian I. starb hier auf einer Reise von Innsbruck nach Wiener Neustadt. In Wels bieten sich die Parkplätze an der Messe und an der Eissportbahn für eine Übernachtung an (MV-7).

Dann lenken wir unser Gefährt nach Süden, fahren an Linz vorbei und übernachten am Badezentrum in Traun-Oedt auf einem ruhigen und schön angelegten Stellplatz (MV-8). Sehenswert ist die barocke Stiftskirche Wilhering an der Donau. Der Parkplatz eignet sich ebenfalls für eine Übernachtung (MV-9).

Wir finden in Klaffer einen See zum Baden (MV-10). Wir wandern um den See, genießen die Sonne auf der Liegewiese und lassen uns abends in der Gaststätte mit Speisen und Getränken verwöhnen.

Von Klaffer kann man im Winter zum Hochficht fahren. Die Bergstation des Liftes liegt 1330 Meter hoch. Schnee fällt reichlich in diesem rauhen Gebiet Österreichs. Für „Schmalspur-Skifahrer" sind Loipen gespurt. In Schöneberg, nördlich von Ullrichsberg, ist ein Loipenzentrum. Der Parkplatz für die ruhige und entspannte Übernachtung wird gleich mitgeliefert (MV-11). Im Sommer kann man sich am Parkplatz Fahrräder mieten und schöne Fahrrad- oder Wanderausflüge zum Moldaublick und zum 1076 Meter hohen Bärenstein in der Nähe der tschechischen Grenze unternehmen und weit über das Land der Moldau und des Moldau-Stausees von Lipno blicken.

Unmittelbar am Ortsrand von Aigen kann man gut übernachten (MV-12). In Schlägl – der Ort ist mit Aigen zusammengewachsen – besichtigen wir das Kloster der Zisterzienser aus dem 13. Jahrhundert. Die heutige Gestalt erhielt Stift Schlägl unter Abt Johann Wöß im Jahre 1743. Der schönste Schmuck an den Stiftsgebäuden ist das Kirchenportal von Johann Sparz, geschmückt mit Maria, dem Jesuskind und Engeln aus weißem Marmor. Die gotische Stiftskirche mit barocker Ausstattung steht innerhalb des Klostergeländes. Unter dem hochgelegenen Chor befinden sich eine romanische und eine gotische Krypta. In den Stiftsgebäuden bewundern wir die Gemäldegalerie mit Werken des Kremser-Schmidt, die 70 000 Bände der Bibliothek und die älteste Druckerei Oberösterreichs.

In vielen Kurven, Steigungen und Gefällstrecken führt uns die Straße nun nach Haslach am Zusammenfluss der Großen und der Steinernen Mühl, einem Zentrum der Webereien. Das Webereifachmuseum, eröffnet 1970, zeigt uns die Geschichte und die Technik der Leinenweberei. Eine touristische Straße, die Mühlviertler Weberstraße, verbindet die interessantesten technischen Sehenswürdigkeiten der Weberei im Mühlviertel.

Auf der gewundenen Straße nach Bad Leonfelden sieht man bei Waldhäuser eine Sportanlage im Tal. Der asphaltierte Platz eignet sich gut für die Übernachtung auf der Durchreise (MV-13). Wir fahren noch ein Stück weiter und stellen unser rollendes Ferienhotel auf dem großen Parkplatz am Sternsteinlift bei Bad Leonfelden ab (MV-14). Wir wollen am nächsten Tag im Gebiet des Sternsteins wandern. Im Winter ist hier ein gutes Skigebiet. Der Lift führt bis in 1125 Meter Höhe.

Sehenswert ist die Wallfahrtskirche Maria Schutz in Bründl, ein gewölbter Bau mit abgehängten Kuppeln. Im Inneren sind große Fresken über die Marienverehrung aus dem Jahre 1792 von Andreas Kitzberger zu sehen. In Hirschbach kann man ein Bauernmöbelmuseum besuchen.

Der Höhepunkt der Fahrt durch das Mühlviertel ist Freistadt, im 12. Jahrhundert an dem alten Handelsweg von Böhmen ins Salzkammergut entstanden. In der Ortsmitte wurde der Stadtplatz im Verhältnis 2:1 angelegt. Die Gassen laufen parallel und münden an den Ecken des Platzes. Um die Gassen zieht sich die fast vollständig erhaltene doppelte Stadtmauer mit ihren Türmen und Toren – dem Linzer Tor und dem Böhmer Tor – hinter dem tiefen, breiten Stadtgraben. Im Nordosten wurde die Burg errichtet, die Stadtpfarrkirche zur Heiligen Katharina an der Südseite des Stadtplatzes. Die barocke Ausstattung in der fünfschiffigen Basilika besitzt ein figurenreiches Orgelgehäuse von Leonhard Freundt aus Passau und einen von Adrian Bloemaert gemalten Hochaltar. Das Rathaus und viele Bürgerhäuser zeigen einen harmonischen Dreiklang aus gotischen Gewölben, Lauben aus der Renaissance und barocken Fassaden.

Im Westen von Freistadt liegt St. Peter mit einem kleinen Kalvarienberg und einem Kreuzweg. In der nahen Pfarrkirche St. Maria Magdalena in Waldburg gefällt uns besonders der geschnitzte Hochaltar.

Von Freistadt lohnt sich ein Abstecher nach Oberranchenödt und Kefermarkt. Einsam auf einer Bergkuppe steht bei Oberanchenödt die Kirche St. Michael, von einer Mauer umgeben und einer mächtigen Lärche flankiert. Der Altar im Chor bietet dem Betrachter vorzügliche Schnitzarbeiten. In Kefermarkt findet der Tourist den berühmten, ungewöhnlich großen spätgotischen Flügelaltar in der Hallenkirche. In der Mitte des 13,5 Meter hohen, 6,3 Meter breiten Meisterwerks steht St. Wolfgang überlebensgroß als Bischof von Regensburg. Diese und alle übrigen Figuren, die Evangelisten, der heilige Christopherus, die himmlischen Chöre, sind aus einem Stück Holz geschnitzt. Nördlich von Kefermarkt ist das Schloss Weinberg mit seiner Laterne und dem Zwiebelhelm des Treppenturms das Wahrzeichen der Landschaft.

Die Romantikstraße führt von der Donau nach Kefermarkt und ins Mühlviertel, vorbei an verträumten Schlössern und stolzen Burgen. Vom Mühlviertel wendet sie sich wieder nach Süden und verläuft über das Voralpengebiet bis ins Salzkammergut.

In Freistadt gibt es mehrere Übernachtungsplätze in der Nähe der Stadtmauer (**MV-15**) Wir können hier über Nacht bleiben, in einer Gastwirtschaft oberösterreichische Spezialitäten essen, dem Nachtwächter durch die verwinkelten Gassen folgen und seinem Spruch „Leute, lasst Euch sagen...“ zuhören. Auch südlich von Freistadt in Kefermarkt kann man sein Wohnmobil für eine Nacht auf dem ruhigen Parkplatz im Ort oder am Schloss Weinberg stehen lassen (**MV-16**).

Wir fahren über Sandl, einem wegen seiner Hinterglasmalerei bekannten Ort, in dem schon im Mittelalter Hinterglasbilder von Heiligen und Szenen aus der Leidensgeschichte Christi entstanden sind.

Gallneukirchen empfehlen wir als Etappenziel für die Nacht. Der für Wohnmobile ausgewiesene Platz liegt sehr ruhig zwischen einem guten Wohngebiet und dem Freibad (**MV-17**). Für die Badegäste im Pkw stehen andere großzügige Parkplätze zur Verfügung. Zur Stadtmitte, zu den Geschäften, Gaststätten und Sehenswürdigkeiten läuft man zwölf Minuten. Einen hervoragenden Stellplatz mit allen Einrichtungen für mehrtägigen Aufenthalt finden wir an der Mostschenke in Naarn (**MV-18**).

Weiter im Osten, an der Grenze zum Waldviertel liegt am Rande von Königswiesen ein weiterer schöner Übernachtungsplatz (**MV-19**). Für eine Erfrischung und für die Erholung sorgt das Freibad mit der großen Liegewiese. Die sanitären Anlagen stehen dem Wohnmobilurlauber, der so lange bleiben kann, wie er möchte, zur Verfügung. Im Winter laden Pisten, Loipen und Winterwanderwege zu einem längeren Aufenthalt ein.

An der Donau

Mühl- und Innviertel

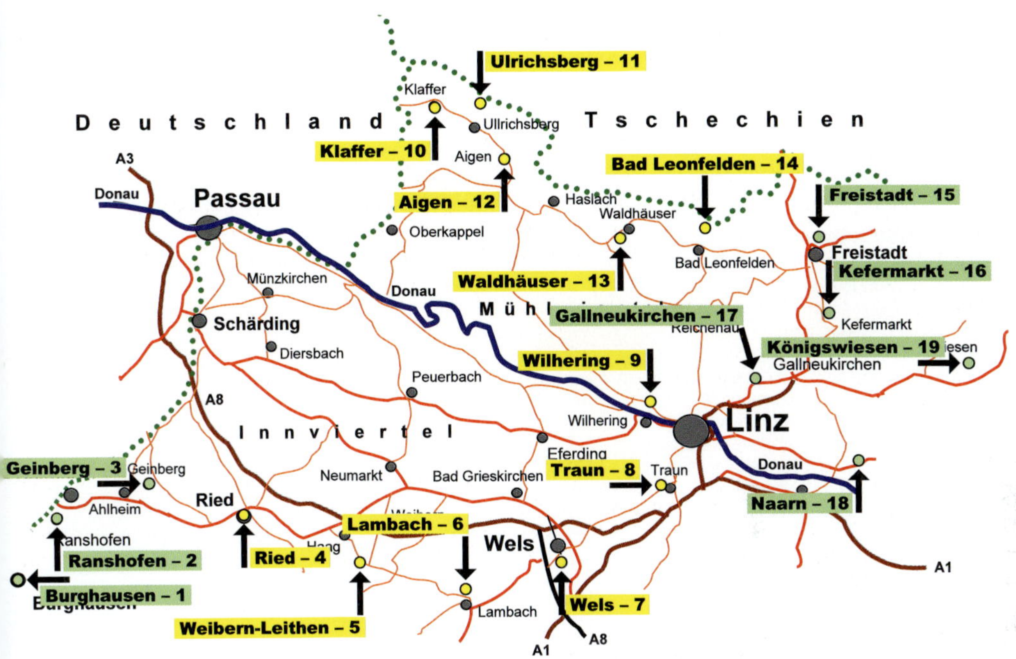

Tour 3: **Mühl- und Innviertel**

Nr.	Ort, Bezeichnung	Stell-plätze A	Gast-haus	Häu-ser	WC	Bad See	Orts-nähe B	Ent-sorg.	Park-dauer C	Park-gebühr D
MV-1	**Burghausen, Caravanplatz *****	**10**	**-**	**+**	**+**	**-**	**x**	**+**	**21**	**5**
MV-2	**Ranshofen, Schnaitl ***	**10**	**+**	**+**	**-**	**-**	**x**	**-**	**1**	**0**
MV-3	**Geinberg, Therme ****	**10**	**+**	**+**	**-**	**+**	**8**	**-**	**U**	**0**
MV-4	Ried, Stadion **	10	+	+	-	-	x	-	1	0
MV-5	Weibern-Leithen, Badesee **	10	-	+	-	+	x	-	1	0
MV-6	Lambach, Freibad ***	10	-	+	-	+	x	-	1	0
MV-7	Wels, Eissportbahn **	10	+	+	-	-	x	-	1	0
MV-8	Traun-Oedt, Badezentrum ***	20	+	+	-	+	x	-	1	0
MV-9	Wilhering, Stift **	5	-	+	-	-	x	-	1	0
MV-10	Klaffer, Badesee ***	10	+	+	-	+	x	-	1	0
MV-11	Ulrichsberg, Langlaufzentrum **	10	+	+	-	-	x	-	1	0
MV-12	Aigen, Ortsparkplatz **	10	+	+	-	-	8	-	1	0
MV-13	Waldhäuser, Sportanlage **	20	-	+	-	+	x	-	1	0
MV-14	Bad Leonfelden, Sternsteinlift ***	30	+	-	-	-	x	-	1	0
MV-15	**Freistadt, Stieranger ****	**20**	**+**	**+**	**-**	**-**	**3**	**-**	**1**	**0**
MV-16	**Kefermarkt, Ortsparkplatz ****	**3**	**+**	**+**	**-**	**-**	**3**	**-**	**1**	**0**
MV-17	**Gallneukirchen, Freizeitanlage *****	**10**	**+**	**+**	**-**	**+**	**12**	**-**	**1**	**0**
MV-18	**Naarn, Mostschenke ******	**10**	**-**	**+**	**-**	**-**	**15**	**+**	**U**	**10**
MV-19	**Königswiesen, Freibad ****	**3**	**+**	**+**	**+**	**+**	**10**	**-**	**U**	**3**

Legende

****	sehr ruhige und sehr schöne Lage.
***	sehr ruhige und schöne Lage.
**	ruhige und gute Lage.
*	keine ruhige Lage.
A	Stellplätze gestaffelt nach 3, 5, 10, 20, 30, 50 Wohnmobilen. Dabei wird angenommen, dass nur die Hälfte des Platzes zur Verfügung steht und die andere Hälfte durch PKW belegt ist.
B	Fußweg in Minuten, x über 15 min Fußweg.
C	Aufenthaltsdauer in Tagen.
D	Stellplatzgebühr in Euro pro Wohnmobil und 24 Stunden oder Parkgebühr.
P	Parkgebühr in der Saison.
T	Aufenthaltsdauer einige Tage.
U	Aufenthaltsdauer unbegrenzt.

Parkplatz — Wohnmobil-Stellplatz

D-Burghausen Caravanstellplatz ***

  **MV-1**

Wohnmobil- und Caravanplatz in sehr ruhiger und schöner Lage.

Bei Anfahrt aus dem Süden von Freilassing (B20) kurz vor Burghausen rechts im Kreisel Richtung Wohnmobil-Symbol/Gewerbegebiet abbiegen (Bachstraße). Nach 1 km rechts dem Wohnmobil-Symbol folgen (**Berghamer Straße**). Noch 500 m bis zum Stellplatz am Ortsende links.
Koordinaten: 48° 09,29' Nord, 12° 48,51' Ost.
Koordinaten: 48° 09' 18" Nord, 12° 48' 30" Ost.

Häuser in der Nähe. Gaststätte in 500 m Entfernung.
Ver- und Entsorgung (Holiday Clean) am Platz.
Dusche, WC, Spülplatz und Grillplatz gegenüber.
Stromanschluss am Platz. Einwurf 0,50 Euro.
Anmeldung und Schlüssel für san. Anlage im Hotel Bayerische Alm.
Ganzjährig zugänglich. Aufenthalt 21 Tage. Mobile immer anzutreffen.
Besichtigung von Burghausen: Längste Burganlage Europas, Altstadt.
Wanderungen und Radtouren im Salzachtal. Fahrt nach Passau.
Parkgebühr: 5 € einschl. Benutzung der sanitären Anlagen.
Ebene, befestigte Stellflächen für 10 Mobile oder Caravan.
Wenig Schatten durch Randbäume.
Informationen: Tourist-InfoTel. (0 86 77) 88 71 40, Fax 88 71 44.
Internet: www.burghausen.de.

5282 Braunau am Inn-Ranshofen Schnaitl *

 **MV - 2**

Übernachtungsplatz am Gasthaus Schnaitl in schöner Lage.

Von der B156 10 km südlich von Braunau links Richtung Schwand abbiegen. Nach 5,7 km rechts Richtung Ranshofen und nach 3,7 km rechts Richtung Braunau fahren. Nach weiteren 4,2 km – 300 m nach dem Ortsanfang Ranshofen – links in einer spitzen Kehre dem Wohnmobil-Symbol folgen. Nach 1 km wird der Platz rechts vor dem Gasthof Schnaitl erreicht (**Scheuhub 2**).
Koordinaten: 48° 13,93' Nord, 12° 59,91' Ost.
Koordinaten: 48° 13' 56" Nord, 12° 59' 55" Ost.

Gaststätte und Häuser am Platz.
Trinkwasserversorgung und Grauwasserentsorgung möglich.
Wenig befahrene Straße am Platz.
Bushaltestelle am Platz.
Ganzjährig zugänglich. Für sehr große Mobile nicht geeignet.
Wandern und Radfahren am Inn.
Ausflug nach Braunau und Burghausen (D).
Fahrt nach Salzburg.
Keine Stellplatzgebühr. Verzehr in Gaststätte erforderlich.
Stellmöglichkeiten für 10 Wohnmobile auf ebenen Grasstreifen.

4943 Geinberg Therme **

MV - 3

Übernachtungsplatz an der Therme in ruhiger und sehr schöner Lage.

Der B148 Richtung Altheim/Schärnding folgen und nach der Ortsmitte Altheim rechts Richtung Therme Geinberg abbiegen. Nach 4,4 km – 300 m nach dem Ortsanfang – rechts dem Wegweiser Therme folgen (**Thermenstraße**). Noch 300 m bis zum Platz links.
Koordinaten: 48° 15,68' Nord, 13° 17,67' Ost.
Koordinaten: 48° 15' 41" Nord, 13° 17' 40" Ost.

Gaststätten in der Nähe. Häuser am Parkplatz.
Wenig befahrene Straße am Platz.
Besuch der Therme.
Ganzjährig zugänglich.
Aufenthaltsdauer bei Anwendungen nicht begrenzt.
Wandern und Radfahren am Inn.
Ausflug nach Braunau und Burghausen (D).
Fahrt nach Passau. Fahrt nach Salzburg.
Keine Stellplatzgebühr beim Besuch der Therme.
Schräge und ebene Stellflächen für 10 Wohnmobile.

4910 Ried Stadion ** MV - 4

Asphaltierter **Parkplatz** am Stadion mit einzelnen Bäumen in ruhiger Lage.

Von der Ausfahrt Ried der Autobahn A8 Richtung Ried fahren und nach 1,6 km rechts Richtung Ried abbiegen. Nach weiteren 3,1 km rechts dem Parkplatz-Schild folgen, nach 300 m rechts und nach 100 m wieder rechts fahren (**Goethestraße**). Noch 100 m bis zum Parkplatz rechts.
Koordinaten: 48° 12,45' Nord, 13° 28,78' Ost.
Koordinaten: 48° 12' 27" Nord, 13° 28' 47" Ost.

Häuser am Parkplatz.
Gaststätte in der Nähe.
Wandern und Radfahren.
Besichtigung von Ried. Schwanthaler Stadt.
Fahrt ins Salzkammergut.
Fahrt zur Donau.
Fahrt nach Salzburg.
Keine Parkgebühr.
Ebene Stellflächen für 10 Wohnmobile.

4675 Weibern-Leithen Badesee ** MV - 5

Durch Baumgruppen eingeteilter **Parkplatz** am Badesee in ruhiger und schöner Lage.

Von der Ausfahrt Haag der Autobahn A8 Richtung Ried fahren (B141) und nach 300 m links Richtung Badesee/Haag abbiegen. Nach 5,5 km links Richtung Badesee fahren. Noch 400 m bis zum Platz links.
Koordinaten: 48° 09,81' Nord, 13° 40,01' Ost.
Koordinaten: 48° 09' 49" Nord, 13° 40' 01" Ost.

Häuser in der Nähe.
Kiosk in der Nähe.
Freibad mit Stranduschen am Parkplatz.
Angeln im See.
Wandern und Radfahren im Hausruck.
Besichtigung der Schwanthaler Stadt Ried.
Fahrt ins Salzkammergut.
Fahrt zur Donau.
Keine Parkgebühr.
Ebene und schräge Stellflächen für 10 Wohnmobile.

4650 Lambach Freibad *** MV - 6

Geschotterter **Parkplatz** am Freibad in sehr ruhiger und schöner Lage.

Von der Ausfahrt Vorchdorf der Autobahn A1 Richtung Lambach/Stadt-Paura fahren und nach 11 km rechts Richtung Lambach abbiegen (B144). Nach 600 m gleich nach der Traunbrücke links zum Freibad fahren. Noch 400 m bis zum Parkplatz.
Koordinaten: 48° 05,26' Nord, 13° 51,98' Ost.
Koordinaten: 48° 05' 16" Nord, 13° 51' 59" Ost.

Häuser am Parkplatz.
Freibad am Parkplatz.
Wandern und Radfahren an der Traun.
Schmale, aber gute Zufahrt.
Besuch der Wallfahrtskirche Paura.
Besichtigung des Stiftes Lambach.
Fahrt zum Traunsee.
Fahrt ins Salzkammergut.
Fahrt nach Salzburg und Linz.
Keine Parkgebühr.
Ebene und leicht schräge Stellflächen für 10 Mobile auf Schotter.
Ausweichparkplatz Sporthalle an der B1.

Badesee Klaffer

4600 Wels Eissportbahn ** MV - 7

Asphaltierter **Großraumparkplatz** am Messegelände in ruhiger Lage.

Von der Ausfahrt Wels-Nord der Autobahn A8 Richtung Wels/Messe fahren und nach 2,7 km rechts Richtung Messegelände abbiegen und dem Wegweiser Messe folgen. Nach insgesamt 7,1 km wird links die Zufahrt zum Messegelände erreicht. Zum Platz Eissportbahn noch 300 m geradeaus fahren.
Koordinaten: 48° 08,86' Nord, 14° 00,69' Ost.
Koordinaten: 48° 08' 52" Nord, 14° 00' 41" Ost.

Gaststätte am Parkplatz.
Häuser in der Nähe.
Müllbehälter am Parkplatz.
Während der Welser Messe wenig Stellplätze verfügbar.
Freizeitparadies in der Nähe.
Besichtigung von Wels.
Fahrt nach Linz.
Fahrt zur Donau.
Keine Parkgebühr.
Ebene Stellflächen für 10 Wohnmobile.
Ausweichparkplatz Messegelände. 50 Stellplätze.

4050 Traun-Oedt Badezentrum *** MV - 8

Parkstreifen auf einem Wiesengelände in sehr ruhiger und schöner Lage.

Von der Ausfahrt Traun der Autobahn A1 Richtung Traun fahren und nach 3 km in Traun links Richtung Hörsching/Badezentrum abbiegen. Nach 900 m links Richtung Oedt/Badezentrum fahren. Noch 300 m bis zum Parkplatz links.
Koordinaten: 48° 12,91' Nord, 14° 13,23' Ost.
Koordinaten: 48° 12' 55" Nord, 14° 13' 14" Ost.

Gaststätte am Parkplatz.
Häuser am Parkplatz.
Freibad am Parkplatz.
Bushaltestelle am Parkplatz.
Badesee und Liegewiese am Parkplatz.
Hallenbad am Parkplatz. Montags geschlossen.
Minigolf am Parkplatz.
Besichtigung von Traun.
Wandern und Radfahren an der Traun.
Besichtigung von Linz und Wels.
Ebene Stellflächen für 20 Wohnmobile.
Keine Parkgebühr.
Ausweichparkplatz am Ortseingang Traun rechts.

4073 Wilhering Stift ** MV - 9

Asphaltierter **Parkplatz** am Stift Wilhering in ruhiger Lage.

Von Linz Richtung Eferding/Wilhering fahren (B129) und 900 m nach dem Ortsanfang Wilhering rechts dem Parkplatzschild Stiftskirche folgen. Noch 100 m bis zu dem Parkplatz rechts. Von Eferding Richtung Linz/Wilhering und durch Wilhering-Ufer fahren (B129). 100 m nach dem Ortsanfang Wilhering links dem Parkplatzschild Stiftskirche folgen. Noch 100 m bis zu dem Platz rechts.
Koordinaten: 48° 19,45' Nord, 14° 11,27' Ost.
Koordinaten: 48° 19' 27" Nord, 14° 11' 16" Ost.

Stiftskirche und Stiftspark am Parkplatz.
Häuser am Parkplatz.
Wandern und Radfahren an der Donau.
Besichtigung der Stiftkirche.
Besichtigung von Linz.
Besichtigung von Wels.
Fahrt entlang der Donau (Nibelungenstraße).
Leicht schräge Stellflächen für 5 Wohnmobile.
Keine Parkgebühr.

Klaffer Badesee *** MV - 10

Asphaltierter **Parkplatz** mit Bäumen am Badesee in sehr ruhiger und schöner Lage.

Von der deutsch-österreichischen Grenze bis Breitenberg Richtung Aigen/Klaffer und nach 4,2 km rechts Richtung Linz/Klaffer fahren. Nach 1,1 km rechts und nach weiteren 500 m wieder rechts dem Schild Badesee folgen. Noch 200 m bis zum Parkplatz rechts. Von Aigen Richtung Klaffer fahren und 400 m nach dem Ortsende Klaffer links zum Badesee abbiegen.
Koordinaten: 48° 41,99' Nord, 13° 52,06' Ost.
Koordinaten: 48° 41' 59" Nord, 14° 52' 04" Ost.

Gaststätte am Parkplatz. Häuser in der Nähe.
WC am Gasthof.
Freibad am Parkplatz.
Liegewiese und Spielplatz am Parkplatz.
Wandern und Radfahren.
Fahrt nach Tschechien.
Parkgebühr in der Saison.
Ebene Stellflächen für 10 Wohnmobile.
Ausweichparkplatz Sportzentrum Klaffer. In Ortsmitte Richtung Hochficht fahren. Noch 600 m bis zum Parkplatz links.

4161 Ulrichsberg-Schöneben Langlaufzentrum ** MV - 11

Befestigter **Parkplatz** am Langlaufzentrum in ruhiger und schöner Lage.

Von der Straße Klaffer-Aigen in Ulrichstein Richtung Schöneben/Langlaufzentrum abbiegen. Nach 4,7 km wird der Parkplatz links erreicht.
Koordinaten: 48° 42,28' Nord, 13° 56,73' Ost.
Koordinaten: 48° 42' 17" Nord, 13° 56' 44" Ost.

Gaststätte und Häuser am Parkplatz.
Loipen am Parkplatz.
12% Steigung auf der Anfahrt.
Wander- und Radwanderwege.
Fahrradverleih am Parkplatz.
Tschechische Grenze in der Nähe.
Fahrt zum Aussichtspunkt Moldaublick. Schmale, aber gute Straße.
Fahrt nach Tschechien.
Keine Parkgebühr.
Ebene Stellflächen für 10 Wohnmobile.
Ausweichparkplatz 100 m rechts.

4160 **Aigen im Mühlkreis** Ortsparkplatz ** MV - 12

Asphaltierter **Parkplatz** am Ortsrand von Aigen in ruhiger und schöner Lage.

Von der B127 in Schläge Richtung Aigen fahren und nach dem Ortsanfang Aigen rechts dem Parkplatz-Schild folgen. Noch 100 m bis zum Parkplatz.
Koordinaten: 48° 38,91' Nord, 13° 58,26' Ost.
Koordinaten: 48° 38' 55" Nord, 13° 58' 17" Ost.

Gaststätten in der Nähe.
Häuser am Parkplatz.
Müllcontainer am Parkplatz.
Wandern und Radfahren im Mühlviertel.
Besuch des Webereimuseums Haslach.
Besichtigung von Aigen: Altstadt, Kirche.
Besichtigung von Schlägl.
Fahrt zum Moldau-See (Tschechische Republik).
Fahrt nach Tschechien.
Keine Parkgebühr.
Ebene Stellflächen für 10 Wohnmobile.

Waldhäuser Sportanlage ** MV - 13

Asphaltierter **Parkplatz** an den Sportanlagen in ruhiger und schöner Lage.

Von der B38 (Gmünd-Freistadt) 7 km westlich von Niederweißenbach, 1 km östlich von Helfenberg, Richtung Sportanlagen/Freibad abbiegen. Noch 500 m bis zum Parkplatz an der Sportanlage links.
Koordinaten: 48° 33,35' Nord, 14° 08,84' Ost.
Koordinaten: 48° 33' 21" Nord, 14° 08' 50" Ost.

Freibad am Parkplatz.
Häuser in der Nähe.
Zufahrt schmal, aber gut.
WC 1 km östlich der Abzweigung an der B38.
Wandern und Radfahren im Mühlviertel.
Fahrt auf der Mühlviertler Weberstraße.
Fahrt nach Freistadt.
Fahrt nach Tschechien.
Keine Parkgebühr.
Ebene Stellflächen für 20 Wohnmobile.

In Gallneukirchen

4190 Bad Leonfelden Sternsteinlift *** MV - 14

Asphaltierter **Parkplatz** am Sternsteinlift in sehr ruhiger Lage und landschaftlich reizvoller Umgebung.

Von der Abzweigung der B126 von der B38 nördlich von Bad Leonfelden Richtung Budweis/Sternsteinlift fahren und nach 1 km links Richtung Sternsteinlift abbiegen. Noch 2 km bis zum Parkplatz.
Koordinaten: 48° 33,20' Nord, 14° 17,16' Ost.
Koordinaten: 48° 33' 12" Nord, 14° 17' 10" Ost.

Gaststätte am Parkplatz.
Lift am Parkplatz. Wintersportgebiet Sternstein (1125 m).
Müllbehälter am Parkplatz.
Wandern im Gebiet des Sternstein.
Besuch des Bauernmöbelmuseums in Hirschbach.
Fahrt nach Tschechien.
Fahrt nach Freistadt.
Keine Parkgebühr.
Ebene Stellflächen für 30 Wohnmobile.
Ausweichparkplatz am nördlichen Ortsende Bad Leonfelden.

4240 Freistadt Stieranger **  MV - 15

Übernachtungsplatz in ruhiger Lage.

Vom Ende der Autobahn A7 Richtung Freistadt fahren (310) und nach 19 km – 1,6 km nach dem Ortsanfang Freistadt – links dem Wegweiser Parkplätze Stifterplatz/Stieranger folgen. Noch 200 m bis zum hinteren, ruhigen Platzteil. Zum Parkplatz St. Peterstraße 600 m geradeaus fahren und links Richtung St. Peter abbiegen. Noch 100 m bis zum Parkplatz links.
Koordinaten: 48° 36,45' Nord, 14° 30,06' Ost.
Koordinaten: 48° 36' 27" Nord, 14° 30' 04" Ost.

Gaststätte in der Nähe. Häuser und Busbahnhof am Parkplatz.
3 Minuten Fußweg zur Stadtmitte vom Parkplatz St. Peterstraße.
Besuch des Mühlviertler Heimatmuseums.
Besichtigung von Freistadt: Fünfschiffige Basilika St. Katharina mit dem 14 Nothelfernaltar, Liebfrauenkirche, Freistädter Schloss mit dem 50 m hohen Bergfried, Linzertor, Böhmertor.
Fahrt auf der Gotikstraße. Fahrt ins Waldviertel.
Fahrt nach Tschechien.
Keine Parkgebühr.
Ebene Stellflächen für 20 Wohnmobile. Pkw-Stellflächen

4292 Kefermarkt Ortsparkplatz ** MV - 16

Asphaltierter **Übernachtungsplatz** im Ort in ruhiger Lage.

Von Freistadt Richtung Kefermarkt fahren und nach 10 km Richtung Kefermarkt abbiegen. Nach 700 m – 500 m nach dem Ortsanfang – halblinks Richtung Schloss Weinberg fahren. Nach weiteren 100 m links Richtung Schloss Weinberg/Schlossbrauerei abbiegen. Noch 200 m bis zum Parkplatz rechts.
Koordinaten: 48° 26,92' Nord, 14° 32,51' Ost.
Koordinaten: 48° 26' 55" Nord, 14° 32' 31" Ost.

Gaststätte in der Nähe. Häuser am Parkplatz.
Schlossbrauerei und Gasthof am Ausweichparkplatz.
3 Minuten Fußweg zur Ortsmitte.
Besichtigung der Kirche mit dem Kefermarkter Flügelaltar.
Besuch des Mühlviertler Heimatmuseums in Freistadt.
Besichtigung von Freistadt: Fünfschiffige Basilika St. Katharina mit dem 14 Nothelfernaltar, Liebfrauenkirche, Freistädter Schloss mit Bergfried, Linzertor, Böhmertor.
Fahrt auf der Gotikstraße. Fahrt ins Waldviertel.
Fahrt nach Tschechien.
Keine Parkgebühr.
Ebene Stellflächen für 3 Wohnmobile.
Ausweichparkplätze am Schloss Weinberg. 700 m geradeaus. Teilweise schräge Stellflächen.

4210 Gallneukirchen Freizeitanlage *** MV - 17

Asphaltierter **Übernachtungsplatz** an der Freizeitanlage in sehr ruhiger und schöner Lage.

Von der B125 700 m nach dem Ortsanfang - links dem Wegweiser Freizeitanlage folgen. Nach 700 m rechts Richtung Freizeitanlage abbiegen. Noch 400 m bis zum Platz links (**Veitsdorfer Weg 10**).
Koordinaten: 48° 21,62' Nord, 14° 24,45' Ost.
Koordinaten: 48° 21' 37" Nord, 14° 24' 27" Ost.

Gaststätte in der Nähe. Häuser am Platz.
Ganzjährig zugänglich.
Freibad am Parkplatz.
12 Minuten Fußweg zur Stadtmitte.
Wandern und Radfahren im Mühlviertel.
Fahrt auf der Mühlviertler Weberstraße.
Ausflug nach Linz. Fahrt nach Freistadt.
Ebene, asphaltierte Stellflächen für 10 Wohnmobile.
Informationen: Stadtamt Tel. (0 72 35) 6 31 55.
Internet: www.gallneukirchen.at.

4331 Naarn im Machland Mostschenke ****   MV - 18

Schöner **Wohnmobil- und Caravanplatz** an der Mostschenke in sehr ruhiger und sehr schöner Lage.

In Naarn Richtung Mitterkirchen fahren. Am Autohaus rechts abbiegen und am ersten Bauernhof rechts abbiegen. Noch 200 m bis zum Platz hinter dem Bauernhof (**Dirnwagramer Straße 1**).
Koordinaten: 48° 13.62' Nord, 14° 37.72' Ost.
Koordinaten: 48° 13' 37" Nord, 14° 37' 43" Ost.

Parkrondell unter Bäumen.
Ver- und Entsorgung und Stromversorgung am Platz.
Ganzjährig zugänglich. Aufenthaltsdauer nicht begrenzt.
Spielplatz und Grillstelle am Platz. Frühstück auf Wunsch.
Geschotterte, ebene Stellflächen für 9 Mobile. Teilweise auf Wiese. Keine sehr großen Mobile.
Parkgebühr: 10 € pro Nacht inkl. Strom und Ver- und Entsorgung.
15 Gehminuten in den Ort.
Besichtigung des Mostkellers.
Reiten an der Mostschenke.
Mountainbiketouren und wandern in der Umgebung.
Informationen: Familie Gassner Tel. 0043 7 26 25 23 30.

4280 Königswiesen Freibad **   MV - 19

Asphaltierter **Wohnmobil- und Caravanplatz** am Freibad in sehr ruhiger Lage.

Bei Anfahrt aus dem Westen (B124) 300 m nach dem Ortseingang rechts Richtung Grein (B191a) abbiegen. Nach 100 m links in die Badgasse abbiegen. Noch 100 m bis zum Platz (**Badgasse 4**).
Koordinaten: 48° 24,27' Nord, 14° 50,41' Ost.
Koordinaten: 48° 24' 16" Nord, 14° 50' 25" Ost.

Gaststätten in der Nähe. Häuser am Parkplatz.
Kassettenentleerung und Frischwasserversorgung.
WC und Duschen am Platz. Stromanschluss möglich.
Ganzjährig zugänglich. Aufenthaltsdauer nicht begrenzt.
Freibad und Spielplatz am Platz. Skilift und Loipen in der Nähe.
Besichtigung von Königswiesen: Holzschwemme, Zündapp-Museum, Marktplatz, Schlingrippengewölbe der Pfarrkirche, Burgruine.
10 Minuten Fußweg zur Ortsmitte.
Wandern und Radtouren auf der Mühlviertler Alm.
Erlebnis-Wanderweg Klammleiten (Mythen und Sagen).
Stellplatzgebühr: 3 € für 24 Stunden
Ebene, asphaltierte Stellflächen für 3 Wohnmobile oder Caravan.
Informationen: Gemeindeamt Tel. 0043 79 55 62 55.
Internet: www. koenigswiesen.at.

Stifte, Burgen und Schlösser
Oberes Waldviertel

Tour 4

Unsere Route durch das nördliche Waldviertel starten wir von einem unserer Lieblingsplätze (**WV-1**). Wir haben an einem idyllischen Badeteich in Arbesbach übernachtet. Der Platz ist für österreichische Verhältnisse außergewöhnlich gut ausgestattet. An der Ver- und Entsorgungseinrichtung sind sogar zwei Schläuche vorhanden, einer für die Frischwasserversorgung, der andere für die Spülung der Kassetten und die Reinigung am Bodeneinlass. In der Nähe eines anderen Badeteiches in Langschlag besteht ebenfalls die Möglichkeit, das mobile Haus abzustellen (**WV-2**).

Am nächsten Tag übernachten wir in Karlstift (WV-3). Nur wenige Menschen sind uns hier bei unseren Wanderungen begegnet. Wer ganz einsam stehen möchte, kann auf dem Parkplatz am Stierhübelteich mitten im Wald übernachten (WV-4) und am Tage im See baden.

Der Naturpark Nordwald bei Bad Großpertholz ist unser nächstes Wanderziel. Riesige Granitblöcke, interessante Opfersteine, Wacholder, Zwergbirken und Nadelwälder prägen das Landschaftsbild. Der Bergrücken des Nordwaldes steigt bis über 1000 m an. Beliebt sind die Natur-Spielplätze, die Grillöfen, das Wildgehege, die Schwammerlausstellung und vor allem der Aussichtsturm, der eine weite Sicht über das Waldviertel gewährleistet. Der asphaltierte Parkplatz am Eingang zum Naturpark eignet sich für eine ruhige Übernachtung (WV-5). In Bad Großpertholz kann der Tourist viel für die Gesundheit tun. Dem Gast werden Moorpackungen, Moorschwebstoffbäder, Vierzellenbäder, Akupunkturmassagen, Unterwasserdruckmassagen und Bewegungstherapie geboten.

Die Stadt Weitra reizt uns zu einem Stadtrundgang. Der Mauerring mit dem Stadttorturm ist noch gut erhalten, ebenso im Stadtkern die Renaissance-Häuser aus dem 16. Jahrhundert mit kunstvollen Sgraffitos, schwarz-weiß Malereien an den Fassaden. Die Bürgerspitalkirche hat Fresken aus dem Mittelalter. Besonders sehenswert ist das Renaissance-Schloss, weithin sichtbar auf der Stadtkuppe gelegen, der Arkadenhof, das Schlosstheater und die niederösterreichische Landesausstellung. Eine andere Attraktion in Weitra ist die älteste Bierbrauerei Österreichs. Nach der Brauereibesichtigung lassen wir unser Fahrzeug auf dem ruhigen Parkplatz am Ortsrand stehen und übernachten dort (**WV-6**). Ganz in der Nähe kann man ebenfalls auf einem Parkplatz an der Promenade übernachten (**WV-7**).

Am nächsten Morgen lockt uns eine Wanderung durch die Blockheide, ein treffender Name für diesen Naturpark. Bizarre, runde oder zerklüftete Felsen ragen viele Meter hoch aus der Heidevegetation. Viele Wanderwege führen an den Blöcken und an kleinen Teichen vorbei, gesäumt von Birken und Kiefern, begleitet von sumpfigen Wiesen, Wacholdergruppen und Waldflecken. In der Stadt Gmünd sind das Schloss, die romanisch-gotische Pfarrkirche, das Alte Rathaus, mehrere Sgraffitohäuser und das Glas- und Steinmuseum sehenswert. Als Übernachtungsplatz ist der ruhig gelegene Parkplatz an der Blockheide für die Übernachtung geeignet (WV-8).

In Schrems ist ein Schloss aus dem 17. Jahrhundert und die Altstadt zu besichtigen. Die Stadtverwaltung erlaubt den Aufenthalt auf den Parkplätzen am Kulturhaus und an der Stadthalle (**MV-9** und **MV-10**).

In Heidenreichstein besichtigen wir die schönste Wasserburg in Niederösterreich mit drei Meter dicken Mauern, um 1200 erbaut und im 15. Jahrhundert neu gestaltet. Zwei Zugbrücken führen uns durch die mächtigen Torbauten in den Burghof zum 40 Meter hohen Bergfried. Abseits vom

 Trubel der Altstadt liegt der Busparkplatz, den man für die Übernachtung nutzen kann (WV-11). Wir aber fahren weiter zum Naturpark Gemeindeau, um dort zum Hochmoor zu wandern und in völliger Abgeschiedenheit den Abend und die Nachtruhe zu genießen (WV-12).

Auch Waidhofen an der Thaya bietet am Freizeitzentrum einen großen, ruhigen Schlafplatz (WV-13). Die alte Wehrstadt mit dem dreieckigen Hauptplatz lädt die Besucher zur Besichtigung des Renaissance-Rathaus, der Pfarrkirche mit prächtiger Ausstattung, Fresken, Stuck, Hochaltar, Chorgestühl und Orgel, der Bürgerspitalkapelle und des Schlosses ein. Hier im nördlichsten Winkel Österreichs reihen sich die mittelalterlichen Städte wie Perlen an einer Schnur. Die nächste sehenswerte Stadt ist Raabs an der Thaya. Eine trutzige Burg erhebt sich auf einem Felsen über der Stadt. Der Rittersaal ist mit mittelalterlichen Fresken geschmückt.

Unser nächstes Ziel ist Drosendorf, das „österreichische Rothenburg". Mittelalterliche Festungsmauern mit vielen Wehrtürmen, das Rathaus, die Bürgerhäuser, die barocke Pfarrkirche mit einem gotischen Sakramentshäuschen, das Schloss, die spätgotische Martinskirche und die winkeligen, engen Gassen erinnern uns an Rothenburg ob der Tauber. Die höchste Rolandssäule in dem damaligen Heiligen Römischen Reich Deutscher Nation diente den gerichtlichen Urteilen und ist mit einem Ritter geschmückt. Nach der engen Ortseinfahrt steuern wir unser Wohnmobil zum Terrassenbad. In malerischer Umgebung hoch über der Thaya haben wir einen sehr schönen ruhigen Platz für die Nacht gefunden (WV-14).

In Geras kann man am Naturpark übernachten (WV-15). Noch schöner ist der Übernachtungsplatz in Langau an den Bergwerksseen, den wir nach Besichtigung des Stifts in Geras ansteuern (WV-16). Die Anlage des Klosters ist im Barock- sowie im Renaissance-Stil errichtet. Kirche und Kloster sind mit Werken bedeutender Maler geschmückt: Paul Troger, Zoller, Steiner und Maulpartsch und der Krauser Schmidt haben dazu beigetragen.

Sehr ruhig und schön liegt der Wohnmobilstellplatz an der Freizeitanlage in Pernegg-Gallien (**WV-17**). Das Gelände ist im ganzen Jahr zugänglich und die Aufenthaltsdauer ist nicht begrenzt. Ver- und Entsorgungseinrichtungen und Stromanschlüsse sind vorhanden. Eine Gaststätte und Geschäfte sind in der Nähe. Für einen mehrtägigen Urlaub ist der Stellplatz bestens geeignet.

Berühmt ist das Barockschloss in Riegersdorf. Im 16. Jahrhundert wurde das Wasserschloss erbaut, im 18. Jahrhundert dann umgebaut. Pavillons mit Türmen und Dächer mit Kuppeln bilden den Eingangsbereich. Ein riesiger Festsaal, zwei Stockwerke hoch, kostbare Stilmöbel aus dem 18. Jahrhundert, Seidendamast als Wandbespannung und bemalte chinesische Tapeten prägen das Innere. Die historische Kirche besitzt kupfernes Geschirr aus der Hofkirche in Wien. Der Parkplatz ist neu angelegt und kann für eine Übernachtung genutzt werden (WV-18).

Die kleinste Stadt Österreichs, Hardegg an der Thaya, beeindruckt durch ihre mächtige Burg mit den vier wuchtigen Türmen. Das nördliche Ufer des Flusses gehört bereits zur Tschechischen Republik. Wanderungen am südlichen Ufer führen durch ein reizvolles Naturschutzgebiet.

Retz, eines der schönsten mittelalterlichen Städte Österreichs, ist unser Ziel. Die mittelalterliche Stadtmauer mit Rundtürmen und den Nalbert- und Znaimertoren ist gut erhalten geblieben. Schmuckstücke des Ortes sind der Hauptplatz mit Rathaus, Verderberhaus, Sgraffito- und Biedermeierhaus. Das Rathaus halten wir zunächst für eine Kirche, es ist tatsächlich aus einer gotischen Kapelle, die später zum Rathaus umgebaut wurde, hervorgegangen. Der gotische Chor blieb erhalten, das Kirchenschiff wurde durch ein eingezogenes Gewölbe horizontal geteilt. Das untere Stockwerk blieb Kapelle, im oberen wurden Ratssaal, Bürgersaal und Ratsstuben eingerichtet. Den Ratssaal schmücken Stuck, Bilder und Fresken, u. a. vom Kremser Schmidt.

Eindrucksvoll wirkt auch das viergeschossige Verderberhaus mit seiner Zinnenfront auf dem Dach und der breiten Tordurchfahrt, ebenso das von zwei Seiten bemalte Sgraffitohaus. Bilder aus dem Alten Testament schmücken die Front an der Gasse. Ereignisse aus der griechischen Mythologie werden an der Front zum Hauptplatz dargestellt. An beiden Seiten erzählt die mittlere Bilderreihe das Leben des Menschen in allen Altersstufen von 10 bis 100 Jahre.

Waldviertel Der Hauptplatz zeigt außer den eindrucksvollen Häusern auch noch eine Pestsäule von 1680 und eine Dreifaltigkeitssäule von 1744. Unser Stadtrundgang führt uns vom Hauptplatz zum Dominikanerkloster mit den Reliquien des Heiligen Plazidius, zum Schloss Gatterberg und zur Pfarrkirche St. Stephan mit einer prächtigen barocken Ausstattung.

Zum Ausklang unserer Reise erwartet uns noch eine besondere Attraktion. „Katakomben" durchziehen die Stadt, d. h. Gänge und Räume für die Lagerung von Weinfässern und Weinflaschen. Die Führung beginnt im Rathaus mit einer Weinprobe, die uns in die richtige Stimmung bringt. Zu Fuß erreichen wir dann unser rollendes Hotel (**WV-19**).

Zwei gute Wohnmobilplätze sind in Pulkau (**WV-20**) und in Eggenburg (**WV-21**) eingerichtet worden. Die Aufenthaltsdauer ist nicht begrenzt. Die Stellplatzgebühr beträgt nur 5 bzw. 3 € für 24 Stunden. Ver- und Entsorgungsanlagen, Stromanschlüsse und sanitäre Anlagen sind vorhanden.

Rathaus in Weitra

Bergwerksseen bei Langau

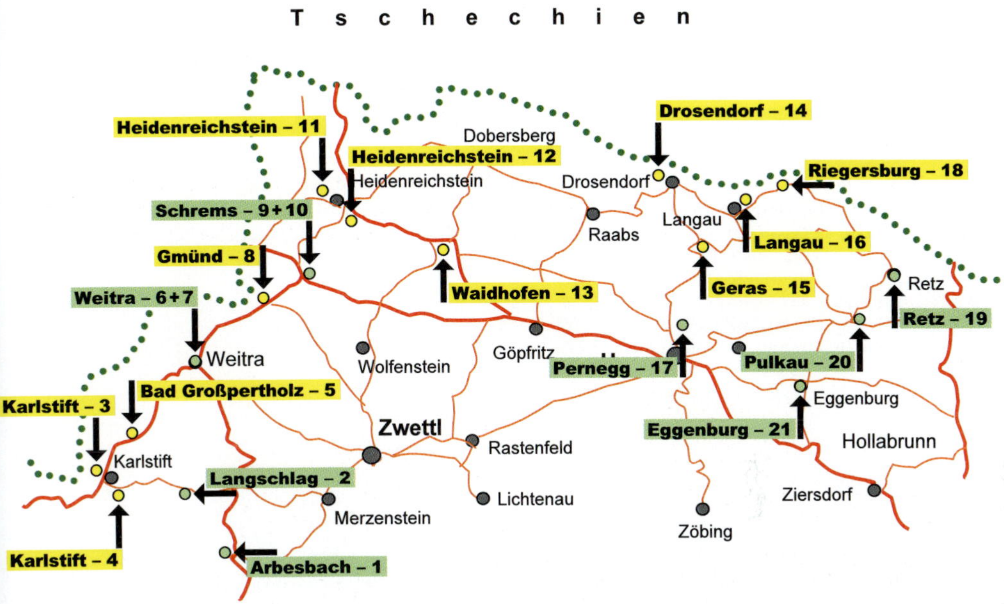

Waldviertel

Tschechien

Heidenreichstein – 11
Dobersberg
Heidenreichstein – 12
Heidenreichstein
Drosendorf – 14
Drosendorf
Riegersburg – 18
Schrems – 9+10
Raabs
Langau
Langau – 16
Gmünd – 8
Waidhofen – 13
Geras – 15
Retz
Weitra – 6+7
Retz – 19
Weitra
Wolfenstein
Göpfritz
Pernegg – 17
Pulkau – 20
Karlstift – 3
Bad Großpertholz – 5
Eggenburg
Zwettl
Eggenburg – 21
Hollabrunn
Rastenfeld
Karlstift
Langschlag – 2
Lichtenau
Ziersdorf
Merzenstein
Zöbing
Karlstift – 4
Arbesbach – 1

Tour 4: **Im Waldviertel**

Nr.	Ort, Bezeichnung	Stell-plätze A	Gast-haus	Häu-ser	WC	Bad See	Orts-nähe B	Ent-sorg.	Park-dauer C	Park-gebühr D
WV-1	**Arbesbach, Badeteich ******	**10**	**-**	**+**	**-**	**+**	**8**	**+**	**1**	**0**
WV-2	**Langschlag, Frauenwieserteich ****	**10**	**+**	**-**	**-**	**+**	**x**	**-**	**1**	**0**
WV-3	Karlstift, Eichelberglifte ***	10	+	+	-	-	x	-	1	0
WV-4	Karlstift, Stierhübelteich **	5	-	-	-	+	x	-	1	0
WV-5	Bad Großpertholz, Nordwand ***	5	-	-	+	-	x	-	1	0
WV-6	**Weitra, Ortsrand ****	**10**	**-**	**+**	**-**	**-**	**10**	**-**	**1**	**0**
WV-7	**Weitra, Promenade ****	**3**	**-**	**+**	**-**	**-**	**6**	**-**	**1**	**0**
WV-8	Gmünd, Blockheide ***	10	+	+	-	-	x	-	1	0
WV-9	**Schrems, Kulturhaus ****	**5**	**+**	**+**	**-**	**-**	**5**	**-**	**1**	**0**
WV-10	**Schrems, Stadthalle ****	**5**	**+**	**+**	**-**	**-**	**3**	**-**	**1**	**0**
WV-11	Heidenreichstein, Busparkplatz **	5	+	+	-	-	5	-	1	0
WV-12	Heidenreichstein, Gemeindeau **	5	-	-	-	-	x	-	1	0
WV-13	Waidhofen, Freizeitzentrum **	20	+	+	-	+	x	-	1	0
WV-14	Drosendorf, Terrassenbad ***	5	-	+	-	+	x	-	1	0
WV-15	Geras, Naturpark **	10	+	-	-	+	x	-	1	0
WV-16	Langau, Berkwerksseen ***	10	-	+	+	+	x	-	1	0
WV-17	**Pernegg, Gallien *****	**20**	**+**	**+**	**+**	**+**	**x**	**+**	**U**	**10**
WV-18	Riegersburg, Barockschloss *	10	+	+	-	-	x	-	1	0
WV-19	**Retz, Rot-Kreuz-Haus ***	**10**	**+**	**+**	**+**	**-**	**10**	**-**	**1**	**0**
WV-20	**Pulkau, Wohnmobilplatz *****	**8**	**-**	**-**	**-**	**-**	**x**	**+**	**U**	**5**
WV-21	**Eggenburg, Stadtteich *****	**10**	**-**	**-**	**-**	**-**	**x**	**+**	**U**	**3**

Legende

**** sehr ruhige und sehr schöne Lage.
*** sehr ruhige und schöne Lage.
** ruhige und gute Lage.
* keine ruhige Lage.
A Stellplätze gestaffelt nach 3, 5, 10, 20, 30, 50 Wohnmobilen. Dabei wird angenommen, dass nur die Hälfte des Platzes zur Verfügung steht und die andere Hälfte durch PKW belegt ist.
B Fußweg in Minuten, x über 15 min Fußweg.
C Aufenthaltsdauer in Tagen.
D Stellplatzgebühr in Euro pro Wohnmobil und 24 Stunden oder Parkgebühr.
P Parkgebühr in der Saison.
T Aufenthaltsdauer einige Tage.
U Aufenthaltsdauer unbegrenzt.
Parkplatz (gelb) Wohnmobil-Stellplatz (grün)

Waldviertel

3925 Arbesbach Badeteich ****  WV - 1

Befestigter **Wohnmobilplatz** am Sportgelände in sehr ruhiger und sehr schöner Lage.

Bei Anfahrt aus Westen und Süden von der B124 400 m nach dem Ortsanfang rechts Richtung Sportanlagen und nach 200 m wieder rechts abbiegen (**Ganser**). Noch 300 m bis zum Platz rechts.
Koordinaten: 48° 29,45' Nord, 14° 57,40' Ost.
Koordinaten: 48° 29' 27" Nord, 14° 57' 24" Ost.

Häuser und Badesee am Platz.
Schmale, aber gute, übersichtliche Zufahrt.
Ver- und Entsorgung (Bodeneinlass), Strom und Müllkorb am Platz.
Ganzjährig zugänglich.
8 Minuten Fußweg zur Ortsmitte.
Besichtigung von Arbesbach: Burgruine, Hammerschmiede.
Wandern und Radtouren im Waldviertler Hochland.
Besuch des Bärenwalds (Bärenschutzzentrum).
Fahrt nach Tschechien.
Keine Parkgebühr.
Ebene, geschotterte Stellflächen für 10 Wohnmobile.
Informationen: Marktgemeinde Tel. (0 28 13) 7 00 04.
Internet: www.arbesbach.at

3921 Langschlag-Mitterschlag Frauenwieserteich ** WV - 2

Befestigter **Übernachtungsplatz** oberhalb des Frauenwieserteichs in ruhiger und schöner Lage.

Bei Anfahrt aus dem Osten (B34) 700 m nach dem Ortsende Mitterschlag links dem Wegweiser Gasthaus Frauenwieserteich folgen. Noch 200 m bis zum Platz rechts.
Koordinaten: 48° 34,79' Nord, 14° 50,14' Ost.
Koordinaten: 48° 34' 47" Nord, 14° 50' 08" Ost.

Gasthaus in der Nähe. Einsame Lage.
WC-Anlagen beim Gasthaus.
Badeteich mit Liegewiese in der Nähe.
Angeln am Frauenwieserteich.
Ganzjährig zugänglich.
Besuch des Bahnmuseums in Langschlag.
Fahrt mit der Waldviertler Schmalspurbahn.
Wandern und Radtouren im Waldviertler Hochland.
Fahrt nach Tschechien.
Keine Parkgebühr.
Ebene und leicht schräge, geschotterte Stellflächen für 10 Mobile.
Ausweichparkplatz an der Gaststätte (oft durch Pkw belegt).
Informationen: Marktgemeinde Tel. (0 28 14) 8 21 84.
Internet: www.langschlag.at

3973 Karlstift Eichelberglifte *** WV - 3

Befestigter **Parkplatz** und Wiesengelände am Eichelberglift in sehr ruhiger und schöner Lage.

Von der B38 (Freistadt-Gmünd) in Karlstift – 600 m nach dem nördlichen Ortsanfang – dem Wegweiser Eichelberglifte folgen. Noch 500 m bis zum Parkplatz.

Gaststätte am Parkplatz.
Häuser in der Nähe.
Lift am Parkplatz Skigebiet Eichelberg.
Wandern um den Eichelberg.
Fahrt nach Freistadt.
Fahrt nach Tschechien.
Keine Parkgebühr.
Ausflug nach Linz.
Ebene Stellflächen für 10 Wohnmobile.
Ausweichparkplatz am Stierhübelteich,
Richtung Zwettl fahren.

3973 Karlstift Stierhübelteich ** WV - 4

Wanderparkplatz im Wald in sehr ruhiger Lage.

Von der B38 (Freistadt-Karlstift) in Karlstift rechts Richtung Zwettl fahren. Nach 200 m rechts dem Wegweiser Stierhübelteich folgen. Noch 500 m bis zum Parkplatz.

Koordinaten: 48° 35,10' Nord, 15° 45,44' Ost.
Koordinaten: 48° 35' 06" Nord, 15° 45' 26" Ost

Radfahren und wandern im Waldviertel.
Naturpark Nordwald bei Bad Großpertholz.
Sehr einsame Lage.
Bademöglichkeit im Stierhübelteich.
Besichtigung von Freistadt.
Ausflug nach Weitra, Gmünd und Schrems.
Ausflug nach Zwettl. Ausflug nach Linz.
Fahrt nach Tschechien.
Keine Parkgebühr.
Ebene und leicht schräge Stellflächen für 5 Wohnmobile.

Bad Großpertholz Naturpark Nordwald *** WV - 5

Geschotterter **Parkplatz** am Eingang des Naturparks Nordwald in sehr ruhiger und schöner Lage.

Von der B38 (Freistadt-Gmünd) am Ortsanfang Bad Großpertholz rechts Richtung Naturpark Nordwald abbiegen. Noch 1,3 km bis zum Parkplatz.

Koordinaten: 48° 37.01' Nord, 14° 48.85' Ost.
Koordinaten: 48° 37' 00" Nord, 14° 48' 51" Ost.

Kiosk am Parkplatz.
WC am Parkplatz.
Wanderwege im Naturpark Nordwald.
Radfahrten.
Spielplatz in der Nähe.
Felsformationen in der Nähe.
Wildgehege in der Nähe.
Fahrt nach Tschechien.
Ausflug nach Linz.
Keine Parkgebühr.
Ebene und leicht schräge Stellflächen für 5 Mobile auf Schotter.

3970 Weitra Ortsrand **  WV - 6

Befestigter **Übernachtungsplatz** am Ortsrand in ruhiger Lage.

Bei Anfahrt aus Nordosten von Schrems (B41) 200 m nach dem Ortsanfang rechts zum Parkplatz für Busse und Pkw abbiegen.

Koordinaten: 48° 42,18' Nord, 14° 53,81' Ost.
Koordinaten: 48° 42'11" Nord, 14° 53' 47" Ost.

Häuser am Parkplatz.
Supermarkt und Tankstelle am Platz.
Ganzjährig zugänglich.
Besichtigung von Weitra: Renaissance-Schloss, Marktplatz, historische Altstadt, Weitraer Bierpfad.
Besuch des Textilmuseums.
10 Minuten Fußweg zur Ortsmitte.
Ausflug in die Blockheide bei Gmünd.
Ausflug nach Schrems. Ausflug nach Zwettl.
Fahrt nach Tschechien.
Fahrt nach Linz.
Keine Parkgebühr.
Geschotterte, leicht schräge Stellflächen für 10 Wohnmobile.

3970 Weitra Promenade ** WV - 7

Asphaltierter **Übernachtungsplatz** an der Promenade in sehr ruhiger Lage.

Bei Anfahrt aus Nordosten von Schrems (B41) 100 m nach dem Ortsanfang rechts Richtung Promenade abbiegen (Schubertstraße). Nach 300 m rechts fahren. Noch 100 m bis zum Platz links.
Koordinaten: 48° 42,25' Nord, 14° 53,56' Ost.
Koordinaten: 48° 42' 15" Nord, 14° 53' 34" Ost.

Häuser und Stadtmauer am Platz.
Supermarkt auf der Anfahrt.
Ganzjährig zugänglich.
Besichtigung von Weitra: Renaissance-Schloss, Marktplatz, historische Altstadt, Weitraer Bierpfad, Textilmuseum.
6 Minuten Fußweg zur Ortsmitte.
Ausflug in die Blockheide bei Gmünd. Ausflug nach Schrems.
Ausflug nach Zwettl.
Fahrt nach Tschechien.
Fahrt nach Linz.
Keine Parkgebühr.
Asphaltierte, ebene Stellflächen mit einigen Randbäumen für 3 Mobile.

3950 Gmünd-Großeibenstein Blockheide *** WV - 8

Befestigter **Parkplatz** am Eingang zum Naturpark Blockheide in sehr ruhiger Lage.

Von der B41 (Weitra-Schrems) an der Ausfahrt Gmünd-Ost Richtung Blockheide abfahren und nach 1,7 km dem Wegweiser Blockheide rechts folgen. Noch 300 m bis zum Ausweichparkplatz und 1,7 km bis zum Parkplatz am Haupteingang links.
Koordinaten: 48° 47.16' Nord, 14° 59.33' Ost.
Koordinaten: 48° 47' 10" Nord, 14° 59' 20" Ost.

Gaststätte und Häuser am Parkplatz. WC am Parkplatz.
Wandern im Naturpark Blockheide (Heidelandschaft mit Felsen).
Wandern und Radfahren im Waldviertel.
Besuch des Glas- und Steinmuseums in Gmünd.
Besichtigung von Gmünd: Schloss, romanisch-gotische Pfarrkirche, Altes Rathaus, Sgrafittohäuser am Stadtplatz.
Fahrt mit der Schmalspurbahn von Gmünd nach Groß-Gerungs.
Fahrt nach Tschechien.
Keine Parkgebühr. Ebene Stellflächen für 10 Wohnmobile.
Ausweichparkplatz am ersten Eingang.

Schrems Kulturhaus ** WV - 9

Asphaltierter **Übernachtungsplatz** am Kulturhaus in ruhiger Lage.

Bei Anfahrt aus dem Südwesten von der B41 am Ortseingang Richtung Schrems abbiegen. Nach 700 m halbrechts fahren und nach weiteren 300 m rechts dem Wegweiser Kulturhaus folgen. Noch 100 m.
Koordinaten: 48° 47,54' Nord, 15° 04,08' Ost.
Koordinaten: 48° 47' 32" Nord, 15° 04' 05" Ost.

Gaststätte und Häuser am Parkplatz.
Ganzjährig zugänglich. Für sehr große Wohnmobile nicht geeignet.
5 Minuten Fußweg zur Stadtmitte.
Besichtigung von Schrems: Granit-Häuser, Hoftheater.
Wanderung und Radtour durch den Naturpark Hochmoor Schrems.
Ausflug nach Gmünd: Schloss, romanisch-gotische Pfarrkirche, Altes Rathaus, Sgrafittohäuser am Stadtplatz.
Fahrt auf der Waldviertler Romantikstraße.
Fahrt auf der Waldviertler Textilstraße. Fahrt nach Tschechien.
Keine Parkgebühr. Ebene, asphaltierte Stellflächen für 5 Mobile.
Markierte Pkw-Parkflächen mit einzelnen Bäumen.
Bei Veranstaltungen durch Pkw belegt.

Schrems Stadthalle ** WV - 10

Asphaltierter **Übernachtungsplatz** an der Stadthalle in ruhiger Lage.

Bei Anfahrt aus dem Südwesten von der B41 am Ortseingang Richtung Schrems abbiegen. Nach 700 m halbrechts fahren und nach weiteren 400 m rechts dem Wegweiser Stadthalle folgen. Noch 200 m.
Koordinaten: 48° 47,49' Nord, 15° 04,27' Ost.
Koordinaten: 48° 47' 29" Nord, 15° 04' 16" Ost.

Gaststätte und Häuser am Parkplatz.
Ganzjährig zugänglich.
Für sehr große Wohnmobile nicht geeignet.
3 Minuten Fußweg zur Stadtmitte.
Besichtigung von Schrems: Granit-Häuser, Hoftheater.
Wanderung und Radtour durch den Naturpark Hochmoor Schrems.
Ausflug nach Gmünd: Schloss, romanisch-gotische Pfarrkirche, Altes Rathaus, Sgrafittohäuser am Stadtplatz.
Fahrt auf der Waldviertler Romantikstraße.
Fahrt auf der Waldviertler Textilstraße. Fahrt nach Tschechien.
Keine Parkgebühr.
Ebene, asphaltierte Stellflächen für 5 Mobile.
Markierte Pkw-Parkflächen. Bei Veranstaltungen durch Pkw belegt.

3860 Heidenreichstein Busparkplatz ** WV - 11

Asphaltierter und befestigter **Parkplatz** für Busse und PKW in ruhiger Lage.

Von Schrems Richtung Heidenreichstein fahren und 300 m nach dem Ortsanfang Heidenreichstein links dem Parkplatz-Schild „Bus“ folgen. Noch 300 m bis zum Parkplatz rechts. Von Waidhofen Richtung Heidensreichstein fahren (B5) und 1,3 km nach dem Ortsanfang Heidenreichstein links zur B30 nach Schrems abbiegen. Nach 100 m rechts den Parkplatz-Schildern „Bus“ folgen.
Koordinaten: 48° 51,89' Nord, 15° 07,12' Ost.
Koordinaten: 48° 51' 53" Nord, 15° 07' 07" Ost.

Gaststätte in der Nähe. Häuser am Parkplatz.
5 Minuten Fußweg zur Stadtmitte und zur Wasserburg.
PKW-Parkplätze liegen alle an der Straße.
Wandern und Radfahren im Waldviertel.
Besichtigung von Heidenreichstein: Wasserburg, barocke Pfarrkirche St. Margaretha.
Fahrt auf der Waldviertler Romantikstraße und der Textilstraße.
Fahrt nach Tschechien.
Keine Parkgebühr.
Ebene Stellflächen für 5 Wohnmobile.

3860 Heidenreichstein Naturpark Gemeindeau ** WV - 12

Waldparkplatz in sehr ruhiger und schöner Lage.

Von Heidenreichstein Richtung Waidhofen fahren. 1 km nach dem Ortsende Heidenreichstein rechts dem Parkplatz-Schild folgen. Noch 200 m bis zum Parkplatz.

Moorlehrpfad am Platz.
Wandern und Radfahren im Waldviertel.
Müllkörbe und Spielplatz am Parkplatz.
Besichtigung von Heidenreichstein: Wasserburg, barocke Pfarrkirche.
Wandern und Radfahren im Waldviertel.
Fahrt auf der Waldviertler Romantikstraße.
Fahrt nach Tschechien.
Keine Parkgebühr.
Ebene Stellflächen für 5 Wohnmobile.

3830 Waidhofen Freizeitzentrum ** WV -13

Asphaltierter **Großparkplatz** am Freizeitzentrum in ruhiger Lage.

Von der B5 (Heidenreichstein-Waidhofen) westlich von Waidhofen Richtung Waidhofen abbiegen, nach 500 m links Richtung Waidhofen-West, durch Waidhofen fahren und dem Hinweisschild Freizeitzentrum folgen. Nach 1,6 km links zum Parkplatz abbiegen. Noch 100 m.
Koordinaten: 48° 48,46' Nord, 15° 17,23' Ost.
Koordinaten: 48° 48' 28" Nord, 15° 17' 14" Ost.

Gaststätte am Parkplatz
Freibad am Parkplatz.
Häuser in der Nähe.
Minigolf am Parkplatz.
Bootsverleih am Parkplatz.
Spazierweg an der Thaya.
Wandern und Radfahren im Waldviertel.
Besichtigung von Waidhofen: Schloss, Dreieckiger Hauptplatz, Renaissance-Rathaus, Pfarrkirche, Bürgerspitalkapelle.
Fahrt auf der Waldviertler Textilstraße.
Fahrt durch das Thayatal.
Fahrt nach Tschechien.
Keine Parkgebühr.
Ebene und etwas schräge, asphaltierte Stellflächen für 10 Mobile.
.

Badeteich in Arbesbach

Figuren aus Stroh in Arbesbach

2095 Drosendorf Terrassenbad *** WV - 14

Parkplatz auf festen Grasflächen in sehr ruhiger Lage und landschaftlich reizvoller Umgebung.

Von Raabs Richtung Drosendorf fahren (B30) und 400 m nach dem Ortsanfang links Richtung Stadtmitte/Terrassenbad abbiegen. Nach 200 m rechts dem Wegweiser Thayabad folgen. Noch 600 m bis zum Platz links. Aus allen Richtungen am kleinen Kreisel vor dem Schloss Richtung Stadtmitte fahren.
Koordinaten: 48° 52,18' Nord, 15° 36,44' Ost.
Koordinaten: 48° 52' 11" Nord, 15° 36' 26" Ost.

Freibad am Parkplatz. Häuser in der Nähe.
Schmale Zufahrt. Durchfahrtsbreite 3,4 m. Durchfahrtshöhe 3,7 m.
Für große Wohnmobile nicht zu empfehlen.
5 Minuten Fußweg zur Stadtmitte.
Wanderung zu den Burgruinen Eibenstein und Kollwitz.
Wandern und Radfahren im Waldviertel.
Besuch des Heimatmuseums.
Besichtigung von Drosendorf: Festungsmauern, Wehrtürme, Barockkirche Peter und Paul mit gotischem Sakramentshaus, Rolandssäule, Schloss, spätgotische Martinskirche.
Fahrt auf der Waldsviertler Weberstraße. Fahrt nach Tschechien.
Keine Parkgebühr.
Ebene und etwas schräge asphaltiete Stellflächen für 5 Mobile.

2093 Geras Naturpark ** WV - 15

Asphaltierter **Parkplatz** am Naturpark in sehr ruhiger und einsamer Lage.

Von Geras Richtung Horn fahren (B4) und 300 m nach dem Ortsende Geras rechts dem Parkplatz-Schild folgen. Noch 200 m bis zum Parkplatz.
Koordinaten: 48° 47,78' Nord, 15° 39,65' Ost.
Koordinaten: 48° 47' 47" Nord, 15° 39' 39" Ost.

Gaststätte im Naturpark. Freibad in 300 m Entfernung.
Wandern im Naturpark Geras und im Waldviertel.
Besuch des Naturparks und Wildgeheges.
Besichtigung des Prämonstratenserstifts von Geras.
Besichtigung von Drosendorf: Wehrtürme und Festungsmauern, Barockkirche, Schloss, spätgotische Martinskirche, Rolandssäule.
Fahrt nach Tschechien.
Keine Parkgebühr. Ebene Stellflächen für 10 Wohnmobile.
Ausweichparkplatz Ortsmitte an der Abzweigung nach Langau.
Ausweichparkplatz am Sportplatz.

2091 Langau Bergwerksseen *** WV - 16

Mehrere **Parkbuchten** am Birkenwald in sehr ruhiger Lage und in landschaftlich reizvoller Umgebung.

Von Drosendorf Richtung Langau/Hardegg fahren und 1,5 km nach dem Ortsende Langau dem Wegweiser Bergwerksseen folgen. Noch 1 km bis zu den ersten Parkbuchten und 1,5 km bis zu den Parkbuchten am Freibad. Von Hardegg Richtung Drosendorf fahren und 3 km nach dem Ortsende Riegersburg rechts dem Wegweiser Bergwerksseen folgen.
Koordinaten: 48° 50,78' Nord, 15° 43,98' Ost.
Koordinaten: 48° 47' 47" Nord, 15° 39' 59" Ost.

WC am Freibad. Freibad am Parkplatz.
Häuser in der Nähe. Etwas einsame Lage.
Spazierweg um die Seen.
Wandern und Radfahren im Waldviertel.
Für sehr große Wohnmobile nicht zu empfehlen.
Besichtigung des Barockschlosses Riegersburg.
Besichtigung von Drosendorf: Schloss, Mauern und Wehrtürme, Barockkirche, spätgotische Martinskirche, Rolandssäule.
Fahrt nach Tschechien.
Ebene Stellflächen für 10 Wohnmobile. Keine Parkgebühr.

3753 Pernegg-Gallien Freizeitanlage Gallien ***  WV - 17

Wohnmobilplatz an der Freizeitanlage Gallien in sehr ruhiger und schöner Lage.

Von Geras Richtung Horn und durch Pernegg fahren (B4). Vor Mödring dem Wegweiser Freizeitanlage Gallien folgen und zum Platz abbiegen.
Koordinaten: 48° 42,80' Nord, 15° 39,68' Ost.
Koordinaten: 48° 42' 48" Nord, 15° 39' 41" Ost.

Gaststätte und Ferienhäuser am Parkplatz.
Ver- und Entsorgung, Dusche und WC am Platz.
Stromanschluss am Platz.
Schwimmteich und Finnische Sauna am Platz.
Abenteuerspielplatz und Müllcontainer am Parkplatz.
Angelseen am Platz.
Ganzjährig zugänglich. Aufenthaltsdauer nicht begrenzt.
Besichtigung des Prämonstatenserstifts in Geras.
Parkgebühr: 10 € für 24 Stunden
inkl. Ver- und Entsorgung, Strom, Dusche und WC.
Ebene Stellflächen für 20 Wohnmobile.
Informationen: Tel. 0043-66 4530 34 41, www.gallien.at

2092 Riegersburg Barockschloss * WV - 18

Geschotterter **Parkplatz** am Schlossteich.

Von Drosendorf Richtung Hardegg fahren (B30) und 200 m nach dem Ortsanfang rechts zum Parkplatz fahren. Von Hardegg Richtung Drosendorf fahren (B30), in Riegersburg 200 m nach dem Ortsanfang rechts Richtung Geras abbiegen. Am Schloss vorbeifahren und nach 600 m links zum Platz abbiegen.
Koordinaten: 48° 51,16' Nord, 15° 46,18' Ost.
Koordinaten: 48° 51' 10" Nord, 15° 46' 11" Ost.

Gaststätte in der Nähe.
Häuser am Parkplatz.
Müllcontainer am Parkplatz.
Besichtigung des Barockschlosses Riegersburg
Besichtigung der Burg Hardegg.
Besichtigung des Prämonstatenserstifts in Geras.
Besichtigung von Drosendorf.
Fahrt nach Tschechien.
Keine Parkgebühr.
Ebene Stellflächen für 10 Wohnmobile.

2070 Retz Rot-Kreuz-Haus * WV - 19

Übernachtungsplatz im Ort.

Bei Anfahrt aus dem Süden von der B30 Richtung Zentrum fahren (Kremser Straße) und zur Straße An der Maut links abbiegen. Noch 100 m bis zum Platz rechts (**Jahnstraße**).
Koordinaten: 48° 45,23' Nord, 15° 57,06' Ost.
Koordinaten: 48° 45' 14" Nord, 15° 57' 04" Ost.

Gaststätte und Geschäfte in der Nähe. Häuser am Parkplatz.
Ver- und Entsorgung (St-San) und WC am Parkplatz.
Stromversorgung 1 € für 8 Stunden.
Ganzjährig zugänglich. 10 Minuten Fußweg zur Ortsmitte.
Besichtigung von Retz.
Wandern und Radtouren im Retzer Weinland.
Besichtigung des Barockschlosses Riegersburg.
Ausflug zur Burg Hardegg. Ausflug nach Drosendorf.
Ausflug zum Prämonstatenserstifts in Geras.
Fahrt nach Tschechien.
Parkgebühr: 3 € für 24 Stunden.
Ebene, asphaltierte Stellflächen für 10 Wohnmobile.

3741 Pulkau Wohnmobilstellpatz *** WV - 20

Schöner **Wohnmobilplatz** im Ort in sehr ruhiger und schöner Lage.

Auf der B45 nach Pulkau fahren. In Pulkau dem Wohnmobilschild folgend im Kreisverkehr Richtung Zentrum fahren. In Höhe der Bushaltestelle wieder rechts in die **Rat Cumfe Straße** abbiegen. Noch 50 m bis zum Platz.
Koordinaten: 48° 42.25' Nord, 15° 51.99' Ost.
Koordinaten: 48° 42' 15" Nord, 15° 51' 59" Ost

Häuser am Platz. Sportplatz am Stellplatz.
Restaurant und Einkaufsmöglichkeiten in der Nähe.
Bushaltestelle in Platznähe.
Ver- und Entsorgung vorhanden. Wassergebühr: 1 € für 100 l.
Stromversorgung Gebühr: 1 € für 6 Std. max. 1500 Watt.
Ganzjährig zugänglich. Aufenthaltsdauer nicht begrenzt.
Wanderungen und Mountainbiketouren in der Umgebung.
Besichtigungen der historischen Kultur- und Weinstadt Pulkau.
Geschotterte, ebene und leicht schräge Stellflächen für 8 Mobile.
Parkgebühr: 5 € Kasse in der Entsorgungsstation.
Informationen: Tel. 0043 2946 2276, eMail: gemeinde@pulkau.gv.at.

3730 Eggenburg Stadtteich ***  WV-21

Schöner **Wohnmobilplatz** am Erzherzog-Karl-Ring in sehr ruhiger und schöner Lage.

Auf der B 35 von Pulkau in Eggenberg vor dem Kreisverkehr rechts abbiegen und dem Schild P2 folgen. Noch 200 m bis zum Platz rechts (**Erzherzog-Karl-Ring 19**).
Koordinaten: 48° 38.73' Nord, 15° 49.04' Ost.
Koordinaten: 48° 38' 44" Nord, 15° 49' 03" Ost.

Restaurant und Einkaufsmöglichkeiten in der Nähe.
Stadtteich und Stadtzentrum in der Nähe.
Ver- und Entsorgung am Platz. Wasser 1 € für 10 Minuten.
Müllbehälter und Informationstafel am Platz.
Stromversorgung vorhanden. Gebühr 1 € für 8 Stunden.
01.04.-31.10. zugänglich.
Ganzjährig auf Anfrage möglich. Aufenthaltsdauer nicht begrenzt.
Geschotterte, ebene Stellflächen für 10 Wohnmobile.
Parkgebühr: 3 € pro Tag. Bezahlbar in der Touristinformation (Krahuletzplatz 1, tägl. 10.00 -17.00 Uhr).
Mittelalterfest im September.
Wanderungen in der Umgebung.
Informationen: tourismusinfo@eggenburg.at

Frauenwieserteich bei Langschlag

Weingärten und Wälder
Im Kamptal

Tour 5

Wir wollen vom südlichen Waldviertel hinunter zur Donau, zur Wachau, zum Nibelungengau. Schade, am nächsten Tag bleibt es neblig. Schloss Rosenburg schimmert durch die „trübe Suppe". Sehenswert ist die barocke Ausstattung des Schlosses und der Schlosskirche sowie das Museum der Freimaurer. Der Parkplatz am Schlosshotel oder der Parkplatz am Ortsanfang können zur Übernachtung genutzt werden (KT-1).

Der Parkplatz im Hof des Stiftes Zwettl und der Parkplatz vor der Stiftmauer laden zur Übernachtung ein (KT-2). Sehr ruhig, abseits vom Verkehr und umgeben von reizvoller Landschaft und den Klostermauern ist dieser Platz ideal für uns. Im Stiftladen haben wir uns Messwein besorgt, der Wein, den der Vikar zu trinken pflegt. Uns schmeckt er auch. In der Nähe sind mehrere Lokale.

Das Stift Zwettl, eine der größten Sehenswürdigkeiten in Österreich, wurde 1137 von Zisterziensern gegründet. Die 90 Meter hohe romanisch-gotische Stiftskirche erhielt im 18. Jahrhundert eine barocke Fassade und eine barocke Ausstattung. Der Kreuzgang mit dem Brunnenhaus ist der älteste in Österreich. Das Kreuzrippengewölbe des Kapitelsaales wird von einer besonders auffälligen Mittelsäule getragen. Im romanischen Dormitorium ist die vollständig erhaltene Latrinenanlage aus dem 12. Jahrhundert sehenswert. Wertvolle Schätze werden in der Schatzkammer, im Stiftsmuseum und in der Stiftsbibliothek aufbewahrt.

Der Stellplatz in Sallingberg-Armschlag ist sehr schön angelegt und eignet sich auch für einen längeren Aufenthalt (**KT-3**). Der Stellplatz in Ottenschlag ist besonders empfehenswert (**KT-4**). Alle Einrichtungen sind vorhanden, der Aufenthalt ist nicht begrenzt und die Ortsmitte ist nur fünf Gehminuten entfernt.

Wir machen an dem Ottenstein-Stausee in einer fjordähnlichen Landschaft eine größere Wanderung und auf diesem Weg entdecken wir einen sehr ruhigen Übernachtungsplatz am Schloss Waldreichs, heute Sitz der Forstverwaltung, in landschaftlich sehr reizvoller Umgebung (KT-5). Inmitten dichter Wälder grüßt von einem Berg die Burg Ottenstein, eine sehr gut erhaltene Burg aus dem 12. Jahrhundert. Sehenswert sind Bergfried, Hauptburg, Burgkapelle mit wertvollen Fresken und dem sogenannten Päpstezimmer mit einer Gallerie von Medaillons.

Am Stift Altenburg ist der asphaltierte Parkplatz für die Übernachtung geeignet (KT-6). Ein paar Wohnmobile sind an den Rand der benachbarten Wiese gefahren, und die Insassen genießen das Picknick im Freien. Wir gesellen uns dazu und haben gleich Gesprächspartner für den ganzen Tag. Das berühmte Benediktinerstift aus dem 12. Jahrhundert, die Barockperle des Waldviertels, ist ein denkwürdiges Bauwerk besonderer Art. Die gewaltigen Ausmaße des Stiftes wurden erst im 18. Jahrhundert vollendet. Die Prunkräume, die Zimmer der Kaiser, die Bibliothek und die spätgotische Stiftskirche, die Gewölbefresken von Paul Tröger, Altarbilder des Kremser Schmidt, ungewöhnlich reichhaltige Marmor- und Stuckverzierungen sind Höhepunkte des Baus.

In der Nähe liegt das Renaissance-Schloss Greillenstein von 1588 mit einem Arkadenhof und einer prachtvollen, barocken Gartenanlage. Das Museum zeigt in mehreren Sälen, wie sich das Leben vor einigen Jahrhunderten abspielte.

In der Stadt Horn besichtigen wir die alte Festungsmauer, die Pfarrkirche St. Stephan mit gotischem Chor und spätgotischer Steinkanzel, die Barockkirche mit dem Altarbild des bekannten Kremser Schmidt und sehenswerten Häusern aus der Zeit des Barock und der Renaissance.

Kamptal Die Wallfahrts-Basilika Maria Dreieichen im Süden von Horn wird von vielen Gläubigen besucht. Sie ist ein Zeugnis der Geschichte des Waldviertels und des Kamptals. Die barocke Kirche birgt ein berühmtes Kuppelgemälde von Paul Tröger.

Unsere Fahrt führt uns ins romantische Kamptal, umgeben von Weingärten und Wäldern, in dem viele Weinorte und historische Stätten aus einer ruhmreichen Vergangenheit zu sehen sind. Die Orte im Kamptal bieten viel Abwechslung in reizvoller Landschaft: Wandern, Radtouren, Reitausflüge, Paddeln auf der Kamp, Angeln, Grasskilauf, deftiges Essen in rustikalen Gasthöfen und gemütliche Heurigen-Lokale. Vorwiegend reifen im Kamptal Grüner Veltliner, Rheinriesling, Weißburgunder und Neuburger.

Die Rosenburg aus dem 12. Jahrhundert, die bekannteste Burg in Österreich, ragt aus allen Sehenswürdigkeiten heraus. Einzigartig ist der Turnierhof aus dem Mittelalter, die wertvolle Innenausstattung und die umfangreiche Waffensammlung. Die Burganlage besitzt 13 Türme, einen hohen Bergfried, eine Kapelle mit Reliefs und Bildern aus dem 12. Jahrhundert und viele sehenswerte Räume. Im Turnierhof werden den Besuchern Flugvorführungen von Greifvögeln geboten. Unsere Besichtigung hat viel Zeit in Anspruch genommen. Wir beschließen, unser Nachtlager auf dem ruhig gelegenen Parkplatz aufzuschlagen (KT-7).

Gars am Kamp ist ein bekannter Urlaubs- und Kurort. Im Kurbetrieb werden Zivilisationsschäden ausgemerzt, eine natürliche Lebensweise wird dem Kurgast nahegebracht. Bei Gars ist die Burgruine der Babenberger zu besichtigen. Sie wurde schon im 11. Jahrhundert erbaut, mehrere Anbauten stammen aus dem 18. Jahrhundert. Der Parkplatz oben am Burggelände mit einer guten Fernsicht eignet sich vorzüglich zum Übernachten (KT-8). Unten an der Kamp hat die Gemeinde einen kleinen Wohnmobilplatz eingerichtet (**KT-9**).

Sehr schön und ruhig liegt der große Übernachtungsplatz am Freibad in Schönberg (**KT-10**). Wir springen direkt von unserem rollenden Ferienhaus in den Fluss, eine sehr gute Erfrischung. Schlauchboote ziehen an uns vorbei und das Rauschen des kleinen Wasserfalls wiegt uns in den Schlaf.

Langenlois ist als größte Weinstadt Österreichs bekannt. Die Heurigen-Lokale in den Kellergassen versprechen dem Gast nette Stunden bei leckeren Speisen und süffigen Weinen. Der historische Stadtkern um Kornplatz und Holzplatz zeigt den Besuchern viele Baudenkmäler, Häuser und Weinhauerhöfe von der Romantik bis zur Gründerzeit, die frühgotische Stadtpfarrkirche mit barockem Turm und Bildern des Kremser Schmidt, das ehemalige Franziskanerkloster, die bizarre Nikolaikirche, Rathaus und gotische Markthalle. Heimat- und Weingartenmuseum laden zu einem Besuch ein. In der Umgebung findet der Tourist die Schlösser in Gobelsburg, Haindorf und Schiltern, die Ruine Kronsegg mit Blick auf den Stausee des Loisbaches und die Aussichtswarte am Heiligenstein.

Ein Märchenschloss erhebt sich bei Haitzendorf aus der Donauebene, Schloss Grafenegg, im Stil der Romantik und Neugotik Mitte des 19. Jahrhunderts erbaut. Die Prunkräume des Schlosses sind immer einen Besuch wert. Das Äußere besticht durch viele Türme, Erker, Figuren, Filigranwerk und Wasserspeier mitten in einem herrlichen englischen Garten. Viele Kunstausstellungen und kulturelle Veranstaltungen finden im Schloss Grafenegg statt. Die Parkplätze an der Mauer und im Hof laden zur Übernachtung im Wohnmobil ein (KT-11).

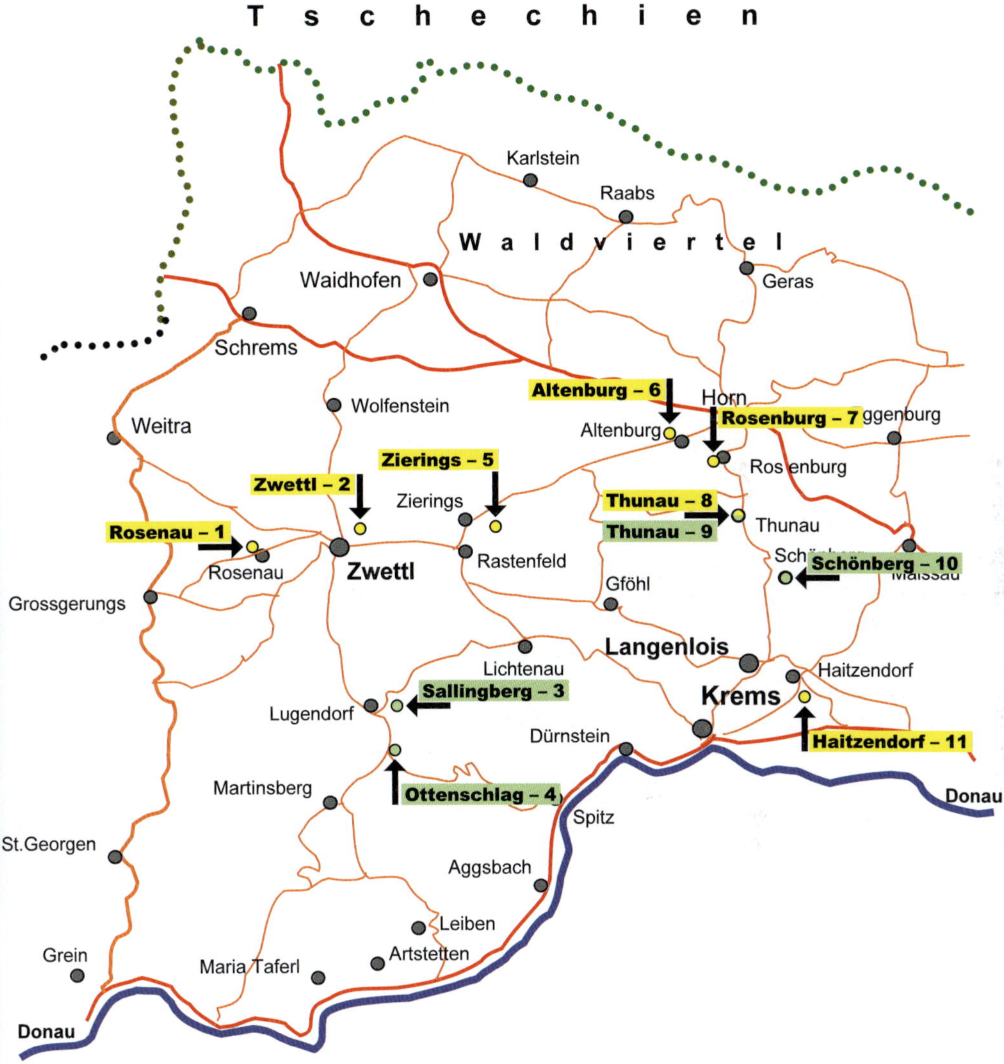

T s c h e c h i e n

W a l d v i e r t e l

Karlstein
Raabs
Geras
Waidhofen
Schrems
Weitra
Wolfenstein
Altenburg – 6
Horn
Rosenburg – 7
ggenburg
Altenburg
Rosenburg
Zierings – 5
Zwettl – 2
Zierings
Thunau – 8
Thunau – 9
Thunau
Rosenau – 1
Rosenau
Zwettl
Rastenfeld
Schönberg – 10
Gföhl
Grossgerungs
Langenlois
Lichtenau
Haitzendorf
Sallingberg – 3
Krems
Lugendorf
Dürnstein
Haitzendorf – 11
Martinsberg
Ottenschlag – 4
Donau
Spitz
St.Georgen
Aggsbach
Leiben
Grein
Maria Taferl
Artstetten
Donau

Tour 5: **Im Kamptal**

Nr.	Ort, Bezeichnung	Stell- plätze A	Gast- haus	Häu- ser	WC	Bad See	Orts- nähe B	Ent- sorg.	Park- dauer C	Park- gebühr D
KT-1	Rosenau, Schloss Rosenau ***	10	+	+	-	-	x	-	1	0
KT-2	Zwettl, Stift Zwettl ***	20	+	+	-	-	x	-	1	0
KT-3	**Sallingberg, Mohndorf *** **	**10**	**+**	**-**	**+**	**-**	**x**	**+**	**U**	**3**
KT-4	**Ottenschlag, Freizeitanlage **** **	**10**	**-**	**-**	**+**	**-**	**5**	**+**	**U**	**5**
KT-5	Zierings, Schloss Waldreichs ***	10	-	+	-	-	x	-	1	0
KT-6	Altenburg, Stift Altenburg ***	10	+	+	-	-	x	-	1	0
KT-7	Rosenburg, Schloss Rosenburg ***	30	+	+	+	-	x	-	1	0
KT-8	Thunau, Burgruine ***	10	+	+	+	-	x	-	1	0
KT-9	**Thunau, Freibad *** **	**3**	**+**	**+**	**-**	**+**	**5**	**-**	**1**	**0**
KT-10	**Schönberg, Freibad *** **	**10**	**+**	**+**	**+**	**+**	**5**	**-**	**1**	**0**
KT-11	Haitzendorf, Schloss Grafenegg ***	30	+	-	-	-	x	-	1	0

Legende

****	sehr ruhige und sehr schöne Lage.
***	sehr ruhige und schöne Lage.
**	ruhige und gute Lage.
*	keine ruhige Lage.
A	Stellplätze gestaffelt nach 3, 5, 10, 20, 30, 50 Wohnmobilen. Dabei wird angenommen, dass nur die Hälfte des Platzes zur Verfügung steht und die andere Hälfte durch PKW belegt ist.
B	Fußweg in Minuten, x über 15 min Fußweg.
C	Aufenthaltsdauer in Tagen.
D	Stellplatzgebühr in Euro pro Wohnmobil und 24 Stunden oder Parkgebühr.
P	Parkgebühr in der Saison.
T	Aufenthaltsdauer einige Tage.
U	Aufenthaltsdauer unbegrenzt.

Parkplatz (gelb) — Wohnmobil-Stellplatz (grün)

Schloss Grafenegg

3924 Rosenau-Schloss Schloss Rosenau *** KT - 1

Parkplätze am Schloss und am Ortseingang in ruhiger Lage.

Von der B119 (Weitra-Zwettl) in Rosenau-Dorf Richtung Schloss abbiegen und nach 400 m links dem Wegweiser Schloss folgen. Noch 400 m bis zum Platz am Ortseingang und 700 m bis zum Platz am Schloss.
Koordinaten: 48° 36,14' Nord, 15° 03,93' Ost.
Koordinaten: 48° 36' 08" Nord, 15° 03' 56" Ost.

Gaststätte und Häuser am Parkplatz.
Müllcontainer am Parkplatz.
Besichtigung des Schlosses: 9-17.00 Uhr.
Besichtigung von Zwettl.
Wanderungen und Radfahrten.
Fahrt durch das Kamptal.
Fahrt nach Tschechien.
Keine Parkgebühr.
Ebene und schräge Stellflächen für 10 Wohnmobile.
Parkplatz am Schloss zeitweise durch Hotelgäste belegt.
Ausweichparkplatz am Ortseingang.

3910 Zwettl Stift Zwettl *** KT - 2

Besucherparkplatz hinter dem Stift und im Stiftshof in ruhiger und schöner Lage.

Von der B38 (Krems-Zwettl) am Ortsrand Zwettl an der Eisenbahnbrücke Richtung Stift Zwettl abbiegen und nach 200 m rechts Richtung Stift Zwettl fahren. Noch 2,7 km bis zum zweiten Platz hinter dem Stift.
Koordinaten: 48° 37,10' Nord, 15° 12,02' Ost.
Koordinaten: 48° 37' 06" Nord, 15° 12' 01" Ost.

Gaststätte am Parkplatz.
Häuser am Parkplatz.
Klosterladen und Stiftstaverne am Parkplatz.
Müllbehälter am Parkplatz.
Besichtigung der Stiftskirche und des Kreuzgangs.
Besichtigung von Zwettl.
Wanderungen und Radfahrten.
Fahrt nach Tschechien.
Ausflug in die Wachau.
Keine Parkgebühr.
Ebene Stellflächen für 20 Wohnmobile.

3525 Sallingberg-Armschlag Mohndorf *** KT - 3

Wohnmobilplatz am Mohndorf in ruhiger und schöner Lage.

Auf der B 36 von Ottenschlag nach Zwettl fahren. Dem Hinweisschild Mohndorf folgend abbiegen. Noch 200 m bis zum Platz links (Mohndorf Armschlag).
Koordinaten: 48° 27.13' Nord, 15° 13.03' Ost.
Koordinaten: 48° 27' 08" Nord, 15° 13' 02" Ost.

Restaurant am Platz.
Ver- und Entsorgung und Stromversorgung am Platz.
Großer Spielplatz am Platz.
Ganzjährig zugänglich. Aufenthaltsdauer nicht begrenzt.
Sanitäranlage von 10.00 Uhr – 18.00 Uhr geöffnet (Mai-Oktober).
2 € pro Person und Tag für Sanitäranlage.
Asphaltierte, ebene und gerade Stellflächen für 10 Wohnmobile.
Parkgebühr: 3 € pro Mobil und Ver- und Entsorgung.
Einkaufsmöglichkeiten in 2 km Entfernung.
Wanderungen und Radfahren in der Umgebung.
Informationen: Frau Armschlag Tel. 0043 (0) 2872 7421.
www.mohnwirt.at

3631 Ottenschlag Freizeitanlage ****  KT - 4

Wohnmobilplatz in Waldnähe am Tennisplatz in sehr ruhiger und sehr schöner Lage.

Auf der B 36 nach Ottenschlag fahren. Dem Wohnmobilsymbol folgen. Nach 1 km wird der Platz rechts erreicht (**Florianigasse**).
Koordinaten: 48° 25.42' Nord, 15° 13.67' Ost.
Koordinaten: 48° 25' 25" Nord, 15° 13' 40" Ost.

Ver- und Entsorgung am Platz. Wasser 1 € für 10 Minuten.
WC und Duschen in der Nähe. Informationstafel am Platz.
Stromversorgung. Gebühr 1 € für 8 Stunden.
Ganzjährig zugänglich. Aufenthaltsdauer nicht begrenzt.
Geschäfte in 500 m Entfernung.
5 Gehminuten zum Ort.
Wanderungen und Radtouren in der Umgebung.
Geschotterte, ebene und gerade Stellflächen für 10 Wohnmobile. Mit Wiese umgeben.
Parkgebühr: 5 € für 24 Stunden.
Informationen: Tel. 0043-28 72 73 30. www.ottenschlag.com

3532 Zierings Schloss Waldreichs *** KT - 5

Parkplatz am Schloss Waldreichs in sehr ruhiger Lage und landschaftlich reizvoller Umgebung.

Von der B38 (Zwettl-Horn) aus Richtung Zwettl/Rastenfeld nach Überqueren der Kamp kurz vor Zierings rechts Richtung Schloss Waldreichs/Forstamt abbiegen. Noch 2 km bis zum Parkplatz rechts.
Koordinaten: 48° 35,96' Nord, 15° 21,72' Ost.
Koordinaten: 48° 35' 58" Nord, 15° 21' 43" Ost.

Häuser am Parkplatz.
Müllbehälter am Parkplatz.
Forstamt am Parkplatz.
Wanderwege im Gebiet der Stauseen Ottenstein und Dobra.
Radfahrten.
Bootsverleih in Ottenstein.
Besichtigung von Schloss Ottenstein.
Fahrt nach Tschechien.
Keine Parkgebühr.
Ebene Stellflächen für 10 Wohnmobile.

Schloss Grafenegg

Auf der Kamp bei Schönau

3591 Altenburg Stift Altenburg *** KT - 6

Asphaltierter **Parkplatz** am Stift Altenburg in sehr ruhiger und schöner Lage.

Von der B38 zum Stift Altenburg 5 km westlich von Horn abbiegen. Noch 100 m bis zum Platz.
Koordinaten: 48° 38,71' Nord, 15° 35,57' Ost.
Koordinaten: 48° 38' 43' Nord, 15° 35' 34" Ost.

Gaststätte in der Nähe. Häuser am Parkplatz.
Konzerte der Altenburger Sängerknaben.
Besichtigung des Stiftes Altenburg mit barocker Stiftskirche.
Stiftsführungen 10.30 und 14.00 Uhr.
Besichtigung von Horn: Altstadt.
Besichtigung der Rosenburg.
Fahrt nach Tschechien.
Fahrt durchs Kamptal.
Keine Parkgebühr.
Ebene Stellflächen für 10 Wohnmobile.
Weitere Parkmöglichkeiten hinter dem Parkplatz am Sportplatz.

3573 Rosenburg Schloss Rosenburg *** KT - 7

Durch Grünstreifen eingeteilter **Parkplatz** an der Rosenburg in sehr ruhiger und schöner Lage.

Von der B38 (Zwettl-Horn) 5 km westlich von Horn bei Altenburg Richtung Rosenburg abbiegen. Nach 3,2 km rechts Richtung Rosenburg/Etzmannsdorf fahren. Noch 2 km bis zum Parkplatz rechts.
Koordinaten: 48° 37,62' Nord, 15° 37,97' Ost.
Koordinaten: 48° 37' 37" Nord, 15° 37' 58" Ost.

Gaststätte am Parkplatz. Häuser in der Nähe.
WC in der Rosenburg. Müllcontainer am Parkplatz.
Wanderwege im Kamptal. Radfahrten.
Falkenhof mit Vorführungen wie in der Renaissance.
Kerzenlicht-Konzerte.
Bootsverleih in Rosenburg an der Kamp.
Besuch des Renaissance-Schlosses Rosenburg.
Öffnungszeiten: 1.04. – 15.11. 9 – 17.00 Uhr.
Greifvögelvorführungen: 11 und 15.00 Uhr.
Besichtigung von Horn.
Besichtigung des Stiftes Altenburg.
Besichtigung der Wallfahrtskirche Maria Dreieichen.
Fahrt nach Tschechien.
Fahrt in die Wachau.
Keine Parkgebühr.
Ebene Stellflächen für 30 Wohnmobile.

3573 Thunau Burgruine *** KT - 8

Parkplatz an der Burgruine in sehr ruhiger und landschaftlich reizvoller Umgebung.

Von der Straße 35 (Krems-Horn) kurz vor Gars Richtung Wegscheid/Burgruine abbiegen. Dem Wegweiser Burgruine nach 200 m rechts und nach weiteren 200 m links folgen. Nach 800 m rechts Richtung Burgruine abbiegen und gleich wieder rechts fahren. Noch 200 m bis zum Parkplatz.
Koordinaten: 48° 35,66' Nord, 15° 39,16' Ost.
Koordinaten: 48° 35' 40" Nord, 15° 39' 10" Ost.

Gaststätte und Häuser am Parkplatz.
WC an der Burgruine.
Wanderwege und Radfahrten im Kamptal.
Besichtigung: Gars, Rosenburg, Horn, Maria Dreieck, Stift Altenburg.
Fahrt durch das Kamptal.
Ausflug in die Wachau.
Fahrt nach Tschechien.
Keine Parkgebühr.
Ebene und leicht schräge Stellflächen für 10 Wohnmobile.

3573 Thunau Freibad *** KT - 9

Kleiner **Übernachtungsplatz** am Freibad in sehr ruhiger und guter Lage.

Bei Anfahrt aus dem Süden von der B34 100 m nach dem Ortsanfang Gars links über die Brücke nach Thunau abbiegen. Nach 100 m rechts in die **Gföhler Straße** fahren und nach 100 m rechts dem Mobil-Symbol folgen. Noch 100 m bis zum Platz rechts.
Koordinaten: 48° 35,60' Nord, 15° 39,38' Ost.
Koordinaten: 48° 35' 36" Nord, 15° 39' 23" Ost.

Gaststätten in der Nähe. Häuser am Parkplatz.
Stromanschluss möglich. Müllcontainer am Platz.
Kette vor dem Platz. Von Hand zu entfernen.
Keine sehr großen Mobile. Eingeschränkter Rangierraum.
5 Minuten Fußweg zum Ortszentrum.
Wanderwege und Radfahrten im Kamptal.
Besichtigung der Sehenswürdigkeiten in Gars, Rosenburg, Horn, Maria Dreieck, Stift Altenburg.
Fahrt durch das Kamptal. Fahrt in die Wachau.
Keine Parkgebühr.
Ebene, befestigte Stellflächen für 3 Wohnmobile.
Informationen: Gars Tel. (0 29 85) 26 80. www.gars.at

3562 Schönberg am Kamp Freibad *** KT - 10

Übernachtungsplatz am Freibad in sehr ruhiger und schöner Lage.

Bei Anfahrt aus dem Norden von der B34 Richtung Schönberg abbiegen und nach 1,3 km – 900 m nach dem Ortsanfang – rechts dem Wegweiser Zum Bad folgen (**Badgasse**). Noch 200 m bis zum Platz.
Koordinaten: 48° 31,23' Nord, 15° 41,68' Ost.
Koordinaten: 48° 31' 14" Nord, 15° 41' 41" Ost.

Gaststätten und Heurigenlokale in der Nähe. Häuser am Platz.
Getrennte Müllentsorgung am Platz. WC am Platz.
Ganzjährig zugänglich
Freibad am Platz. Angeln am Kamp.
5 Minuten Fußweg zum Ortszentrum.
Weinprobe und Weinkauf in Schönberg.
Besichtigung von Schönberg: Alte Schmiede, Vinothek, Sommerfrische Museum, historische Schauschmiede.
Wanderwege und Radfahrten im Kamptal.
Ausflug nach Gars, Rosenburg, Horn, Maria Dreieck, Altenburg.
Fahrt in die Wachau.
Keine Parkgebühr.
Ebene, asphaltierte Stellmöglichkeiten für 10 Wohnmobile.
Informationen: Gemeindeamt Tel. (0 27 33) 82 27

3485 Haitzendorf Schloss Grafenegg *** KT - 11

Gekieste **Parkplätze** am Schloss Grafenegg in sehr ruhiger Lage und landschaftlich reizvoller Umgebung.

Von der B304 (Tulln-Krems) Richtung Grafenwörth/Schloss Grafenegg abbiegen. Nach 300 m rechts, nach weiteren 700 m links und nach weiteren 2,5 km wieder links dem Wegweiser Schloss Grafenegg folgen. Noch 100 m bis zum Parkplatz rechts vor der Mauer und 200 m bis zum Parkplatz rechts nach der Mauer. Nach weiteren 200 m wird der Parkplatz im Hof rechts erreicht.
Koordinaten: 48° 25,79' Nord, 15° 45,02' Ost.
Koordinaten: 48° 25' 47" Nord, 15° 45' 01" Ost.

Gaststätte, Vinothek und Hotel am Parkplatz.
Reitschule und Reitstall am Parkplatz.
Wanderungen und Radfahrten im Tullner Becken.
Besichtigung des neugotischen Schlosses Grafenegg.
Besichtigung des Stiftes Göttweig.
Besichtigung von Krems und Dürnstein.
Schifffahrt nach Melk (Wachau) von Krems.
Fahrt durch die Wachau. Ausflug ins Kamptal.
Keine Parkgebühr.
Ebene Stellflächen für 30 Wohnmobile.

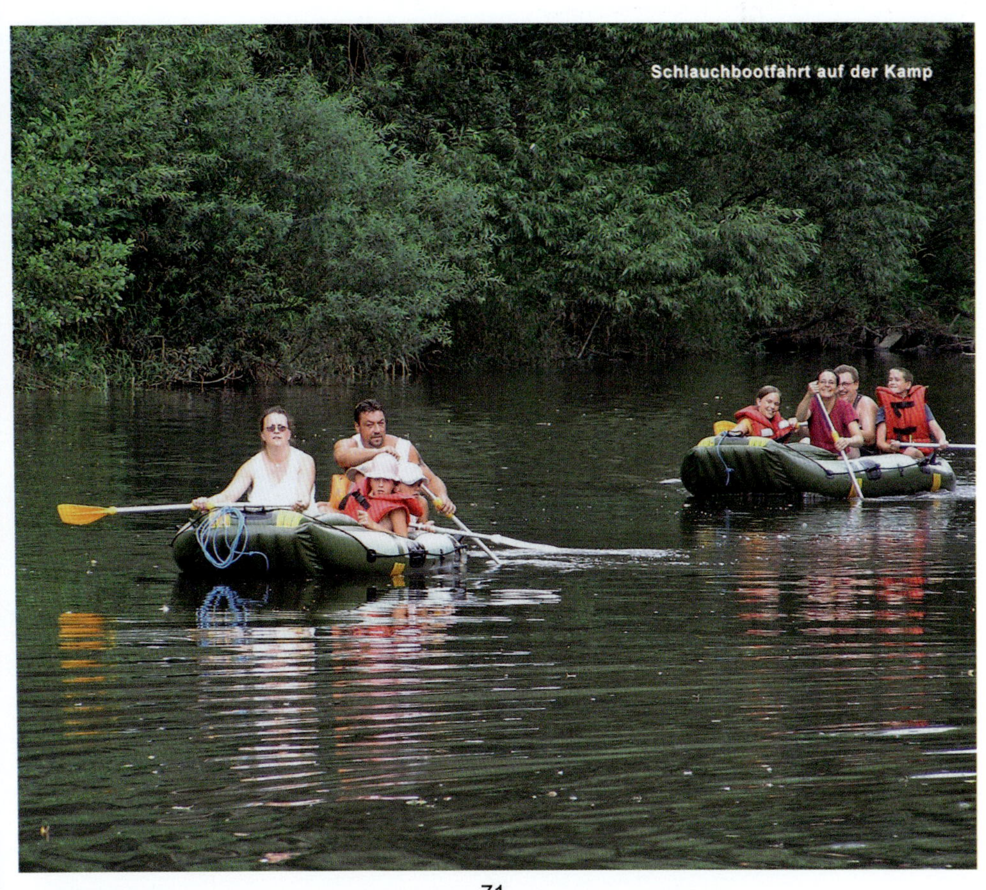
Schlauchbootfahrt auf der Kamp

Drunten in der Wachau
Durch die Wachau
Tour 6

In Krems erreichen wir die Donau, den Nibelungengau und die vielbesungene Wachau. Hier kann man auf den Spuren der Nibelungen wandeln oder den Spuren der Weinhauer folgen. Im Wein liegt die Wahrheit – die Wachauer sind sehr wahrheitsliebend –, sie sind stolz auf ihre weltberühmten Weine und sie pflegen ihre Tradition. Schon zur Römerzeit hatte der Weinbau in der Wachau große Bedeutung. Auf den lößbedeckten Hängen, im milden Klima der Wachau, gedeihen grüner Veltliner, Rheinriesling und Blaufränkischer besonders gut. Wir suchen die Wahrheit im Wein und finden ein reines, ungetrübtes Vergnügen.

Bevor wir uns in das Abenteuer Wachau stürzen, fahren wir zum Stift Göttweig (WC-1). Wir genießen das Abendessen und die Aussicht auf der Terrasse des Stiftes und trinken einen Schlummertrunk des Prälatenweines vor unserem Ferienheim auf Rädern.

Die Benediktiner haben dieses Kloster 1083 gegründet. Nach einem Brand wurde es 1719 von dem bekannten Baumeister Lukas von Hildebrand im barocken Stil neu erbaut. Besonders sehenswert sind das Stiegenhaus mit dem Deckenfresko von Paul Tröger, die Kaiser- und Fürstenzimmer, die Bibliothek mit 160.000 Bänden und Handschriften und das Graphische Kabinett mit 28.000 Stichen. Die Stiftskirche hat einen hochgotischen Chor, ein frühbarockes Langhaus, eine klassizistische Fassade und eine barocke Innenausstattung.

Wir fahren nach Krems, zum Eingangstor der Wachau, einer liebenswerten Stadt mit vielen Zeugnissen aus der Vergangenheit. Am Mauthaus, das Zollhaus für Waren im Mittelalter, bewundern wir die prachtvollen Renaissance-Fresken und die bemalten Fensterwände. Im Dominikanerkloster besuchen wir das historische Museum und das Weinbaumuseum. Aus dem malerischen Stadtbild mit vielen schönen Bürgerhäusern und Arkadenhöfen aus der Renaissance ragt die spätgotische Piaristenkirche mit barocker Ausstattung und Bildern des Kremser Schmidt, die Ursulakapelle, die barocke Pfarrkirche St. Veit mit fünf großen Deckenfresken, das gotische Steiner Tor mit einem achteckigen Turm, die spätgotische Bürgerspitalkirche mit Heiligenfiguren am mächtigen Hochaltar von Matthias Schwanthaler, das Rathaus mit einem Renaissance-Erker, die Dreifaltigkeitssäule von Matthias Götz, die Stadtburg Gozzo, die Kapuzzinerkirche mit dem bekannten Deckenfresko „Erlösung der Welt“ von Daniel Grau, das Kremser und Linzer Tor und das Wahrzeichen der Stadt, die Frauenbergkirche mit einem wuchtigen, barocken Turmhelm, heraus. Das große Sgrafittohaus zeigt Szenen aus dem Neuen und Alten Testament und die Geschichte Roms. Interessante Häuser sind auch am Körnermarkt, am Sängerhof, Pfarrhof, Herzogshof und am Großen Passauer Hof zu sehen. Die vielen Sehenswürdigkeiten verteilen sich auf die beiden Altstädte von Krems und Stein.

Für uns ist eine besondere Attraktion die Fahrt mit dem Ausflugsschiff durch die Wachau bis Melk. Malerisch grüßen die mittelalterlichen Orte Dürnstein, Weißenkirchen, Spitz, Willendorf, die Schlösser, Burgen und Wallfahrtskirchen zu uns herüber. Idyllische Ufer, weinbedeckte Hänge und dichte Bergwälder ziehen an uns vorüber. Unser rollendes Zuhause haben wir an der Schiffsanlegestelle in Stein für die Übernachtung abgestellt (WC-2).

Beim Gasthof Winkler in Gföhl können 10 Mobile abgestellt werden (**WC-3**). Eine Gebühr wird bei Verzehr in der Gaststätte nicht erhoben. Auf der anderen Donauseite ist der private Stellplatz in Rossatz für die Übernachtung und einen längeren Aufenthalt zu empfehlen, wenn man die Verkehrsgeräusche der nahen Bundesstraße nicht als störend empfindet (**WC-4**).

Wachau Am nächsten Tag fahren wir nach Dürnstein, dem beliebtesten Touristenort in der Wachau. Nach einem steilen Aufstieg erreichen wir die Burg Dürnstein. Hier wurde der englische König Richard Löwenherz gefangen gehalten, bevor man ihn an den deutschen Kaiser auslieferte. Im Ort besichtigen wir die barocke Stiftskirche mit dem ungewöhnlichen Turm, barocken Kunstwerken im Inneren, Bildern vom Kremser Schmidt und mit der berühmten statuengeschmückten Terrasse, die Pfarrkirche der heiligen Kunigunde und das Starhemberg-Schloss. Nach einem weiteren steilen Anstieg genießen wir den Blick auf Dürnstein von der Starhembergwarte.

Sehr bekannt ist auch der Ferien- und Weinort Weißenkirchen. Der Riesling, diese weitverbreitete Rebsorte, stammt aus Weißenkirchen. In den rustikalen Buschenschenken widmen wir uns dem Wachauer Wein. Der Besuch dieses Ortes lohnt sich aber auch wegen der vielen malerischen Gassen, der prachtvollen Wachauer Höfe und der wuchtigen, auf einer Anhöhe gelegenen Wehrkirche.

Auf der Weiterfahrt an der Donau besichtigen wir die Wehrkirche St. Michael am Donauufer, den Weinort Spitz mit der spätgotischen Pfarrkirche, mit schönen Barock- und Renaissance-Häusern und besuchen das Schifffahrtsmuseum.

Bei Willendorf, Fundort der weltberühmten „Venus von Willendorf", haben wir einen wundervollen Blick auf die Burgruine Aggstein, eine der geschichtlich bedeutendsten Burgen Österreichs. Sie wurde oft zerstört, wiederaufgebaut und ist jetzt eine romantische Ruine, hoch auf einem Felssporn gelegen.

Das Schloss Schallaburg wurde auf den Resten einer mittelalterlichen Burg im 16. Jahrhundert erbaut. Der zweigeschossige Arkadenhof zählt zu den bedeutendsten Bauwerken der Renaissance. Das Schloss wurde vollständig restauriert, ein reizvollen Anblick! Die Räume werden überwiegend für Kulturveranstaltungen und Ausstellungen genutzt. Der Parkplatz ist für eine Übernachtung geeignet (WC-5).

Höhepunkt unserer Reise durch die Wachau ist das weltberühmte Stift Melk. Nach allen Seiten grüßt das Benediktinerstift von einer Anhöhe über der Donau, ein Palast mit einer 362 Meter langen Fassade, 1732 erbaut von Jakob Prandtauer und Franz Muggenast. Überwältigt sind wir von der barocken Pracht im Inneren, dem Stiegenhaus mit schönen Stuckarbeiten, dem Marmorsaal mit dem riesigen Deckenfresko von Paul Tröger, der berühmten Stiftsbibliothek mit 80000 wertvollen Bänden und Handschriften. Geblendet vom vielfältigen Goldschmuck stehen wir in der Stiftskirche, staunen über den vergoldeten Hochaltar von Beduzzi, über die Ornamente und die Altargemälde von Paul Tröger, Bachmann und Rottmayr. In der Schatzkammer wird das weltberühmte „Melker Kreuz" gezeigt, das Hauptwerk der Goldschmiedekunst im 14. Jahrhundert. Leider sind die großen Parkplätze am Stift und am Donauufer für die Übernachtung im Wohnmobil gesperrt.

In Aggsbach-Dorf besteht am Gasthof Kartause die Möglichkeit, das Schlafmobil auf dem Hinterhof in ruhiger Lage abzustellen (**WC-6**). 5 Wohnmobilplätze stehen am gegenüberliegenden Ufer in Aggsbach-Markt am Strandkiosk zur Verfügung (**WC-7**). Einen Stellplatz hält auch der Plaika-Wirt in Erlauf bereit (**WC-8**).

Wir verlassen Melk am Abend und fahren zum Schloss Leiben, um dort in einer ruhigen und reizvollen Umgebung zu übernachten (WC-9). Das historische Schloss aus dem 16. Jahrhundert liegt auf einer steil abfallenden Felskuppe. Sehenswert sind der Bet- und Rittersaal mit Kassettendecken, der fünfeckige Hof und die wuchtigen Rundtürme. Im Schloss ist das Museum für Landtechnik untergebracht.

Nicht weit entfernt liegt das Schloss Artstetten, die letzte Ruhestätte des in Sarajewo ermordeten Thronfolgers der Österreichisch-Ungarischen Monarchie Erzherzog Johann. Das Schloss wurde erst 1914 fertiggestellt. Der Parkplatz für Busse eignet sich auch zum Abstellen des Schlafmobils (WC-10).

Wachau

Auf einem Bauernhof in Laimbach kann das Ferienhaus auf Rädern für einige Tage abgstellt werden (**WC-11**). Ein vielbesuchter Wallfahrtsort ist die Kirche Maria Taferl. Abends werden die Parkplätze frei, die Tagesgäste verlassen die Läden und Gaststätten, Ruhe kehrt ein. Vom Parkplatz haben wir einen schönen Blick über die Wachau und das Tal der Donau (WC-12).

Unmittelbar am Ufer der Donau übernachten wir in Ybbs (WC-13), auf einem sehr schön gelegenen und sehr ruhigen Schlafplatz. Das mittelalterliche Stadtbild, die engen Gassen und die alten, urigen Kneipen laden zu einem längeren Verweilen in der romantischen kleinen Stadt ein.

Wir beenden unsere Reise mit den großartigen Eindrücken des barocken Stiftes Melk und der reizvollen Landschaft im Donautal der Wachau in dem idyllischen Ort Waldhausen, auf einem Bergrücken im Strudengau gelegen. Sehenswert sind die barocke Stiftskirche und das Stift. Der Badesee unterhalb der Kirche lockt uns zu einem erfrischenden Bad am Abend. Er ist vom Stellplatz nur 100 Meter entfernt (**WC-14**). Im urigen Berggasthof lassen wir uns anschließend mit Getränken und Speisen verwöhnen und genießen den Blick über die Berglandschaft.

Schloss in Leiben

Wachau

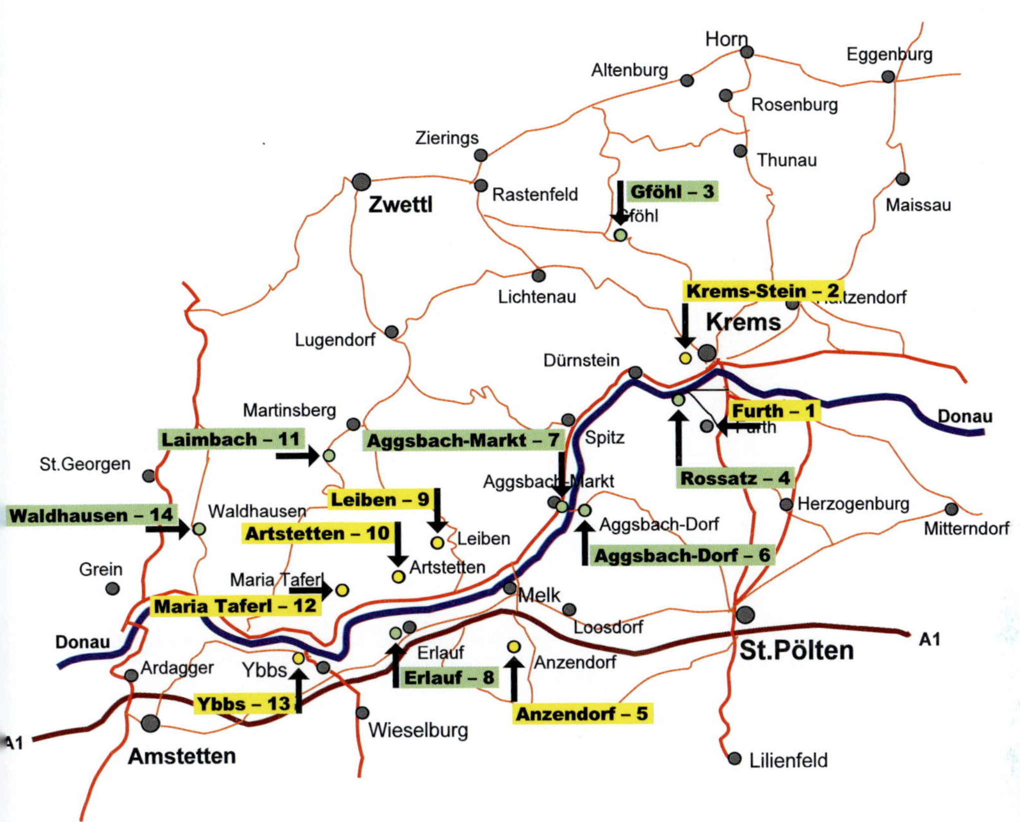

Horn
Altenburg
Eggenburg
Rosenburg
Zierings
Thunau
Zwettl
Rastenfeld
Gföhl – 3
Maissau
Lichtenau
Krems-Stein – 2
Krems
Lugendorf
Dürnstein
Martinsberg
Furth – 1
Donau
Laimbach – 11
Aggsbach-Markt – 7
Spitz
St.Georgen
Aggsbach-Markt
Rossatz – 4
Leiben – 9
Herzogenburg
Waldhausen – 14
Waldhausen
Aggsbach-Dorf
Mitterndorf
Artstetten – 10
Leiben
Aggsbach-Dorf – 6
Grein
Artstetten
Maria Taferl
Melk
Maria Taferl – 12
Loosdorf
Donau
Erlauf
St.Pölten
A1
Ardagger
Ybbs
Anzendorf
Erlauf – 8
Ybbs – 13
Anzendorf – 5
Wieselburg
Amstetten
Lilienfeld

Tour 6: **In der Wachau**

Nr.	Ort, Bezeichnung	Stell-plätze A	Gast-haus	Häu-ser	WC	Bad See	Orts-nähe B	Ent-sorg.	Park-dauer C	Park-gebühr D
WC-1	Furth, Stift Göttweig ***	5	+	+	+	-	x	-	1	0
WC-2	Krems-Stein, Schiffsanlegestelle **	5	-	-	-	-	x	-	1	0
WC-3	**Gföhl, Winkler *** **	**10**	**+**	**-**	**+**	**-**	**x**	**+**	**U**	**5**
WC-4	**Rossatz, Donau * **	**10**	**+**	**+**	**-**	**-**	**x**	**-**	**U**	**10**
WC-5	Anzendorf, Schallaburg ***	30	+	+	-	-	x	-	1	0
WC-6	**Aggsbach-Dorf, Kartause ** **	**10**	**+**	**+**	**-**	**-**	**x**	**-**	**1**	**0**
WC-7	**Aggsbach-Markt, Donau * **	**5**	**+**	**+**	**-**	**+**	**x**	**-**	**1**	**4,50**
WC-8	**Erlauf, Plaika * **	**5**	**+**	**+**	**-**	**-**	**x**	**-**	**1**	**0**
WC-9	Leiben, Schloss Leiben ***	20	+	+	-	-	x	-	1	0
WC-10	Artstetten, Schloss Artstetten ***	5	+	+	-	-	5	-	1	0
WC-11	**Laimbach, Bauernhof ** **	**5**	**+**	**-**	**+**	**-**	**x**	**+**	**U**	**12**
WC-12	Maria Taferl, Wallfahrtskirche **	10	+	+	+	-	5	-	1	0
WC-13	Ybbs, Donauufer ****	10	+	+	-	-	10	-	1	0
WC-14	**Waldhausen, Schlossberg *** **	**10**	**+**	**+**	**-**	**+**	**15**	**-**	**1**	**0**

Legende

****	sehr ruhige und sehr schöne Lage.
***	sehr ruhige und schöne Lage.
**	ruhige und gute Lage.
*	keine ruhige Lage.
A	Stellplätze gestaffelt nach 3, 5, 10, 20, 30, 50 Wohnmobilen. Dabei wird angenommen, dass nur die Hälfte des Platzes zur Verfügung steht und die andere Hälfte durch PKW belegt ist.
B	Fußweg in Minuten, x über 15 min Fußweg.
C	Aufenthaltsdauer in Tagen.
D	Stellplatzgebühr in Euro pro Wohnmobil und 24 Stunden oder Parkgebühr.
P	Parkgebühr in der Saison.
T	Aufenthaltsdauer einige Tage.
U	Aufenthaltsdauer unbegrenzt.
(gelb)	Parkplatz
(grün)	Wohnmobil-Stellplatz

3511 Furth Stift Göttweig *** WC - 1

Asphaltierter **Parkplatz** am Stift Göttweig in sehr ruhiger und schöner Lage.

Von Krems Richtung St. Pölten fahren (S33) und rechts Richtung Stift Göttweig abbiegen. Nach 4 km rechts Richtung Stift Göttweig fahren. Noch 1,8 km bis zu den Parkplätzen links.
Koordinaten: 48° 22,05' Nord, 15° 36,79' Ost.
Koordinaten: 48° 22' 03" Nord, 15° 36' 47" Ost.

Gaststätte und Häuser am Parkplatz. WC am Parkplatz.
Wandern und Radfahren im Steinwald.
Besichtigung der Stiftskirche. Führungen durch den Kaisertrakt: 10, 11, 14, 15 und 16.00 Uhr.
Besuch des Stiftsmuseums. Konzerte und Ausstellungen im Stift.
Besichtigung von Krems. Schifffahrt auf der Donau.
Besichtigung des neugotischen Schlosses Grafenegg.
Fahrt auf der Romantikstraße. Fahrt durch die Wachau.
Keine Parkgebühr.
Ebene und leicht schräge Stellflächen für 5 Wohnmobile.

3500 Krems-Stein Schiffsanlegestelle ** WC - 2

Asphaltierte **Parkplätze** an der Schiffsanlegestelle in landschaftlich reizvoller Umgebung.

Von der S33 Richtung Krems fahren und zur B3 Richtung Spitz/Melk abbiegen. 2,8 km nach der Unterquerung der S33 links zur Schiffsanlegestelle abbiegen.
Koordinaten: 48° 24,17' Nord, 15° 35,25' Ost.
Koordinaten: 48° 24' 10" Nord, 15° 35' 15" Ost.

Kiosk und Müllcontainer am Parkplatz.
Wanderwege an der Donau (Wachau). Radfahrten.
Tagsüber stark durch PKW belegt.
Besichtigung von Krems und Dürnstein.
Besichtigung des Stiftes Göttweig.
Schifffahrt nach Melk (Wachau) auf der Romantikstraße Krems.
Fahrt durch die Wachau. Ausflug ins Kamptal.
Besichtigung des neugotischen Schlosses Grafenegg.
Keine Parkgebühr.
Ebene und etwas schräge Stellflächen für 5 kleine Mobile (bis 3,5 t).

3542 Gföhl Winkler *** WC - 3

Schöner **Wohnmobilplatz** an einem Gasthof in sehr ruhiger und schöner Lage.

Auf der B 37 die Abfahrt Gföhl nehmen und links Richtung Gars abbiegen. Nach 3 km links dem Schild Gasthof Winkler folgen. Noch 500 m bis zum Platz rechts (**Gföhlamt 92**).
Koordinaten: 48° 32,64' Nord, 15° 31,21' Ost.
Koordinaten: 48° 32' 38" Nord, 15° 31' 13" Ost.

Inmitten von Wiesen und Wäldern.
Gasthof am Platz. WC im Gasthof vorhanden.
Ver- und Entsorgung am Platz.
Stromversorgung möglich.
Spielplatz vorhanden.
Ganzjährig zugänglich.
Aufenthaltsdauer nicht begrenzt.
Geschotterte, ebene und gerade Stellflächen für 10 Wohnmobile. Teilweise auf Wiese.
Parkgebühr: 5 €. Für Gasthofgäste kostenlos. Verzehr erwünscht.
Ortmitte Gföhl in 4 km Entfernung.
Wanderungen und Radtouren in der Umgebung.
Fahrt durch die Wachau. Ausflug ins Kamptal.
Informationen: Fam. Winkler Tel. 0043 (0)2716 6468.
www.gasthaus-winkler-gföhl.at

3602 Rossatz-Rossatzbach Donau * WC - 4

Wohnmobilplätze zwischen Bundesstraße und Donauufer.

Von Krems und St. Pölten zum Südufer der Donau fahren (S33). 4,6 km nach westlichen Kremser Brücke – 200 m vor dem Ortsanfang Rossatzbach – rechts zum Platz abbiegen (**Aggsteiner Bundesstraße**).
Koordinaten: 48° 23,27' Nord, 15° 31,02' Ost.
Koordinaten: 48° 23' 16" Nord, 15° 31' 01" Ost.

Kiosk am Platz. Gaststätte und Häuser in der Nähe.
Ver- und Entsorgung am Platz.
Wasser- und Stromanschluss an den Stellflächen.
Müllcontainer und WC am Parkplatz.
Ganzjährig zugänglich. Aufenthaltsdauer nicht begrenzt.
Bundesstraße B33 am Parkplatz. Verkehrsgeräusche.
Wanderwege an der Donau (Wachau). Radfahrten.
Donaufähre bis 10 t in der Nähe.
Besichtigung von Krems und Dürnstein.
Besichtigung des Stiftes Göttweig.
Schifffahrt nach Melk (Wachau). Schiffstation am Platz.
Fahrt durch die Wachau.
Ausflug ins Kamptal.
Besichtigung des neugotischen Schlosses Grafenegg.
Stellplatzgebühr: 10 € für 24 Std. inkl. Ver-/Entsorgung und Strom.
Ebene, geschotterte Stellflächen für 10 Wohnmobile.
Informationen: Tel. 0043-664 73596 376

Kirche und Stift Waldhausen

Blick vom Parkplatz in Ybbs

3382 Anzendorf Schallaburg *** WC - 5

Parkplatz auf einem Wiesengelände an der Schallaburg in sehr ruhiger und schöner Lage.

Von der Ausfahrt Melk der Autobahn A1 Richtung Schallaburg/Groß Schollach fahren, nach 3 km rechts Richtung Schallaburg abbiegen und dem Wegweiser folgen. Nach 2 km werden die asphaltierten Ausweichparkplätze P1 und P2 erreicht. Noch 300 m bis zum Parkplatz P3 und dem ruhig und schön gelegenen Parkplatz P4.
Koordinaten: 48° 11,03' Nord, 15° 21,17' Ost.
Koordinaten: 48° 11' 02" Nord, 15° 21' 10" Ost.

Kiosk am Parkplatz. Gaststätte und Häuser in der Nähe.
Müllcontainer an den Parkplätzen.
Wandern und Radfahren.
Besichtigung der Schallaburg: Mo-Fr 9-17 Uhr. Sa, So 9-18.00 Uhr.
Besichtigung des Stiftes Melk.
Übernachtungsverbot auf den Parkplätzen des Stiftes.
Fahrt durch die Wachau.
Schiffsreise auf der Donau.
Keine Parkgebühr.
Ebene und leicht schräge Stellflächen für insgesamt 30 Wohnmobile.
.

3642 Aggsbach-Dorf Kartause **  WC - 6

Übernachtungsplatz hinter dem Gasthof Zur Kartause in ruhiger Lage.

Bei Anfahrt aus dem Nordosten (B33) 300 m nach dem Ortsanfang links Richtung St.Pölten abbiegen. Nach 1,5 km rechts abbiegen und nach 50 m links nach dem Gasthof zum Platz abbiegen (**Aggsbach-Dorf 38**).
Bei Anfahrt aus dem Südwesten (B33) 300 m nach dem Ortsanfang rechts abbiegen. Dann wie oben.
Koordinaten: 48° 17,81' Nord, 15° 25,57' Ost.
Koordinaten: 48° 17' 49" Nord, 15° 25' 34" Ost.

Gaststätte und Häuser am Platz.
Wasser- und Stromversorgung möglich.
Müllcontainer am Platz.
Wanderwege an der Donau (Wachau). Radfahrten.
Besichtigung von Krems und Dürnstein.
Besichtigung des Stiftes Melk und des Schlosses Schönbühel.
Schifffahrt nach Melk (Wachau) oder Krems.
Schiffstation in der Nähe.
Fahrt durch die Wachau.
Keine Stellplatzgebühr. Verzehr im Gasthof erforderlich.
Ebene, geschotterte Stellflächen für 10 Wohnmobile.
Ausweichplätze 200 und 700 m nach der Abzweigung rechts.
Informationen: Lechner Tel. (0 27 53) 82 43.
Internet: www.gasthof-lechner.at.

3641 Aggsbach-Markt Donauufer *

WC -7

Wohnmobilplatz am Badestrand der Donau.

Von Melk Richtung Krems fahren (B3). In Aggsbach-Markt nach der Gaststätte Donaustüberl rechts dem Wohnmobil-Symbol folgen. Noch 50 m bis zum Platz rechts.
Koordinaten: 48° 17,88' Nord, 15° 24,26' Ost.
Koordinaten: 48° 17' 53" Nord, 15° 24' 16" Ost.

Gaststätte am Platz. Häuser in der Nähe
Ver- und Entsorgung und Müllbehälter am Platz.
Stromanschlüsse vorhanden. Gebühr 1 €/Tag.
Badestrand mit Liegewiese am Platz.
10 Minuten Fußweg zur Ortsmitte.
Wandern und Radtouren an der Donau (Wachau). Donau-Radweg.
Besichtigung von Krems und Dürnstein.
Besichtigung des Stiftes Melk und des Schlosses Schönbühel.
Schifffahrt nach Melk oder Krems. Schiffstation in der Nähe.
Stellplatzgebühr: 3,20 € pro Mobil, 1,90 € pro Person.
Zahlbar am Strandbuffet.
Leicht schräge, befestigte Stellflächen für 15 Wohnmobile.
Ausweichplätze 200 und 700 m nach der Abzweigung rechts.
Informationen: Marktgemeinde Tel. (0 27 12) 2 14 15

Erlauf Plaika *

WC -8

Übernachtungsplatz am Gasthof Plaika-Wirt.

Bei Anfahrt aus dem Osten (B1) 1,9 km nach dem Ortsende Erlauf links Richtung Wieselburg/ Petzenkirchen abbiegen (**Plaika 1**). Noch 100 m bis zum Platz rechts.
Koordinaten: 48° 10,15' Nord, 15° 9,84' Ost.
Koordinaten: 48° 10' 09" Nord, 15° 9' 50" Ost.

Gaststätte und Häuser am Platz.
Nebenstraße am Platz. Autobahn in der Nähe.
Stromversorgung möglich. Spielplatz in der Nähe.
Ganzjährig zugänglich.
Wanderwege an der Donau (Wachau). Radfahrten.
Besichtigung von Erlauf: Friedensdenkmäler, Pfarrkirche.
Besichtigung von Ybbs.
Besichtigung des Stiftes Melk und des Schlosses Schönbühel.
Fahrt durch die Wachau.
Keine Stellplatzgebühr. Verzehr im Gasthof erforderlich.
Ebene und leicht schräge, asphaltiere Stellflächen für 5 Mobile.
Informationen: Plaika-Wirt Tel. (0 27 57) 65 18.
Internet: www.friedensgemeinde.at

Leiben Schloss Leiben ***

WC - 9

Geschotterter **Großparkplatz** am Schloss Leiben in sehr ruhiger und schöner Lage.

Von der Bundesstraße 3 (Krems-Grein) in Weitenegg Richtung Otterschlag/Pöggstall abbiegen (216). Nach 3,7 km links dem Wegweiser Leiben/Schloss Leiben folgen. Noch 400 m bis zum Parkplatz rechts.
Koordinaten: 48° 14,63` Nord, 15° 17,01' Ost.
Koordinaten: 48° 14' 38" Nord, 15° 17' 00" Ost.

Gaststätte am Parkplatz.
Häuser am Parkplatz.
Weinprobe und Weinkauf in der Wachau.
Wanderungen und Radtouren an der Donau und in der Wachau.
Besichtigung von Dürnstein. Besichtigung von Krems.
Fahrt auf der Romantikstraße.
Fahrt durch die Wachau.
Ausflug ins Kamptal.
Keine Parkgebühr.
Ebene und leicht schräge Stellflächen für 10 Wohnmobile.

3661 Artstetten Schloss Artstetten *** WC - 10

Gekiester **Parkplatz** im Wald am Schloss Artstetten in sehr ruhiger und schöner Lage.

Von der Bundesstraße 3 (Krems-Grein) Richtung Maria Taferl abbiegen und in Maria Taferl Richtung Artstetten fahren. 100 m nach dem Ortsanfang Artstetten links Richtung Artstetten fahren. Nach 800 m wird der kleine Pkw-Parkplatz am Schloss erreicht. Nach weiteren 300 m links dem Parkplatz Schild Busse folgen. Noch 100 m nach steiler, aber guter Zufahrt.
Koordinaten: 48° 14,61' Nord, 15° 12,11' Ost.
Koordinaten: 48° 14' 37" Nord, 15° 12' 07" Ost.

Gaststätte und Häuser am Parkplatz.
5 Minuten Fußweg zur Ortsmitte.
Weinprobe und Weinkauf in der Wachau.
Wanderungen und Radtouren an der Donau und in der Wachau.
Besichtigung von Dürnstein.
Besichtigung von Krems.
Fahrt auf der Romantikstraße.
Fahrt durch die Wachau.
Keine Parkgebühr.
Ebene, geschotterte Stellflächen für 5 Wohnmobile.

3663 Laimbach am Ostrong Bauernhof ** WC - 11

Wohnmobilplatz an einem Bauerhof in sehr schöner und ruhiger Lage.

In Laimbach am östlichen Ortseingangsschild nach 50 m links abbiegen. Nach 50 m wieder links. Noch 100 m bis zum Wiesenplatz vor dem Bauernhof (**Wagmühle 34**).
Koordinaten: 48° 19.01' Nord, 15° 07.55' Ost.
Koordinaten: 48° 19' 00" Nord, 15° 07' 33" Ost.

Gaststätte in der Nähe (300 m).
Ver- und Entsorgung und Stromversorgung am Platz.
Sanitäranlage vorhanden. Dusche und WC.
Ganzjährig zugänglich. Aufenthaltsdauer nicht begrenzt.
Frühstückservice. Grill am Platz. Bauernhofverkaufsprodukte.
Aktivitäten für Kinder am Bauerhof.
Ebene und leicht schräge Stellflächen für 5 Wohnmobile auf Wiese.
Parkgebühr: 12 € pro Tag.
5 Gehminuten zur Ortsmitte.
Wanderungen und Radtouren in der Umgebung.
Informationen: Fam. Stoiber, Tel. 0043 (0)2758 5229

3672 Maria Taferl Wallfahrtskirche ** WC - 12

Langgestreckter, gepflasterter **Parkplatz** unterhalb der Kirche in ruhiger und schöner Lage.

Von der Bundesstraße 3 (Krems-Grein) 100 m nach dem westlichen Ortsanfang Maria Taferl Richtung Maria Taferl abbiegen. Nach 2,5 km wird der Parkplatz rechts erreicht. Zum Busparkplatz an der Kirche vorbei fahren und rechts dem Parkplatzschild Busse folgen.
Koordinaten: 48° 13,49' Nord, 15° 09,23' Ost.
Koordinaten: 48° 13' 29" Nord, 15° 09' 14" Ost.

Gaststätten, Häuser und Geschäfte in der Nähe. Blick ins Donautal.
5 Minuten Aufstieg zur Wallfahrtskirche und zur Ortsmitte.
WC neben der Kirche.
15 % Steigung auf der Anfahrt.
Weinprobe und Weinkauf in der Wachau.
Wanderungen und Radtouren an der Donau und in der Wachau.
Besichtigung von Ybbs.
Besichtigung von Dürnstein. Besichtigung von Krems.
Fahrt auf der Romantikstraße. Fahrt durch die Wachau.
Keine Parkgebühr.
Ebene und leicht schräge Stellflächen für 10 Wohnmobile.

Badeteich in Waldhausen

3370 Ybbs Donauufer **** WC - 13

Zwei asphaltierte und befestigte **Parkplätze** am Donauufer in sehr ruhiger und sehr schöner Lage.

Von der Ausfahrt Ybbs (100) der Autobahn A1 Richtung Ybbs fahren und nach 700 m rechts Richtung Ybbs/Persenbeug abbiegen (B25) und nach weiteren 3,4 km – 1,8 km nach dem Ortsanfang Ybbs – rechts dem Wegweiser Schiffsstation folgen. Nach 100 m wird rechts der erste Parkplatz erreicht. Zum zweiten Parkplatz 200 m rechts am Ufer entlang fahren.
Koordinaten: 48° 10,34' Nord, 15° 05,47' Ost.
Koordinaten: 48° 10' 20" Nord, 15° 05' 28" Ost.

Gaststätten und Geschäfte in der Nähe. Häuser am Parkplatz.
Blick auf die Donau.
Für große Mobile nicht geeignet.
10 Minuten zur Ortsmitte.
Weinprobe und Weinkauf in der Wachau.
Wanderungen und Radtouren an der Donau.
Besichtigung von Ybbs.
Fahrt auf der Romantikstraße.
Fahrt durch die Wachau.
Keine Parkgebühr.
Ebene Stellflächen für 5 kleine Wohnmobile.

4391 Waldhausen Schlossberg *** WC - 14

Befestigter **Übernachtungsplatz** am Badesee in sehr ruhiger und schöner Lage.

Bei Anfahrt aus dem Osten (B3) 600 m nach dem Ortsanfang Sarmingstein rechts Richtung Waldhausen abbiegen. Nach 6,6 km - 800 m nach dem Ortsanfang Waldkirchen - geradeaus dem Wegweiser Badesee folgen. Nach 1,8 km rechts Richtung Dorfstetten abbiegen (**Dendlreith**). Noch 100 m bis zum Platz rechts.
Koordinaten: 48° 16,92' Nord, 14° 57,28' Ost.
Koordinaten: 48° 16' 55" Nord, 14° 57' 17" Ost.

Gaststätte in der Nähe. Häuser am Parkplatz.
Ver- und Entsorgung am Platz. Frischwasser 1 € für 10 Minuten.
Stromversorgung Gebühr 1 € für 8 Std. Müllbehälter am Platz.
Ganzjährig zugänglich. Aufenthaltsdauer nicht begrenzt.
Badesee am Platz.
15 Minuten zur Ortsmitte. Stift und Stiftskirche Waldhausen.
Wanderungen und Radtouren im Strudengau.
Besuch eines klassischen Konzerts in der Stiftskirche.
Besichtigung von Ybbs.
Fahrt auf der Romantikstraße.
Fahrt durch die Wachau.
Keine Stellplatzgebühr.
Ebene, befestigte Stellflächen für 20 Wohnmobile.
Informationen: Marktgemeinde Tel. (0 72 60) 4 50 50
Internet: www.waldhausen.at

Im Weißen Rössl am Wolfgangsee
Das Salzkammergut

Tour 7

Unser Ziel ist das Salzkammergut, ein faszinierendes, weltbekanntes Urlaubsgebiet. Im Nordwesten der großen bekannten Seen des Salzkammergutes liegen fast unbekannte kleinere Seen: Obertruner See, Grabensee, Mattsee, Wallersee und Zeller See.

Von der barocken Wallfahrtskirche Maria Plein nördlich von Salzburg sieht man schon von weitem die Türme. Wir bewundern den Glanz der Altäre im Inneren. Viele hoffen auf die Wohltaten des wundertätigen Marienbildes. Auf einem barocken Wallfahrtsweg, vorbei an schindelgedeckten Kapellen und bunten Bildstöcken, wandert man hinunter.

Flachgau heißt dieses Land, ein welliges, liebliches Bauernland mit verschlafenen Dörfern und warmen Seen, fast vergessen vom Tourismus, ideal zum Wandern und Radfahren, zum Baden, Segeln, Surfen und Rudern. Obertrun am gleichnamigen See wurde bereits im 17. Jahrhundert durch seine Brauerei bekannt. Leider sind die Parkplätze am Seebad für Wohnmobile gesperrt. Wir fahren zum Westufer, nach Seeham. Den Parkplatz am Seebad nutzen wir nach einem Abendspaziergang am See als Schlafplatz (SK-1).

In der Kugelmühle am Wildkarwasserfall werden noch heute mit Wasserkraft Murmeln geschliffen. Barocke Pracht ist in Michaelbeuren in der Benediktinerabtei zu bewundern. Die romanische Stiftskirche wurde im 17. Jahrhundert im barocken Stil verändert. Romanisch sind das Säulenportal, der Kapitelsaal und das Refektorium des Klosters, barock die Walther-Bibel, das Hauptwerk der Salzburger Buchmalerei im 12. Jahrhundert. Der langgestreckte Parkplatz an der Benediktinerabtei neben Wiesen und Weiden eignet sich gut für eine Übernachtung (SK-2). Geschäfte und Gasthöfe sind in der Nähe.

Wir stellen unser Ferienhaus auf Rädern am Mattsee ab, erkunden den See mit dem Ruderboot und übernachten am Ufer in landschaftlich reizvoller Umgebung (SK-3). Am Hafen sind Surfbretter, Boote und Fahrräder zu leihen. Nur kurz ist der Weg zur Stiftskirche St. Michael, die auf einer Landzunge liegt. Die romanisch-gotische Kirche wurde im 17. Jahrhundert barock umgestaltet. Am Altar sind die vier Erzengel und im Kreuzgang Grabdenkmäler zu sehen. In den Resten der Burg ist das Heimatmuseum untergebracht. Vom Mattsee wandern wir zum Grabensee, einem malerischen Naturschutzgebiet mit moorigen Flächen und weiten Schilfgürteln.

Unser nächster See ist der Wallersee, der größte See im Flachgau. In Seekirchen, im Süden des Sees gelegen, besichtigen wir das Stift St. Peter. Die Kirche wurde schon um 700 erbaut, nach einem Brand im 17. Jahrhundert im Stile des Barock neu errichtet und mit barocker Ausstattung versehen. Im Schloss Seeburg aus dem letzten Jahrhundert besuchen wir das Stift- und Heimatmuseum.

Wir finden keinen geeigneten Übernachtungsplatz, aber im Nachbarort Henndorf am Seefreibad können wir uns nicht nur im Wasser und auf der Liegewiese erholen, sondern schlafen auch ruhig und zufrieden auf dem durch Bäume und Hecken versteckten Parkplatz am See (SK-4).

Der letzte See im Flachgau ist der Zeller See oder Irrf-See. Das schmale Sträßchen am Westufer bietet leider keinen Zugang zum Wasser, im Osten verläuft die Bundesstraße.

Salzkammergut – heute ein Begriff für eine liebliche und sehr bekannte Landschaft, früher ein Markenzeichen für Salz. Die Schätze des Landes waren die reichen Salzvorkommen in Ischl, Hallstatt und Aussee, die nach dem Abbau in Salinen geleitet, versotten, verpackt und von Gmunden aus verschifft wurden.

Salzkammergut

Die Attraktionen im Salzkammergut sind heute die Vielfalt der Seen und Berge. Das Land ist den Bewohnern wie auch den Touristen ans Herz gewachsen. Man muss nicht den Pfaden des Massentourismus folgen, man sollte das Salzkammergut individuell kennenlernen, die entlegenen Winkel entdecken, das Land auf Wandertouren genießen, sich am Seeufer erholen.

Fuschlsee, Mondsee, Wolfgangsee, Attersee, Traunsee, Hallstätter See, Altauseer See, Grundlsee – das wird unsere Route sein. Im Westen liegt der Fuschlsee, seine Ufer sind kaum bebaut. Der Ort Fuschl hat eine schöne Seepromenade, ein Strandbad und einen großen Parkplatz. Leider werden hier, wie auch auf den großen Parkplätzen des nahen Salzburgringes, die Wohnmobile durch Verbotsschilder vertrieben. Ein sehr bekannter Bau ist das Schloss Fuschl, einst Jagdschloss der Erzbischöfe von Salzburg, heute ein Luxushotel für Prominente. In einem Nebengebäude ist ein Jagdmuseum untergebracht.

Auch auf den Parkplätzen am Mondsee gelten Wohnmobilverbote. Wir besuchen die barocke Stiftskirche mit Werken von Guggenbichler und fahren weiter zum Wolfgangsee. In St. Gilgen werden wir wieder enttäuscht, denn auch hier stehen die Verbotsschilder. Wir halten uns nicht lange auf, lassen diese Orte, in denen Wohnmobile nicht gern gesehene Gäste sind, hinter uns und fahren nach Gschwendt, einem kleinen Ort gegenüber von St. Wolfgang, der eine Fährverbindung zum berühmtesten Ort im Salzkammergut hat. Der große Parkplatz liegt in einer reizvollen Uferlandschaft und verspricht ruhigen Schlaf in der Nacht (SK-5).

In 10 Minuten hat uns die Fähre nach St. Wolfgang gebracht. Hier können wir reiche Kulturschätze bewundern: Die Kirche St. Wolfgang aus dem 10. Jahrhundert, den gotischen Flügelaltar von Michael Pader – einen der schönsten Schnitzaltäre der Welt –, den Barockaltar von Thomas Schwanthaler, die Statuen des Mainhard Guggenbichler, den Pilgerbrunnen von 1515, den Arkadengang, das „Weiße Rößl“ – Inbegriff aller Operettenseligkeit aus der kaiserlich-königlichen Habsburger Zeit – und vor allem das malerische Ortsbild. Dann fahren wir mit der Zahnradbahn auf den Schafberg, ein Aussichtsberg mit Panoramablick, über viele Seen hinweg bis zur Bergwelt der Hohen Tauern. Unter uns stürzt die Felswand senkrecht ab, wir blicken direkt auf den Mondsee. Der Blick nach Norden reicht weit über die Donau hinaus ins flache Land. Als wir wieder unten im Ort sind, tummeln sich die Bustouristen auf der Terrasse des „Weißen Rößl“, stoßen sich durch die Gassen, plündern die Andenkenläden und drängeln sich über die Seepromenade. Wir sind froh, nicht hier im Hotel übernachten zu müssen. Auf der Fähre genießen wir das schwindende Bild der Stadt und freuen uns auf unser rollendes Ferienhaus, das ruhig am Ufer des Wolfgangsees steht.

Der Attersee, unser nächstes Ziel, ist das größte Gewässer im Salzkammergut. Die Route am Ostufer des 20 km langen Sees gewährt uns immer wieder reizvolle Ausblicke auf den See. Der See ist im Osten, Westen und Norden von sanften Hügeln und welligen Bergen eingerahmt. Nur im Süden treten schroffe Felsen bis ans Ufer und bilden eine sehenswerte Klamm, die wildromantische Burgenklamm. Für Segler und Surfer ist der Attersee ein Paradies: Die Wasserfläche ist endlos und der Wind weht ständig. In Weyregg fahren wir auf einer schmalen Straße dem Schild „Öffentliche Badestelle“ nach und erreichen in geringer Entfernung vom Attersee einen gemütlichen Parkplatz auf einem Wiesengelände (SK-6). In der Nebensaison kann man auch unmittelbar bis zur Badestelle fahren.

Auch auf dem Traunsee tummeln sich Segler und Surfer. Herzöge und Könige bauten Schlösser am Ufer des Sees. Sehenswert sind die Orte Gmunden und Altmünster. Gmunden hat noch heute den Reiz einer Stadt aus der Zeit der kaiserlich-königlichen Monarchie. Der Stadtplatz ist eingerahmt von prachtvollen Bürgerhäusern, dem verspielten Renaissance-Rathaus mit einem keramischen Glockenspiel und der Pfarrkirche mit der barocken Altargruppe der Drei Könige von Thomas Schwanthaler. Eine Seite des Platzes aber gibt den Blick frei auf den See und das Panorama der Berggipfel. Das gotische Seeschloss Orth wurde auf einer Felsinsel errichtet und ist über eine 130 m lange Holzbrücke zu erreichen. Es gehörte den Erzherzögen der Habsburger und erlebte manche romantische Geschichte des Kaiserhauses.

Salzkammergut

Mit einer Fahrt auf der „Gisela", dem ältesten kohlebefeuerten Raddampfer der Welt, erkunden wir den See und genießen das Panorama der Felsufer und der Berge mit dem mächtigen Traunstein. Seit 1972 fährt das alte schmucke Schiff auf dem Traunsee. Am Seeufer darf man in Gmunden nicht übernachten. Aber in ruhiger und schöner Lage finden wir für drei Tage einen Stellplatz an einer Jausenstation (**SK-7**) und eine Übernachtungsmöglichkeit am Sportplatz in Gmunden (SK-8).

Über Traunkirchen und Ebensee fahren wir nach Bad Ischl. Dort wo die Felsen schroff ins Wasser fallen, liegt auf einer Halbinsel Traunkirchen, eine Landschaft von malerischer Schönheit. Die barocke Pfarrkirche mit zwei Türmen am Anfang und Ende des Gotteshauses hinterlässt bei uns einen merkwürdigen Eindruck. Aus der glanzvollen Innenausstattung sticht die reichgeschmückte Kanzel in Form eines Schiffes hervor, ein Symbol für den Fischzug des Heiligen Petrus.

Dort, wo am Südende des Sees die Traun einmündet, liegt Ebausee, Mittelpunkt der Salzgewinnung in den letzten Jahrhunderten. Die alten Salinen aus dem 17. Jahrhundert bestehen nicht mehr. Durch hölzerne Rohrleitungen erreichte damals die Sole aus den Bergwerken über viele Kilometer die Salinen in Ebausee. Heute erzeugt eine technische Großanlage 400 000 Tonnen Salz im Jahr. Die Seilbahn auf den Feuerkogel erschließt ein Ski- und Wandergebiet.

Bad Ischl war der Kurort der österreichisch-ungarischen Monarchie sowie die Sommerfrische des Hochadels und der obersten Beamten. Die Kaiservilla wurde in herrlicher Umgebung erbaut. Im Marmorschlössel wohnte Kaiserin Elisabeth, genannt Sissy. An den Aufenthalt des Kaisers Franz-Joseph erinnern sein Jagdstandbild und die unzähligen Jagdtrophäen in der Kaiservilla. Auch viele Musiker lebten im Sommer in Bad Ischl: Johann Strauß, Johannes Brahms, Anton Bruckner und Franz Lehar, der seine letzten Lebensjahre hier verbrachte.

Unsere Route verläuft nun zum Hallstätter See. In Bad Goisern an den Sprungschanzen im Ortsteil Ramsau finden wir einen kleinen ruhigen Übernachtungsplatz (SK-9). Bad Goisern war ein bedeutender Ort für die Salzschifffahrt. Davon zeugen noch heute die Kirchen, Gaststätten und Bürgerhäuser in einem harmonischen Ortsbild. Viele schöne Almen umgeben den Ort, Wanderwege führen zu grandiosen Aussichtspunkten und verleiten zu einem längeren Aufenthalt. Unsere Zeit reicht nicht für einen Wanderurlaub; wir besuchen den düsteren, von steilen Felswänden gesäumten Hallstattsee. Der Ort Hallstatt wurde auf einem kleinen flachen Gebiet unter steilen Felsen erbaut. Zusammengedrängt stehen die alten Häuser in malerischen Gruppen und umschließen winzige Gassen und Plätze. Geheimnisvoll und weltbekannt ist der Name Hallstatt. Eine ganze Epoche der Menschheit, die Hallstatt-Zeit, wurde nach diesem Ort benannt. 3000 Gräber aus dieser Kulturepoche vor etwa 3000 Jahren wurden um Hallstatt entdeckt und die Kultgegenstände geborgen.

Wir wandern auf dem Höhenweg an den frühgeschichtlichen Gräbern vorbei zum ältesten Salzbergwerk der Welt. Unten im Ort besuchen wir das Museum, die spätgotische Kirche mit drei Flügelaltären und das berühmte Beinhaus von Hallstatt, Ruhe- und Stapelstätte für 1200 Totenschädel und Gebeine, die den viel zu kleinen Friedhof verlassen mussten. Wir wandern Richtung Süden zum Kalvarienberg, wo wir eine besonders schöne Aussicht auf den See haben. Es geht weiter ins Echerntal zu den Wasserfällen Strub, ein beliebtes Motiv für die Landschaftsmaler.

Am Ostufer des Hallstätter Sees liegt, am Fuße des Dachsteinmassivs, Obertraun. Am Krippenstein werden im Winter viele Skisport-Möglichkeiten geboten. Berühmt sind die Dachsteinhöhlen, die Koppenbrücherhöhle im Tal, auf 1300 Metern Höhe die Eishöhle und die Mammuthöhle. Über 200 Höhlen sind im Dachsteinmassiv bekannt, aber nur diese drei sind für Touristen teilweise zugänglich.

Der Grundlsee, unser nächstes Ziel, erstreckt sich am Fuße des Toten Gebirges. Die Fahrstraße endet im Westen. Zu Fuß wandern wir weiter und erreichen den Toplitzsee, ein stiller, einsamer See im Wald. Mit einem Boot fahren wir über den See, wandern weiter in Richtung der steilen Felswände und erblicken im Herzen der Berge einen kleinen See, den Kammersee.

Salzkammergut

Bad Aussee war im 15. Jahrhundert durch das Salz reich geworden. Schon die Kelten hatten in der Umgebung von Altaussee Salz gewonnen. In Altaussee besuchen wir das Schausalzbergwerk und den Alpengarten, der 4000 Arten von Gebirgspflanzen beherbergt. Nicht weit von hier liegt der Sommersbergsee, umgeben von Moor und Wald. In der Spitalkirche sind zwei gotische Flügelaltäre, in der romanisch-gotischen Pfarrkirche die bekannte „Ausseer Madonna" zu bewundern. Der Höhepunkt unseres Aufenthaltes ist die Wanderung zum Loser, ein Fels wie eine Festung, der die Landschaft beherrscht. Vom Ende der Panoramastraße in 1600 m Höhe gehen wir noch eine Stunde bis zum Gipfel und erleben einen unvergesslichen Ausblick über das Ausseer Land und seine Seen. Vielleicht ist der Altausseer See der schönste unter den Seen im Salzkammergut. Anmutig und gelassen liegt er zu unseren Füßen, von steilen Felsen umgeben, beherrscht vom ewigen Eis des Dachsteinmassivs.

Unten an der Talstation der Kabinenbahn stellen wir unser rollendes Ferienhaus ab und übernachten in dieser sehr ruhigen Umgebung (SK-10). Einen Stellplatz für Wohnmobilurlauber hat inzwischen die Familie Temel eingerichtet (**SK-11**). Viele unvergleichliche Eindrücke aus dem Salzkammergut begleiten uns am nächsten Tag auf der Heimfahrt. Wir beschließen, eines Tages in dieses liebliche Land der Berge und Seen zurückzukehren.

Am Wallersee

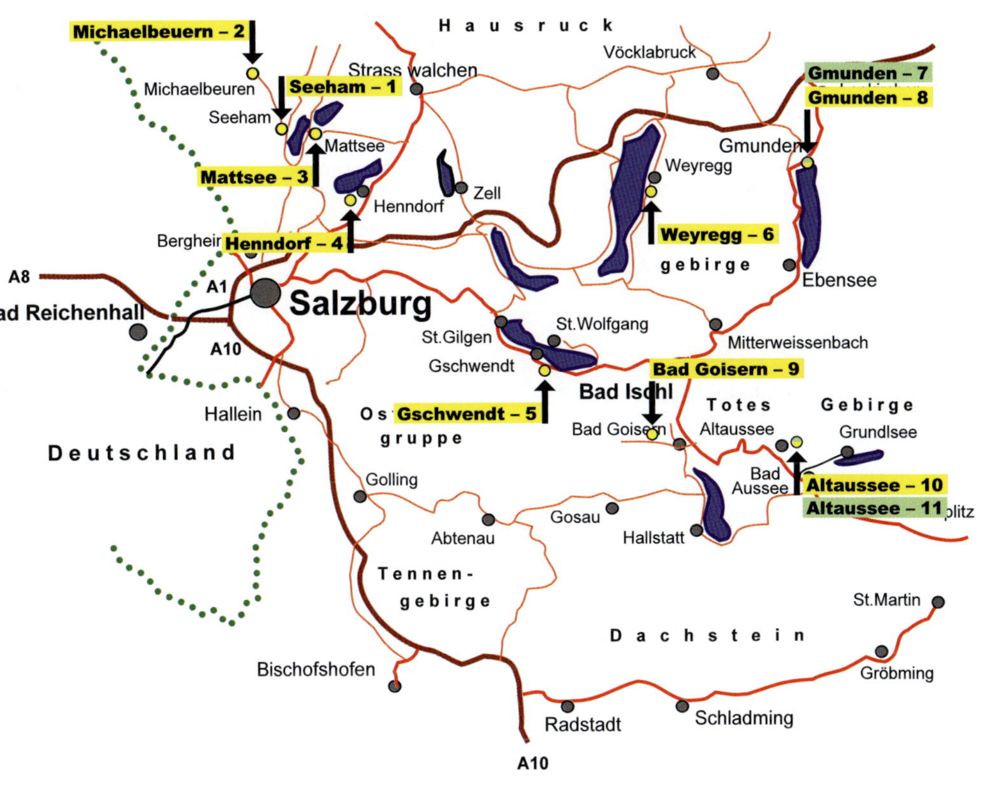
Salzkammergut
Michaelbeuern – 2
Hausruck
Vöcklabruck
Michaelbeuren
Seeham – 1
Strasswalchen
Gmunden – 7
Gmunden – 8
Seeham
Mattsee
Gmunden
Weyregg
Mattsee – 3
Zell
Henndorf
Bergheim
Henndorf – 4
Weyregg – 6
gebirge
Ebensee
A8
A1
Salzburg
Bad Reichenhall
St.Wolfgang
St.Gilgen
Mitterweissenbach
A10
Gschwendt
Bad Goisern – 9
Bad Ischl
Hallein
Gschwendt – 5
gruppe
Totes Gebirge
Bad Goisern
Altaussee
Grundlsee
Deutschland
Bad Aussee
Altaussee – 10
Altaussee – 11
Golling
Gosau
Abtenau
Hallstatt
Tennen-gebirge
St.Martin
Dachstein
Bischofshofen
Gröbming
Radstadt
Schladming
A10

Tour 7: **Im Salzkammergut**

Nr.	Ort, Bezeichnung	Stell-plätze A	Gast-haus	Häu-ser	WC	Bad See	Orts-nähe B	Ent-sorg.	Park-dauer C	Park-gebühr D
SK-1	Seeham, Seebad **	5	+	+	+	+	x	-	1	0
SK-2	Michaelbeuren, Benediktinerstift **	10	+	+	-	-	x	-	1	0
SK-3	Mattsee, Strandbad ***	20	+	+	+	+	x	-	1	0
SK-4	Henndorf, Seefreibad ***	20	+	+	+	+	x	-	1	0
SK-5	Gschwendt, Schiffsanlegestelle ***	10	+	+	+	-	x	-	1	2
SK-6	Weyregg, Badestelle ***	10	-	+	-	+	x	-	1	0
SK-7	**Gmunden, Wohnmobilplatz *** **	**8**	**+**	**-**	**+**	**-**	**15**	**+**	**3**	**5**
SK-8	Gmunden, Sportplatz **	10	+	+	-	-	8	-	1	0
SK-9	Bad Goisern, Sprungschanze **	3	+	+	-	-	x	-	1	0
SK-10	Altaussee, Loserstraße ***	20	+	+	-	-	x	-	1	0
SK-11	**Altaussee, Temel ** **	**10**	**-**	**+**	**+**	**-**	**x**	**-**	**1**	**12**

Legende

**** sehr ruhige und sehr schöne Lage.
*** sehr ruhige und schöne Lage.
** ruhige und gute Lage.
* keine ruhige Lage.
A Stellplätze gestaffelt nach 3, 5, 10, 20, 30, 50 Wohnmobilen. Dabei wird angenommen, dass nur die Hälfte des Platzes zur Verfügung steht und die andere Hälfte durch PKW belegt ist.
B Fußweg in Minuten, x über 15 min Fußweg.
C Aufenthaltsdauer in Tagen.
D Stellplatzgebühr in Euro pro Wohnmobil und 24 Stunden oder Parkgebühr.
P Parkgebühr in der Saison.
T Aufenthaltsdauer einige Tage.
U Aufenthaltsdauer unbegrenzt.

Parkplatz (gelb) — Wohnmobil-Stellplatz (grün)

St. Wolfgang

5164 Seeham Seebad ** SK - 1

Geschotterter und asphaltierter **Parkplatz** am Obertrumer See.

Von Obertrum Richtung Seeham fahren und 5 km nach der Kreuzung mit der B156 – 800 m nach dem Ortsanfang Seeham – rechts Richtung Seebad abbiegen. Noch 100 m bis zum Parkplatz. Bei Anfahrt aus dem Norden 400 m nach dem Ortsanfang Seeham links zum Parkplatz abbiegen.
Koordinaten: 47° 58,09' Nord, 13° 04,62' Ost.
Koordinaten: 47° 58' 06" Nord, 13° 04' 37" Ost.

Gaststätten und Häuser am Parkplatz.
Müllcontainer am Parkplatz.
WC und Stranddusche im Freibad am Parkplatz.
Spielplatz im Freibad.
Parken und Übernachten am Strandbad in Obertrum verboten.
Naturschutzgebiet Grabensee.
Besuch des Stiftes Michaelbeuren.
Fahrt nach Salzburg.
Keine Parkgebühr.
Ebene Stellflächen für 5 Wohnmobile.
Ausweichparkplatz 100 m nördlich.

5152 Michaelbeuren Benediktinerstift ** SK - 2

Parkstreifen am Stift in ruhiger Lage und landschaftlich reizvoller Umgebung.

Von der B156 nördlich von Salzburg Richtung Seekirchen/Obertrum abbiegen und in Obertrum Richtung Seeham fahren. Nach Seeham links und in Berndorf links dem Wegweiser Michaelbeuren folgen. Nach 9 km von der Abzweigung Seeham links nach Michaelbeuren abbiegen. Dort dem Wegweiser Parkplatz Stift folgen (kleines Schild). Noch 300 m bis zum Parkstreifen.
Koordinaten: 48° 01,21' Nord, 13° 01,65' Ost.
Koordinaten: 48° 01' 13" Nord, 13° 01' 39" Ost.

Gaststätte und Häuser am Parkplatz.
Geschäfte in der Nähe.
Wandern und Radfahren im Flachgau.
10% Steigung auf der Anfahrt.
Besichtigung des Benediktinerstiftes.
Fahrt zu den drei Seen (Mattsee, Grabensee, Obertrumer See).
Keine Parkgebühr.
Ebene und leicht schräge Stellflächen für 10 Wohnmobile.

Mattsee Strandbad *** SK - 3

Asphaltierter **Parkplatz** und Parkplatz auf Wiesengelände in sehr und schöner ruhiger Lage.

Von der B310 (Salzburg-Braunau) bei Anfahrt aus dem Süden 1,3 km nach der Abzweigung Mattsee-Süd – 500 m nach dem Ende des Tunnels – rechts und bei Anfahrt aus dem Norden 1 km nach der Abzweigung Seeham links Richtung Mattsee/Strandbad (Parkplatz Nord) abbiegen. Nach 200 m links dem Wegweiser Strandbad folgen. Noch 200 m bis zum Parkplatz links und 300 m bis zum Parkplatz rechts.
Koordinaten: 47° 58,40' Nord, 13° 06,36' Ost.
Koordinaten: 47° 58' 23" Nord, 13° 06' 21" Ost.

Gaststätten und Kiosk in der Nähe.
Häuser am Parkplatz. Müllcontainer am Parkplatz.
Öffentliches WC an der Seepromenade. Freibad am Parkplatz.
Segel- und Surfschule am Parkplatz. Bootshafen in der Nähe.
Elektro-, Ruder-, Tret- und Segelbootverleih.
3 Minuten Fußweg zur Ortsmitte.
Wandern und Radfahren am Mattsee, Grabensee und Obertrumer See.
Besuch der Bajuwaren-Freilichtschau.
Besichtigung der Stifte Mattsee und Michaelbeuren.
Fahrt nach Salzburg. Keine Parkgebühr.
Ebene Stellflächen für 20 Wohnmobile.
Ausweichparkplatz Mattsee-Süd.

5302 Henndorf am Wallersee Seefreibad *** SK - 4

Asphaltierter **Parkplatz** am Strandbad Wallersee in sehr ruhiger und schöner Lage.

Von der B1 (Salzburg-Vöcklabruck) in Herrndorf – 300 m nach dem Ortsanfang Herrndorf – Richtung Wallersee abbiegen. An den ersten Parkplätzen vorbeifahren. 1 km bis zu den Plätzen rechts und links.
Koordinaten: 47° 54,57' Nord, 13° 10,89' Ost.
Koordinaten: 47° 54' 34" Nord, 13° 10' 53" Ost.

Gaststätte und Häuser am Parkplatz.
Müllbehälter am Parkplatz.
WC und Stranddusche im Freibad am Parkplatz.
Spielplatz und Liegewiese im Freibad.
Surfufer und Surfbrettverleih im Strandbad.
Bootsverleih am Parkplatz.
Wandern und Radfahren im Flachgau.
Besuch des Stiftsmuseums in Seekirchen (Schloss Seeburg).
Fahrt nach Salzburg.
Fahrt zum Wolfgangsee.
Keine Parkgebühr.
Ebene Stellflächen für 20 Wohnmobile.

Gschwendt/Wolfgangsee Schiffsanlegestelle *** SK - 5

Durch Bäume aufgelockerter asphaltierter **Parkplatz** an der Schiffsanlegstelle in sehr ruhiger Lage und landschaftlich reizvoller Umgebung.

Von der Straße St. Gilgen – Strobel am Südufer des Wolfgangsees östlich von Gschwendt Richtung St. Wolfgang/Parkplatz Gschwendt abbiegen. Noch 1 km bis zum Parkplatz.

Gaststätte und Kiosk am Parkplatz.
Häuser am Parkplatz.
WC und Müllcontainer am Parkplatz.
Wandern und Radfahren am Wolfgangsee.
Besichtigung von St. Wolfgang.
Fahrt mit dem Schiff auf dem Wolfgangsee.
Fahrt um den Wolfgangsee.
Fahrt mit der Zahnradbahn zum Schafsberg.
Parkgebühr 2 €
Ebene Stellflächen für 20 Wohnmobile.
Übernachtungsverbot in der Saison.

4852 Weyregg am Attersee Badestelle *** SK - 6

Parkplätze auf einem Wiesengelände an der Badestelle in sehr ruhiger und schöner Lage.

Von der Ausfahrt Seewalchen der Autobahn A1 Richtung Seewalchen, nach 1,2 km rechts Richtung Nußdorf (B151) und nach 300 m links – 100 m nach dem Ortsanfang Seewalchen – Richtung Schörfling/Attersee abbiegen. Nach 2,8 km wird die B152 Richtung Weyregg erreicht. Nach weiteren 5 km (400 m nach dem Ortsanfang Weyregg) rechts Richtung Badestelle abbiegen. Nach 150 m halblinks fahren. Noch 200 m bis zu den Parkplätzen hinter der Brücke.
Koordinaten: 47° 54,36' Nord, 13° 34,21' Ost.
Koordinaten: 47° 54' 22" Nord, 13° 34' 13" Ost.

Häuser am Parkplatz.
Badestelle mit Liegewiese in der Nähe.
Schmale, aber gute Zufahrt.
Für sehr große Wohnmobile nicht geeignet.
Surfschule und Surfbrettverleih.
Kanu- und Kajakverleih.
Fahrt um den Attersee.
Fahrt durch das Salzkammergut.
Keine Parkgebühr.
Ebene und leicht schräge Stellflächen für 10 Wohnmobile.

4810 Gmunden **Wohnmobilstellpatz** *** SK - 7

Wohnmobilplatz an einer Jausenstation in ruhiger und schöner Lage.

Von der A1 Ausfahrt Steyermühl nach Gmunden fahren. In Gmunden wird der Platz an der Keramikstraße erreicht (**Ohlsdorferstr. 1**).
Koordinaten: 47° 55.69' Nord, 13° 47.79' Ost.
Koordinaten: 47° 55' 41" Nord, 13° 47' 47" Ost.

15 Gehminuten zur Ortsmitte.
Ver- und Entsorgung am Platz. Gebühr 1 €.
WC in der Jausenstation.
Ganzjährig zugänglich.
Aufenthaltsdauer 3 Tage.
Bushaltestelle in der Nähe.
Besuch des Schloss Gmunden und der Altstadt.
Luftseilbahn Grünberg in 3 km Entfernung.
Wanderungen in der Umgebung.
Geschotterte Stellflächen für 8 Wohnmobile. Teilweise auf Wiese.
Parkgebühr: 5 € pro Tag.
Informationen: Jausenstation Egger Tel. 0043 (0)7612 63222

Gmunden **Sportplatz** ** SK - 8

Asphaltierter **Parkplatz** am Sportplatz im Ort in sehr ruhiger Lage.

Von der Ausfahrt Regau der Autobahn A1 Richtung Gmunden fahren (B145) und nach 6,5 km links Richtung Zentrum abbiegen. Nach 800 m links zum Parkplatz Sportplatz abbiegen. Noch 200 m bis zum Parkplatz links. Zum Seebahnhof weiter Richtung Zentrum fahren und nach insgesamt 8 km links Richtung Gemünden-Ost abbiegen. Nach 400 m rechts Richtung Grünberg-Bahn fahren. Noch 600 m bis zum Parkplatz Seebahnhof rechts.
Koordinaten: 47° 54,90' Nord, 13° 48,24' Ost.
Koordinaten: 47° 54' 54" Nord, 13° 48' 14" Ost.

Gaststätte in der Nähe. Häuser am Parkplatz.
8 Minuten Fußweg zur Ortsmitte.
Freibad am Seebahnhof.
Wandern und Radfahren am Traunsee. Bergwandern.
Boots- und Segelbootverleih am Seebahnhof.
Schiffsanlegestelle am Parkplatz. Seebahnhof.
Schifffahrt auf dem Traunsee. Fahrt mit dem Raddampfer Gisela.
Besuch des Wildparks.
Besichtigung von Gmunden: Schloss Ort, Altstadt.
Fahrt mit der Kabinenbahn zum Grünberg. Fahrt um den Traunsee.
Keine Parkgebühr.
Ebene Stellflächen für 10 Wohnmobile.

4822 Bad Goisern-Steinach **Sprungschanzen** ** SK - 9

Wanderparkplätze am Waldrand in sehr ruhiger Lage.

Von der B145 aus Richtung Bad Ischl nördlich von Bad Goisern rechts Richtung Kurverwaltung abbiegen, in den Ort fahren und nach 1,2 km hinter dem Spar-Laden rechts abbiegen. Hinter der Brücke nach 400 m rechts Richtung Ramsau-Steinach und nach weiteren 300 m geradeaus Richtung Sprungschanzen fahren. Nach 1 km links dem Parkplatz-Schild folgen. Noch 200 m.
Koordinaten: 47° 37,55' Nord 13° 36,30' Ost.
Koordinaten: 47° 37' 33" Nord 13° 36' 18" Ost.

Häuser am Parkplatz. Gasthaus in der Nähe.
Wandern und Radtouren.
Sprungschanzen in der Nähe.
Rennrodel- und Tourenrodelbahn am Parkplatz.
Loipen in der Nähe.
Fahrt auf der Romantikstraße. Fahrt zum Hallstätter See.
Keine Parkgebühr.
Ebene Stellflächen für 3 Wohnmobile.

8992 Altaussee Loserstraße *** SK - 10

Asphaltierter **Parkplatz** an der Loserstraße und der Loserbahn in sehr ruhiger und schöner Lage.

Von der B145 (Bad Ischl-Bad Aussee) westlich von Bad Aussee Richtung Altaussee abbiegen und nach 1,8 km links Richtung Altaussee und nach weiteren 700 m links Richtung Ortsmitte/Loserstraße fahren. Nach weiteren 900 m links dem Schild Loserstraße folgen. Nach 3,2 km links zum Platz abbiegen. Noch 100 m.

Gaststätte und Häuser am Parkplatz.
Müllbehälter am Parkplatz.
Skigebiet. Loipen am Parkplatz.
Ski- und Snowboard-Verleih.
Ski-Schule und Ski-Kindergarten am Parkplatz.
Panoramastraße zum Loser (1835 m).
Wandern um den Altausseer See.
Besuch des Alpengartens in Bad Aussee.
Besuch des Erlebnis-Salzbergwerks in Bad Aussee.
Übernachtungsverbot für Wohnmobile auf dem Ortsparkplatz in der Nähe des Sees von 22.00 bis 6.00 Uhr.
Keine Parkgebühr.
Ebene und leicht schräge Stellflächen für 20 Wohnmobile.

8992 Altaussee Temel ** SK - 11

Befestigter **Wohnmobilplatz** in ruhiger und schöner Lage.

Von der B146 Richtung Bad Aussee fahren und in Bad Aussee nach Altaussee abbiegen. Im Ort dem Wegweiser Camping auf dem Bauernhof folgen. Noch 1 km bis zum Platz (**Puchen 39**).
Koordinaten: 47° 37,80' Nord, 13° 46,51' Ost.
Koordinaten: 47° 37' 48" Nord, 13° 46' 31" Ost.

Blick auf die Bergwelt. Häuser am Parkplatz.
Ver- und Entsorgung am Platz.
WC, Duschen und Müllbehälter am Parkplatz. Dusche 0,50 €.
Stromanschluss möglich. Gebühr 2 €
Zugänglich 01.05.-30.09. Aufenthaltsdauer nicht begrenzt.
Ausflug zur Panoramastraße zur Loserhütte (1.500 m Höhe).
Angeln am See.
Wandern um den Altausseer See (2 Stunden).
Besuch des Alpengartens in Bad Aussee.
Besuch des Erlebnis-Salzbergwerks in Bad Aussee.
Übernachtungsverbot für Wohnmobile auf dem Ortsparkplatz in der Nähe des Sees von 22.00 bis 6.00 Uhr.
Parkgebühr: 12 € für 24 Stunden.
Ebene, befestigte Stellflächen für 30 Wohnmobile.
Informationen: Tel. 0043 - 0 36 22 7 19 68
Internet: www.altaussee.at/campingbauernhof

Am Mattsee

An der schönen blauen Donau
Wien und Umgebung

Tour 8

Wien ist wohl unbestritten ein für jeden Wohnmobiltouristen sehr reizvolles Urlaubsziel. Wien erleben ist der Höhepunkt einer jeden Reise nach Österreich. Erholung, Entspannung und Besinnung findet man in der Umgebung. Wir beginnen unsere Wien-Tour in Tulln an der Donau. Wir schlafen auf dem ruhigen Parkplatz am Yachthafen (WI-1). Vom Stellplatz bei St. Andrä kann man schöne Wanderungen und Radtouren durch die Auwälder und am Ufer der Donau unternehmen (WI-2). Der Platz eignet sich auch gut für eine Übernachtung. In Kritzendorf nördlich von Klosterneuburg hat ein Wohnmobilhändler einen Übernachtungsplatz für Wohnmobiltouristen mit einer Ver- und Entsorgungsstation eingerichtet (**WI-3**). Leider fahren unmittelbar am Platz die Züge vorbei. Mit der S-Bahn ist Wien schnell zu erreichen.

In Klosterneuburg steht das Augustinerstift Klosterneuburg, 1114 gegründet, 1730 erweitert. Die baulichen Anlagen gliedern sich in einen romanisch-gotischen und einen barocken Komplex. Die romanische Stiftskirche erhielt 1892 neugotische Türme. Chor, Orgel und Hochaltar sind barock, Kreuzgang, Fürstentrakt und Kapitelsaal gotische Meisterwerke. Am Grab des heiligen Leopold befindet sich der weltberühmte „Verduner Altar" des Nikolaus von Verdun. Die Stiftsbibliothek bewahrt 200000 alte Bände und Handschriften auf. Im barocken Komplex des Stiftes sind Kaiserzimmer, Kaiserstiege und Marmorsaal sehenswert. Die beiden riesigen barocken Kuppeln sind mit der deutschen Kaiserkrone und dem erzherzoglichen Hut geschmückt. Die Klosterschenke bietet die guten Weine aus Klosterneuburg an. Leider liegt der Parkplatz des Stiftes mitten im Ort und gewährleistet keine ruhige Übernachtung.

Wir übernachten auf dem schön und ruhig gelegenen Stellplatz in Stockerau (**WI-4**). Eine Ver- und Entsorgungsanlage ist auf diesem Platz vorhanden. Auch an dem Sportgelände an der Alten Au in Stockerau kann man seine Wohnmobil abstellen (WI-5). In Stockerau besichtigen wir das barocke Rathaus mit der Pestsäule, das Wahrzeichen der Stadt, die 88 Meter hohe klassizistische Pfarrkirche und das Automobilmuseum. Im August finden in Stockerau Festspiele statt.

Nur wenige Kilometer entfernt thront über einem bewaldeten Hügel die majestätische Burg Kreuzenstein. Sie wurde erst 1907 unter Einbeziehung alter Burgreste aus dem Mittelalter im neuromanisch-neugotischen Stil errichtet. Wir bewundern das prächtige Äußere der Burg, ihre Türme, Tore, Bastionen, Mauern, gut erhaltene Belagerungsmaschinen und im Inneren die wertvolle Ausstattung, die Stilmöbel, den Rittersaal, die Rüstkammer, die Kapelle mit gotischem Flügelaltar und romanischem Taufbecken, die Küche sowie die umfangreichen Waffen- und Kunstsammlungen. Wer Abgeschiedenheit und Ruhe sucht, sollte sein rollendes Hotel für die Nacht auf dem großen Parkplatz unterhalb der Burg abstellen (WI-6).

Die Autobahn Richtung Wien führt an Korneuburg vorbei, einer sehenswerten Stadt mit spätgotischen Bürgerhäusern, neugotischem Rathaus, Stadtturm aus dem 15. Jahrhundert, Pfarrkirche mit gotischem Sakramentshäuschen und Rokokokanzel, Augustinerkirche mit Rokokoausstattung und Fresko „Letztes Abendmahl" von Maulpertsch.

Wir fahren an Wien vorbei und steuern unser Fahrzeug nach Nordosten ins Weinviertel. Gleich vier Wohnmobilplätze in Pillichsdorf, Wilfersdorf, Bernhardsthal und Orth an der Donau laden zum Verweilen ein, angenehme Schlafplätze nach den Besuch eines Heurigen-Lokals (**WI-7**, **WI-8**, **WI-9** und **WI-10**). Vom nahen Bahnhof in Pillichsdorf starten wir unsere Wien-Tour.

Um auf den Spuren der Römer zu wandeln, lenken wir unser Mobil südlich der Donau nach Carnuntum, Hauptstadt der Provinz Panonien und eine starke Grenzbefestigung des Römischen Reiches im Osten. Die Ausgrabungen vermitteln uns ein eindrucksvolles Bild des Militärlagers und der Zivilstadt, ihrer Wehrkraft und Wohnkultur. Die Stadt hatte 50 000 Einwohner und überlebte vier Jahrhunderte. Der archäologische Park ist sehr weitläufig. Wir fahren zu verschiedenen Parkplätzen, um alle Sehenswürdigkeiten, das wuchtige Heidentor, den Dianatempel, die Palastruine und das Amphitheater, zu besichtigen. Der Parkplatz am Amphitheater kann zur Not für eine Übernachtung dienen (WI-11).

In Bad Deutsch-Altenburg, ein Jodschwefelbad sind die romanische Pfarrkirche, auf einem Hügel gelegen, das Triumphbogentor, ein Rundbau aus dem 13. Jahrhundert, und das Wasserschloss Ludwigstorff mit einem Afrikamuseum sehenswert. Im Museum Carnuntium besichtigen wir die Funde aus den römischen Ausgrabungsstätten.

Wir wenden unser Gefährt nach Westen, zurück nach Wien. Die Hauptstadt Österreichs, eine faszinierende Millionenstadt, früher Metropole der kaiserlichen und königlichen Monarchie, Stadt des Walzers, des Praters und des Riesenrades, ein Ort der Kunst und Kultur, Stadt der Hofreitschule und der Fiaker, Heimat der Cafés und Heurigenlokale ist der Höhepunkt einer jeden Reise nach Österreich. Wir haben früher auf dem großen, ruhig und schön gelegenen Parkgelände des Stadionbades in der Nähe des Praters übernachtet. Leider ist in Wien das Übernachten im Wohnmobil nicht mehr gestattet.

Es ist müßig, die Sehenswürdigkeiten und Attraktionen in dieser pulsierenden Stadt zu beschreiben. Dafür sind genügend Reiseführer auf dem Markt. Jeder Tourist wird sich sein eigenes Besuchsprogramm zusammenstellen.

Die ersten Weinstöcke brachten die Römer nach Wien. Seit dieser Zeit herrscht Heiterkeit und Frohsinn in der Stadt. In die weltbekannten Ortsteile Grinzig, Sievering und Nußdorf strömen die Touristen, vermischen sich mit den Einheimischen und vergessen die Sorgen und die Welt um sich herum. Bevor man die Heurigen-Lokale aufsucht, sollte man auf den nahen Kahlenberg fahren und den Blick von der Aussichtsterrasse der Wiener genießen. Leider werden die Wohnmobiltouristen durch Übernachtungsverbotsschilder abends von den großen Parkplätzen vertrieben.

Die Besichtigung des Schlosses Laxenburg, Sommersitz der Habsburger, und ein Spaziergang durch den schönen, weitläufigen Schlosspark beenden den erlebnisreichen Tag in Wien. Im Westen und Süden von Wien liegen im Wiener Wald und in den Wiener Hausbergen viele lohnende Ziele. Wir beschließen unsere Wien-Tour in Gumpoldskirchen.

Wer kennt nicht diesen bekannten Weinort südlich von Wien. In den stimmungsvollen Buschenschenken, so nennt man hier die Heurigen-Lokale, werden die Gumpoldskirchener Weine ausgeschenkt: Neuburger, Rheinriesling, Rotgipfler und Zierpfandler. Idyllisch und romantisch sind die Gärten, die Hofanlagen, die Arkadenhöfe und die Kellerräume. Obwohl wir überall verweilen möchten, trinken wir immer nur ein Glas Wein und essen eine Kleinigkeit vom Weinbuffet, denn wir möchten einen richtigen Bummel durch die Weinschenken machen und am liebsten überall bleiben. Für die richtige Nachtruhe ist auch gesorgt. Unser Ferienhotel wartet auf dem ruhig und schön gelegenen Parkplatz in der Nähe unseres letzten Heurigenlokales (WI-12). Glücklich und zufrieden beenden wir hier unser Wochenende.

Auf dem Weg nach Westen besteht auch die Möglichkeit, am Stift Heiligenkreutz in der Nähe der Autobahn zu übernachten (WI-13). Der Platz liegt im Hof des Stiftes und gewährleistet eine ruhige Nacht. Am Tage wandert man von hier aus durch die reizvolle Bergwelt des Wiener Waldes. Am Hafnerberg in Altenmarkt ist ein weiterer ruhiger Übernachtungsplatz zu finden (**WI-14**).

Wien
Bernhardsthal - 9
Poysdorf
Bernhardsthal
Wilfersdorf - 8
Hohenau
Wilfersdorf
Mistelbach
Stockerau - 5
Karnabrunn
Stockerau - 4
Leobendorf - 6
Dürnkrut
Slowakei
Wolkersdorf
Pillichsdorf - 7
Tulln - 1
Leobendorf
Pillichsdorf
Donau
Stockerau
Kornneuburg
Tulln
St. Andrä
Klosterneuburg
Gänserndorf
Marchegg
St. Andrä - 2
Kritzendorf - 3
Ried
Wiener
Wien
Orth - 10
Donau
Bratislava
Purkersdorf
Orth
D.Altenburg
Wald
A21
Heiligenkreuz - 13
Schwechat
Carnuntum
Bad Altenburg - 11
Heiligenkr.
Alland
Gumpoldsk.
Laxenburg
Gattendorf
Gramatneusiedl
Parndorf
Baden
Gumpoldskirchen - 12
Altenmarkt - 14
Berndorf
A2

Tour 8: **Wien und Umgebung**

Nr.	Ort, Bezeichnung	Stell-plätze A	Gast-haus	Häu-ser	WC	Bad See	Orts-nähe B	Ent-sorg.	Park-dauer C	Park-gebühr D
WI-1	Tulln, Yachthafen **	10	+	+	-	+	x	-	1	0
WI-2	St. Andrä, Yachthafen ***	10	+	-	+	-	x	-	1	0
WI-3	**Kritzendorf, Bahnhof ***	**10**	**+**	**+**	**-**	**-**	**x**	**+**	**1**	**0**
WI-4	**Stockerau, Wohnmobilpark *****	**20**	**+**	**+**	**-**	**+**	**x**	**+**	**1**	**3**
WI-5	Stockerau, Alte Au **	10	+	+	-	-	x	-	1	0
WI-6	Leobendorf, Burg Kreuzenstein ***	20	+	-	-	-	x	-	1	0
WI-7	**Pillichsdorf, Bahnhof ****	**5**	**+**	**+**	**-**	**-**	**3**	**-**	**1**	**5**
WI-8	**Wilfersdorf, Schloss ****	**3**	**+**	**+**	**-**	**-**	**2**	**-**	**1**	**5**
WI-9	**Bernhardsthal, Teich *****	**5**	**-**	**-**	**+**	**-**	**10**	**-**	**1**	**0**
WI-10	**Orth, Ortsmitte ****	**5**	**+**	**+**	**-**	**-**	**3**	**-**	**1**	**0**
WI-11	Bad Altenburg, Amphitheater *	10	+	-	-	-	x	-	1	0
WI-12	Gumpoldskirchen, Weinberg ***	10	+	+	-	-	x	-	1	0
WI-13	Heiligenkreuz, Stift ***	5	+	+	-	-	x	-	1	0
WI-14	**Altenmarkt, Hafnerberg *****	**5**	**+**	**+**	**-**	**-**	**3**	**-**	**1**	**0**

Legende

****	sehr ruhige und sehr schöne Lage.
***	sehr ruhige und schöne Lage.
**	ruhige und gute Lage.
*	keine ruhige Lage.
A	Stellplätze gestaffelt nach 3, 5, 10, 20, 30, 50 Wohnmobilen. Dabei wird angenommen, dass nur die Hälfte des Platzes zur Verfügung steht und die andere Hälfte durch PKW belegt ist.
B	Fußweg in Minuten, x über 15 min Fußweg.
C	Aufenthaltsdauer in Tagen.
D	Stellplatzgebühr in Euro pro Wohnmobil und 24 Stunden oder Parkgebühr.
P	Parkgebühr in der Saison.
T	Aufenthaltsdauer einige Tage.
U	Aufenthaltsdauer unbegrenzt.
(gelb)	Parkplatz
(grün)	Wohnmobil-Stellplatz

Schloss Leiben

3430 Tulln Yachthafen ** WI - 1

Parkplätze am Erholungsbad und am Yachthafen in ruhiger Lage.

Von der B14 (Klosterneuburg-Tulln) Richtung Tulln fahren und 800 m nach dem Ortsanfang Tulln rechts Richtung Erholungspark/Yachthafen abbiegen. Noch 200 m bis zum Parkplatz.
Koordinaten: 48° 19,98' Nord, 16° 03,68' Ost.
Koordinaten: 48° 19' 59" Nord, 16° 03' 41" Ost.

Gaststätte und Kiosk in der Nähe. Häuser am Parkplatz.
Wasserversorgung und WC am Auebad. Freibad in der Nähe.
Zelten verboten. Wanderungen und Radtouren an der Donau.
Besuch des Automobilmuseums.
Besichtigung von Stockerau: Barockes Rathaus, Pestsäule, klassizistische Pfarrkirche.
Ausflug zur Burg Kreuzenstein. Fahrt nach Wien.
Besichtigung des Augustinerstifts in Klosterneuburg.
Keine Parkgebühr. Ebene Stellflächen für 10 Wohnmobile.

3423 St. Andrä-Wördern Yachthafen *** WI - 2

Befestigte **Wanderparkplätze** am Altarm der Donau in sehr ruhiger und schöner Lage.

Im Kreisel von der B1 (Tulln-Wien) Richtung Bahnhof abbiegen und nach 1 km rechts und nach weiteren 500 m links Richtung Kläranlage fahren. Nach 200 m den Bahndamm überqueren und nach weiteren 200 m rechts Richtung Yachthafen fahren. Nach 1,2 km – 1 km nach dem Ortsende Wörndern – wird der erste Platz rechts, nach 200 m der zweite links und nach 300 m der 3. Parkplatz rechts und links erreicht.
Koordinaten: 48° 20,82' Nord, 16° 13,13' Ost.
Koordinaten: 48° 20' 49" Nord, 16° 13' 08" Ost.

Gaststätten in 1 km Entfernung. Etwas einsame Lage.
WC am Parkplatz. Nur in der Saison geöffnet. Müllkorb am Platz.
Wanderungen und Radtouren an der Donau und im Auwald. Donau-Radwanderweg.
Besichtigung von Stockerau: Barockes Rathaus, Pestsäule, klassizistische Pfarrkirche.
Ausflug zur Burg Kreuzenstein.
Besichtigung von Korneuburg: Neugotisches Rathaus, Stadtturm, Dreifaltigkeitssäule, spätgotische Häuser, Augustinerkirche.
Fahrt nach Wien. Keine Parkgebühr.
Ebene Stellflächen für 10 Wohnmobile.
Ausweichparkplatz in Greifenstein am Donauufer.

3420 Kritzendorf Bahnhof * WI - 3

Geschotterter **Wohnmobilplatz** beim Wohnmobil-Händler am Bahnhof.

Bei Anfahrt aus dem Norden von Greifenstein 1,3 km nach dem Ortsanfang Kritzendorf dem Wohnmobil-Symbol/Bahnhof links folgen. Noch 200 m bis zum Parkplatz links. Bei Anfahrt aus dem Süden von Wien 1,5 km nach dem Ortsende Klosterneuburg/Ortsanfang Kritzendorf rechts dem Wohnmobil-Symbol/Bahnhof folgen. Noch 200 m bis zum Parkplatz links.
Koordinaten: 48° 20,15' Nord, 16° 17,92' Ost.
Koordinaten: 48° 20' 09" Nord, 16° 17' 55" Ost.

Gaststätten und Geschäfte in der Nähe. Häuser am Parkplatz.
Verkehrsgeräusche durch Schiene und Straße.
Ver- und Entsorgung am Parkplatz (ST-SAN).
Aufenthaltsdauer nicht begrenzt.
Besichtigung von Stockerau: Barockes Rathaus, Pestsäule, klassizistische Pfarrkirche.
Besichtigung von Korneuburg: Neugotisches Rathaus, Stadtturm, Dreifaltigkeitssäule, spätgotische Bürgerhäuser, Augustinerkirche.
Fahrt nach Wien mit der S-Bahn.
Ausflug zur Burg Kreuzenstein.
Keine Parkgebühr.
Ebene Stellflächen für 10 Wohnmobile.
Ausweichparkplatz in Greifenstein am Donauufer.

2000 Stockerau Wohnmobilpark *** WI - 4

Wohnmobilplätze mit hohen Bäumen in sehr ruhiger und schöner Lage.

Von der Kreuzung B4/B3 Richtung Stockerau fahren und nach 2,4 km – 2,3 km nach dem Ortsanfang – links in die Schiessstattgasse abbiegen. Nach 800 m rechts Richtung Hallenbad abbiegen (Josef-Haydn-Gasse). Nach weiteren 700 m links dem Schild Wohnmobilpark folgen (**Weg Zum Hallenbad**). Noch 100 m.
Koordinaten: 48° 23,63' Nord, 16° 13,15' Ost.
Koordinaten: 48° 23' 38" Nord, 16° 13' 09" Ost.

Gaststätte am Parkplatz. Häuser in der Nähe.
Ver- und Entsorgungsanlage am Platz (St-San). Generatorverbot.
Hallen- und Freibad mit Wellness-Oase am Platz.
20 Minuten Fußweg zur Innenstadt
Besichtigung von Stockerau: Barockes Rathaus, Pestsäule, klassizistische Pfarrkirche, Automobilmuseum.
Besichtigung von Korneuburg: Neugotisches Rathaus, Stadtturm, Dreifaltigkeitssäule, spätgotische Bürgerhäuser, Augustinerkirche.
Besichtigung der neuromanischen-neugotischen Burg Kreuzenstein.
Fahrt nach Wien.
Keine Stellplatzgebühr. Aufenthalt unbegrenzt.
Ebene, geschotterte und asphaltierte Stellflächen mit einzelnen Bäumen für 6 Wohnmobile bis 10 m Länge.
Informationen: Stadtgemeinde Tel. (0 22 66) 69 50.

2000 Stockerau Alte Au ** WI - 5

Sehr schön mit Blumen, Büschen und Bäumen angelegter **Parkplatz** am Sportzentrum Alte Au.

Von der Schnellstraße 303 (Stockerau-Hollabrunn) an der westlichen Ausfahrt Stockerau Richtung Stockerau fahren und nach 3 km rechts Richtung Bahnhof abbiegen. Nach 100 m rechts dem Wegweiser Sportzentrum Alte Au folgen, nach 200 m wieder rechts fahren (kleines Schild), nach weiteren 200 m links die Bahn unterqueren und nach 100 m rechts dem Wegweiser folgen. Noch 200 m bis zum Platz links.
Koordinaten: 48° 23,00' Nord, 16° 12,27' Ost.
Koordinaten: 48° 23' 00" Nord, 16° 12' 16" Ost

Gaststätte am Parkplatz. Häuser in der Nähe.
Schnellstraße und Bahnlinie in der Nähe.
Besuch des Automobilmuseums.
Besichtigung von Stockerau: Barockes Rathaus, Pestsäule, klassizistische Pfarrkirche.
Besichtigung von Korneuburg: Neugotisches Rathaus, Stadtturm, Dreifaltigkeitssäule, spätgotische Bürgerhäuser, Augustinerkirche.
Besichtigung der neuromanischen-neugotischen Burg Kreuzenstein.
Keine Parkgebühr.
Ebene Stellflächen für 10 Wohnmobile.

2100 Korneuburg-Leobendorf Burg Kreuzenstein *** WI - 6

Geschotterter **Waldparkplatz** an der Burg Kreuzenstein in sehr ruhiger Lage.

Von der Ausfahrt Korneuburg der Autobahn A22 Richtung Korneuburg fahren und nach 800 m links Richtung Korneuburg/Stockerau abbiegen (B3). Nach weiteren 4,4 km – 1,1 km nach dem Ortsende Korneuburg – rechts Richtung Leobendorf abbiegen. Nach 800 m – 400 m nach dem Ortsanfang – links dem Wegweiser Burg Kreuzenstein folgen. Noch 1,4 km bis zum Platz.
Koordinaten: 48° 22,79' Nord, 16° 18,57' Ost.
Koordinaten: 48° 22' 47" Nord, 16° 18' 34" Ost.

Gaststätte an der Burg. Einsame Lage.
Besichtigung der neuromanischen-neugotischen Burg Kreuzenstein.
Wandern im Rohrwald.
Besichtigung von Korneuburg: Neugotisches Rathaus, Stadtturm, Dreifaltigkeitssäule, spätgotische Bürgerhäuser, Augustinerkirche, Pfarrkirche.
Fahrt nach Wien.
Keine Parkgebühr.
Ebene und leicht schräge Stellflächen für 20 Wohnmobile.

2211 Pillichsdorf Bahnhof **  WI - 7

Geschotterter **Übernachtungsplatz** am Bahnhof in ruhiger und schöner Lage.

Von der B7 (Wien-Poysdorf) in Eibesbrunn Richtung Matsen/Pillichsdorf abbiegen. Nach 3,1 km – 500 m nach dem Ortsanfang – rechts Richtung Sportanlagen abbiegen (Am Rußbach). Nach 500 m rechts über die Bahnlinie fahren zum Platz links (**Bahnstraße 8a**).
Koordinaten: 48° 21,68' Nord, 16° 32,37' Ost.
Koordinaten: 48° 21' 41" Nord, 16° 32' 22" Ost.

Gaststätte in der Nähe. Häuser und Bahn-Nebenstrecke am Platz.
3 Minuten Fußweg zur Ortsmitte. Kellergasse mit Heurigenlokalen.
Ausflug mit der Bahn nach Wien. Fahrzeit 30 Minuten.
Wandern und Radtouren auf dem Marchfeld und im Hochleithenwald.
Besichtigung der neuromanischen-neugotischen Burg Kreuzenstein.
Fahrt auf der Weinstraße Weinviertel. Fahrt nach Wien.
Besichtigung von Korneuburg: Neugotisches Rathaus, Stadtturm, Dreifaltigkeitssäule, spätgotische Bürgerhäuser, Augustinerkirche.
Parkgebühr: 5 € für 24 Stunden. Bezahlung beim Tennisclub.
Ebene, befestigte Stellflächen für 5 Wohnmobile.
Internet: www.pillichsdorf.at

2193 Wilfersdorf Schloss **  WI - 8

Geschotterter **Übernachtungsplatz** am Schloss in ruhiger und schöner Lage.

Von der B7 südl. von Wilfersdorf Richtung Mistelbach und nach 300 m rechts Richtung Wilfersdorf fahren und nach weiteren 600 m – 300 m nach dem Ortsanfang – rechts dem P-Schild Mobile folgen. Noch 100 m.
Koordinaten: 48° 35,17' Nord, 16° 38,74' Ost.
Koordinaten: 48° 35' 10" Nord, 16° 38' 44" Ost.

Gaststätte, Geschäfte und Häuser in der Nähe.
Anmeldung an der Schlosskasse.
WC im Schlosskeller. Wasserversorgung vorhanden.
Spielplatz und Supermarkt am Platz. Geschäfte in der Nähe.
Schloss Liechtenstein Wilfersdorf mit Museum am Platz.
Ganzjährig zugänglich. 3 Minuten Fußweg zur Ortsmitte.
Wandern und Radtouren im Weinviertel.
Fahrt auf der Niederösterreichischen Weinstraße.
Fahrt nach Tschechien und in die Slowakei.
Parkgebühr: 5 € für 24 Stunden.
Leicht schräge, befestigte Stellflächen für 3 Wohnmobile.
Internet: Tel. 0043-66 43 77 08 06. www.wilfersdorf.at

2275 Bernhardsthal Bernhardsthaler Teich *** WI - 9

Wohnmobilplatz auf Grasstreifen in der Nähe des Teiches in sehr ruhiger und schöner Lage.

Von der Kreuzung B49/B47 in Reinthal Richtung Bernhardsthal und nach 3,4 km – 700 m nach dem Ortsanfang – links Richtung Sportplatz fahren (**Schulstraße**). Nach 500 m rechts zum Platz abbiegen.
Koordinaten: 48° 41,63' Nord, 16° 52,51' Ost.
Koordinaten: 48° 41' 38" Nord, 16° 52' 31" Ost.

Kiosk und Häuser in der Nähe.
Wasserversorgung und WC in der Nähe.
Bootsverleih am Bernhardsthaler Teich.
Asphaltstock-Schießanlage in der Nähe.
Bahn-Nebenstrecke in der Nähe.
Fahrt mit der Bahn nach Wien. Bahnhof in Bernhardsthal.
10 Minuten Fußweg zur Ortsmitte.
Wandern und Radtouren im Weinviertel.
Fahrt auf der Niederösterreichischen Weinstraße.
Fahrt nach Tschechien und in die Slowakei (Dreiländereck).
Keine Parkgebühr.
Ebene Stellflächen für 5 Wohnmobile auf Wiesenstreifen.
Internet: www.bernhardsthal.gv.at

2304 Orth a. d. Donau Ortsmitte ** WI - 10

Übernachtungsplatz in der Ortsmitte in ruhiger Lage.

Bei Anfahrt aus dem Norden 500 m nach dem Ortsanfang rechts Richtung Wien abbiegen (B3, Am Markt). Nach 100 m links dem P2-Wegweiser folgen. Nach 100 m rechts fahren (**Am Rosenhügel**). Noch 100 m bis zum Platz links. Bei Anfahrt aus dem Osten (B3) 1,2 km nach dem Ortsanfang links zu P2 abbiegen.
Koordinaten: 48° 08,74' Nord, 16° 42,21' Ost.
Koordinaten: 48° 08' 44" Nord, 16° 42' 13" Ost.

Gaststätte und Häuser am Parkplatz.
Aufenthaltsdauer 24 Stunden.
3 Minuten Fußweg zur Ortsmitte.
Besichtigung von Orth: Schloss, Kirche.
Wanderungen und Radtouren im Naturpark Donauauen.
Besichtigung der Ausgrabungsstätten von Carnuntum.
Besichtigung von Deutsch Altenburg: Karner, Pfarrkirche, Wasserschloss Ludwigstorff.
Fahrt zum Neusiedler See. Fahrt nach Wien.
Keine Parkgebühr.
Ebene Stellflächen für 5 Wohnmobile auf Rasengitter.

2405 Bad Deutsch Altenburg Amphitheater * WI - 11

Asphaltierter **Parkplatz** am Amphitheater Nr.1.

Von der B9 (Frischamend-Hainburg) Richtung Deutsch Altenburg abbiegen und den Wegweisern Amphitheater folgen. Nach 1,8 km – 300 m nach dem Ortsende – wird der Parkplatz rechts erreicht.
Koordinaten: 48° 07,56' Nord, 16° 53,57' Ost.
Koordinaten: 48° 07' 34" Nord, 16° 53' 34" Ost.

Gaststätte am Parkplatz.
Müllcontainer am Parkplatz.
Besuch des Museums Carnuntum in Deutsch Altenburg.
Besichtigung des Amphitheaters 1 und der anderen Ausgrabungsstätten von Carnuntum.
Besichtigung von Deutsch Altenburg: Karner, Pfarrkirche, Wasserschloss Ludwigstorff.
Fahrt zum Neusiedler See. Fahrt nach Wien.
Ausflug in den Seewinkel.
Keine Parkgebühr. Ebene Stellflächen für 10 Wohnmobile.

Schloss Wilfersdorf

2352 Gumpoldskirchen Weinberg *** WI - 12

Asphaltierter **Parkplatz** am Ortsrand in sehr ruhiger Lage und landschaftlich reizvoller Umgebung.

Von der Ausfahrt Wiener Neudorf der Autobahn A2 Richtung Wiener Neudorf, nach 500 m rechts Richtung Wiener Neudorf und nach 1 km links Richtung Gumpoldskirchen fahren (B17). Nach weiteren 4 km rechts Richtung Gumpoldskirchen abbiegen und nach der Bahnkreuzung nach 2,1 km links fahren. Nach 200 m rechts abbiegen und nach weiteren 400 m links dem Parkplatz-Schild folgen. Noch 100 m bis zum Platz.
Koordinaten: 48° 02,50' Nord, 16° 16,67' Ost.
Koordinaten: 48° 02' 30" Nord, 16° 16' 40" Ost.

Gaststätten und Heurigenlokale in der Nähe. Häuser am Parkplatz.
WC am Parkplatz am S-Bahnhof. Müllbehälter am Parkplatz.
Wanderwege. Radfahrten.
Weinprobe und Weinkauf.
S-Bahn nach Wien.
Besuch der Heurigen-Gartenlokale.
Besichtigung von Pechtoldsdorf.
Keine Parkgebühr.
Ebene Stellflächen für 10 Wohnmobile.
Zwei Ausweichplätze am Ortsrand durch Schilder gekennzeichnet.

2532 Heiligenkreuz Stift *** WI - 13

Gepflasterter **Parkplatz** im Stiftshof in sehr ruhiger Lage und landschaftlich reizvoller Umgebung.

Bei Anfahrt aus dem Osten von Wien an der Ausfahrt Heiligenkreuz (21) der Autobahn A21 Richtung Heiligenkreuz fahren (B 11). Nach 2 km – 800 m nach dem Ortsanfang Heiligenkreuz – links Richtung Stift abbiegen. Noch 100 m bis zum Parkplatz. Bei Anfahrt aus dem Westen an der Ausfahrt Mayerling der A21 Richtung Mayerling/Heiligenkreuz und nach 500 m links Richtung Heiligenkreuz fahren (B11). Nach weiteren 3,3 km – 400 m nach dem Ortsanfang – rechts Richtung Stift abbiegen. Noch 100 m bis zum Platz.
Koordinaten: 48° 03,34' Nord, 16° 07,82' Ost.
Koordinaten: 48° 03' 20" Nord, 16° 07' 49" Ost.

Gaststätten und Häuser am Parkplatz.
Stiftsgeschäft am Parkplatz. Spielplatz am Parkplatz.
Müllbehälter am Parkplatz.
Wanderungen und Radfahrten im Wiener Wald.
Besichtigung der Stiftskirche.
Fahrt nach Wien.
Keine Parkgebühr.
Ebene Stellflächen für 5 Wohnmobile.
.

2571 Altenmarkt an der Triesting Hafnerberg *** WI - 14

Geschotterter **Übernachtungsplatz** im Ort in sehr ruhiger und schöner Lage.

Bei Anfahrt aus dem Osten von der B18 rechts Richtung Hafnerberg abbiegen. Nach 1,4 km – 400 m nach dem Ortsanfang Hafnerberg – links zum Parkplatz nach dem Gasthof Zum kleinen Semmering abbiegen. Bei Anfahrt aus dem Westen von der B18 700 m nach dem Ortsende Altenmarkt links Richtung Hafnerberg abbiegen. Nach 1,5 km rechts zum Platz fahren.
Koordinaten: 48° 01,08' Nord, 16° 00,83' Ost.
Koordinaten: 48° 01' 05" Nord, 16° 00' 49" Ost.

Gaststätte und Häuser am Parkplatz.
Marien-Wallfahrtskirche gegenüber.
Wasserversorgung möglich. Müllbehälter am Parkplatz.
Ganzjährig zugänglich.
5 Minuten Fußweg zur Ortsmitte.
Wanderungen und Radfahrten im Wiener Wald.
Ausflug und Besichtigung der Zisterzienser Abtei Heiligenkreuz.
Ausflug ins Helenental. Fahrt nach Wien.
Keine Parkgebühr. Verzehr im Gasthaus erforderlich.
Ebene und leicht schräge Stellflächen für 5 Wohnmobile.
Informationen: Schöbinger Tel. (0 26 73) 22 75

Stellplatz in Stockerau

Blick vom Kalenberg

Donau bei St. Andrä

Die Puszta und der Wein
Rund um den Neusiedler See

Tour 8

Der Neusiedler See – ein Begriff für erholungssuchende Urlauber – natürliche, reizvolle Wasserlandschaft, Wandererlebnisse und herrliche Radtouren, Baden und Wassersport, gemütliche Planwagenfahrten durch die Pußta des Seewinkels und heimelige Abende in den urigen Heurigenschenken. Diesen gern besuchten See möchten wir kennenlernen. Wir haben nicht am See, sondern nahe der ungarischen Grenze in Deutsch Jahrndorf auf einem Platz mit Ver- und Entsorgung unser Mobil abgestellt und sehr gut geschlafen (**NS-1**). Am Erlebnisbad in Gols besteht auch die Möglichkeit zu übernachten (NS-2). Mit 1600 ha Weinanbaufläche ist Gols die größte Weinbaugemeinde Österreichs. Auf einem 3 km langen Weinwanderweg lernt man die Weinsorten des Burgenlandes kennen.

Von hier aus fahren wir zunächst in den Seewinkel, das Gebiet zwischen Neusiedler See und ungarischer Grenze. Dieses Gebiet ist eine typische Puszta-Landschaft, durchsetzt mit kleinen Seen, den Lacken. Die Lacken sind flache, mit Wasser gefüllte Mulden, die nur von Niederschlägen gespeist werden und keinen Abfluss haben. Manchmal trocknen sie aus, manchmal überschwemmen ihre Ufer. Wir erleben die Landschaft des Seewinkels vom Sattel unserer Stahlrösser aus. Die endlose, weite Ebene, die grünen Weingärten, die Ufer der Seen, die stillen Winkel und die verträumten Dörfer sind unvergessene Erlebnisse auf unseren Radwanderungen. Immer wieder laden uns gemütliche Gasthäuser, sonnige Gartenlokale und urige Heurigenschenken zur Rast ein. Die asphaltierten oder mit feinem Splitt befestigten Radwege sind ausgezeichnet beschildert. Touristen ohne Rad können sich diese überall ausleihen. Der Seewinkel, die Ufer des Neusiedler Sees, ist ein „Radlerland“. Wir sehen mehr Radfahrer als Wanderer oder Autofahrer.

Der Neusiedler See bezieht sein Wasser überwiegend von Niederschlägen. Nur wenige Bäche fließen in den See. Durch Verdunstung wird der Wasserspiegel gehalten. Der Schilfgürtel ist 2 – 5 km breit und bedeckt die Hälfte des Sees. Die Strände und Bootshäfen werden über Dammstraßen erreicht.

Der große Platz in Illmitz ist leider für die Übernachtung nicht erlaubt. Wir schließen uns in Illmitz einer kleinen Gruppe an und erleben die Pußta-Landschaft im Planwagen. Die Steppe ist mit bunten blühenden Blumen und Kräutern übersät, die der Kutscher erläutert. Wir zuckeln an Ziehbrunnen vorbei, sehen die vielen Salzseen der Langen Lacke, Österreichs berühmtes Vogelparadies, und lassen uns die einzigartige Steppenflora und -fauna erklären. Abends im Ort genießen wir die einmalige Atmosphäre in den Gartenlokalen und Buschenschenken. Hervorragend sind die weißen Weine, der Grüne Veltliner, der Welschriesling, der Neuburger und der Muskat.

Unser nächstes Ziel am Neusiedler See ist Podersdorf. Leider sind die großen Parkplätze am Strand für die Übernachtung im Wohnmobil gesperrt. Wir fahren deshalb abends zum Parkplatz an der Mühle, aber auch dort ist jetzt das Übernachten im Wohnmobil nicht mehr erlaubt. Die Windmühle hat ein besonderes Merkmal. Der obere Teil, die Spitze eines Kegels, ist drehbar, um die Flügel in die richtige Windrichtung zu bringen. Die Stundenleistung stieg dadurch auf 400 kg Schrot. Von Podersdorf aus kann man per Personen- und Radfähre nach Mörbisch, Rust oder Breitenbrunn am Westufer des Sees fahren.

Wir fahren zum Nordufer und besuchen Weiden am See. An der Straße sitzen Frauen oder Kinder vor ihren Häusern und bieten auf kleinen Tischen Obst, Gemüse, Wein oder handwerkliche Erzeugnisse an. Für uns ist dies eine willkommene Gelegenheit, unsere Vorräte zu ergänzen und Souvenirs zu erwerben. Nur in Weiden finden wir diesen „Tischverkauf“. Zum Seebad gelangen wir über die Dammstraße und finden hier am Strand einen geeigneten Platz (NS-3).

Neusiedler See Der nächste Ort, Neusiedl, hat dem See seinen Namen gegeben. Hier wimmelt es nur so von Touristen; trotzdem bietet die große Badeanstalt am Ende des Fahrdamms noch viel Platz für die Gäste. Auf dem großen Parkplatz sind Schilder mit durchgestrichenem Zelt und Wohnwagen aufgestellt, die es nach Auskunft des Fremdenverkehrsverbandes im Burgenland gar nicht gibt. Wieder ein Beispiel für das Durcheinander im österreichischen Wohnmobil-Schilderwald. Wir übernachten am Hallenbad auf einer großen, schönen Parkplatzanlage (NS-4). Im Seemuseum am Strandbad lernen wir Pflanzen- und Tierwelt des Sees kennen. Besonders die Vogelarten sind vielfältig dargestellt.

Der Ort war schon in der Steinzeit besiedelt, er wurde erst von den Mongolen und 1282 von den Deutschen bewohnt und Neusiedl genannt. Sehenswert sind der Hauptplatz mit der Dreifaltigkeits- und der Florianisäule, die Pfarrkirche mit Fischerkanzel, Seepredigt und Hochaltar, der Attilabrunnen und der alte Stadtteil Anger. Auf einem Hügel oberhalb der Stadt liegt die Burgruine Tabor aus dem 13. Jahrhundert. Von der Ruine haben wir einen schönen Blick über die Ebene des Seewinkels und über den glitzernden Neusiedler See.

Im Leithagebirge in der Nähe des Ortes Winden liegt das Ludloch, eine eiszeitliche Höhle. Die Ausgrabungen begannen 1927 und brachten Tierskelette, z.B. das Skelett eines 30000 Jahre alten Höhlenbären und Gegenstände der Menschen aus der Jungsteinzeit zu Tage. Im Museum von Breitenbrunn ist das Skelett des Höhlenbären zu sehen. Wir fahren über die Dammstraße zum Seeufer zu unserem Schlafplatz am Freizeitzentrum (**NS-5**). Bei Entrichtung einer Gebühr ist das Übernachten im Wohnmobil erlaubt. Die Ver- und Entsorgung auf dem nächsten Campingplatz ist im Preis enthalten. Wir fühlen uns hier wohl, nutzen Liegewiese und Freibad, mieten ein Boot, wandern durch den Park und lassen uns im Restaurant verwöhnen.

Am nächsten Morgen schließt sich noch ein Einkaufsbummel durch den idyllischen Ort an, wobei wir an der barocken Pfarrkirche, dem Türkenturm, einem 32 m hohen Wehrturm aus dem 17. Jahrhundert, der Dreifaltigkeitssäule von 1833, der Pestsäule von 1640 und der malerischen Kellergasse mit alten Häusern vorbeikommen.

Der nächste Ort, Purbach, war und ist ein Zentrum des Weinbaus. Daneben besitzt der Ort noch eine gut erhaltene Wehrmauer mit Bastionen, Wehrgängen und Toren aus dem 17. Jahrhundert. Im Haus zum Türken steht eine bekannte steinerne Türkenfigur. Der Legende nach hat ein Türke den Weiterzug seines Heeres nach übermäßigem Weingenuss verschlafen. Er blieb in Purbach, wurde Christ und Knecht des Hauses. Am Bootshafen und am Warmbad in Purbach kann man gut übernachten (NS-6).

Oggau ist die älteste Rotweingemeinde in Österreich. Angebaut werden die bei uns weniger bekannten Reben St. Laurent, der milde Zweigelt und der Blaufränkische. Auf dem Weinlehrpfad zeigt man uns alle Stationen der Weinherstellung, von der Rebe bis zum Ausschank. In Oggau ist der Platz am Freibad für Wohnmobilurlauber leider nicht mehr zugänglich. Wir übernachten deshalb in einer ruhigen und schönen Umgebung in dem nahen Oslip an der Scelley-Mühle, ein Ort für Kunst-Ausstellungen und kulturelle Veranstaltungen, aber auch für gute Weine und geschmackvolle Speisen (**NS-7**).

Der Höhepunkt unserer Wochenreise ist Rust, die kleinste Stadt Österreichs. Rust ist ein malerischer, denkmalgeschützter Ort, Storchenparadies und Weinhauptstadt Österreichs. Auf dem großen, schön angelegten und ruhigen Parkplatz am Seebad sind Wohnmobile für eine Nacht gegen Gebühr willkommen (**NS-8**). Öffentliche Toiletten, ein Strandbad mit einer 35 m langen Wasserrutsche und einem solargeheizten Schwimmbecken, Bootsverleih mit Tret- Ruder-, Elektro- und Segelbooten, eine Schiffsanlegestelle, Angelmöglichkeit, Wander- und Radwanderwege können die Touristen nutzen. Ein zweiter, kostenloser Platz mit Ver- und Entsorgungsstation liegt am Ortsrand, leider aber auch am Schnittpunkt zweier Straßen (**NS-9**).

Der Wein aus Rust ist nicht nur weltbekannt, er hat auch in der Geschichte eine Rolle gespielt. Um sich freizukaufen, zahlten die Einwohner im Jahre 1681 60000 Gulden in Gold und 500 Eimer (30000 Liter) Wein an Kaiser Leopold I. Seit dieser Zeit hat Rust, obwohl es nur 1700 Einwohner zählt, Stadtrechte und ist die kleinste Stadt Österreichs. Der Wein war schon immer die wirtschaftliche Grundlage des Ortes. Im Seehof ist heute der Sitz der Weinakademie Österreich. In Seminaren wird für die Winzer das Wissen über den Wein vermehrt, bei Veranstaltungen können Verbraucher ihre Kenntnisse über den Rebensaft vertiefen und in der dazugehörenden Vinothek sind jährlich die Weine des „Österreichischen Weinsalons“, 200 verschiedene Weinsorten, zu verkosten.

Zum Verkosten der Weine, aber auch zum Schmausen, kann man unter 40 Lokalen und Buschenschenken – das sind Heurigen Garten- und Kellerlokale – wählen. Die burgenländische Küche ist ungarisch angehaucht: Gulasch, Bohnenstrudel, Knoblauchsuppe sind nur einige Beispiele. Typische Gerichte der Region um den Neusiedler See sind die frischen Fische, Räucheraal, Blunzlgröstl und das überall unterschiedliche Heurigenbuffet. Wir finden in den Buschenschänken gesprächige Menschen, Einheimische wie Touristen. Eine wunderbare Stimmung macht die lauen Abende zum Erlebnis.

Am Neusiedler See werden viele Urlaubsfotos geschossen. Die Stars auf den Fotos aus Rust aber sind die Störche auf den Rauchfängen der Altstadt. Die größte Storchenkolonie des Burgenlandes nistet von April bis Ende August in Rust. Der Storch ist auch der Wappenvogel der kleinsten Stadt Österreichs. Im Rathaus gibt es daher das Storchenpostamt mit Storchenkarten und Sonderstempel. Das älteste und bedeutendste Bauwerk ist die turmlose, gotische Fischerkirche aus dem 12. Jahrhundert mit sehenswerten Fresken in der Marienkapelle, die aus dem 16. Jahrhundert stammen. Sehenswert sind in der Kirche der Dreiheiligenaltar, die barocke Säule mit der holzgeschnitzten Madonnenstatue, das gotische Sakramentshäuschen, die steinerne Pieta und die älteste Orgel des Burgenlandes. Während des Sommers wird in der Fischerkirche historische Musik geboten. Viele bemerkenswerte Häuser an der Hauptstraße, in der Joseph-Haydn-Gasse, am Rathausplatz und in der Kirchengasse stammen aus den letzten Jahrhunderten. Von der Stadtbefestigung sind noch Bastionen und Wehrmauern erhalten. Von dem mächtigen Turm der Pfarrkirche hat man einen Panoramablick über Stadt, Land und See.

Nach so viel Erholung und Gaumenfreuden in Rust wollen wir noch die Seefestspiele in Mörbisch besuchen. Mörbisch, ein Touristenzentrum, ist durch Seefestspiele auf seiner Seebühne bekannt geworden. Eine Dammstraße durch den Schilfgürtel führt zur Seebühne, zum Badestrand, zum Yachthafen und zu dem Fähranleger. Am Yachthafen sind zwei Parkreihen für Mobile reserviert (**NS-10**). Die herrliche Lage, die Vielzahl der Freizeitmöglichkeiten und die Opperetten-Aufführungen auf der Seebühne sollten viele „Landyachten“ auf diesen Platz locken.

Wir mieten uns ein Ruderboot und erkunden vom Wasser aus die idyllischen Uferpartien. Badenixen, Wasserratten, Segler, Surfer und Angler begegnen uns. Der Steppensee ist am Ufer sehr flach, ideal für badende Kinder, in der Mitte nur bis zu zwei Metern tief. Im Winter ist der See zugefroren, dann ist Eissurfen und Eissegeln ein besonderes Erlebnis. Am nächsten Morgen fahren wir mit dem Fährschiff nach Illmitz, eine kurze, aber sehr schöne Fahrt. Wir sind die einzigen Fahrgäste zu Fuß, alle anderen schieben ihr Fahrrad auf das Schiff. Die Fähre Illwitz-Mörbisch ist für die Radfahrer unentbehrlich, wenn sie am südlichen Ufer nicht durch Ungarn radeln wollen.

Der berühmte Römersteinbruch bei St. Margarethen ist unser nächstes Ziel auf unserer Wochenreise. Vorher besichtigen wir aber noch den Märchenwald in der Nähe von Rust. Märchenfiguren im Wald und auf Lichtungen erzählen den Besuchern deutsche Märchen. Freiluftgehege für einheimische Tierarten ergänzen den Park. Der Parkplatz ist für eine Übernachtung geeignet (NS-11). Auch das Parkgelände östlich des Römersteinbruchs oder der asphaltierte Parkplatz direkt am Eingang, allerdings an der Straße gelegen, kann als Ausweichplatz in Betracht kommen.

Der zerklüftete Steinbruch wurde schon von den Römern zum Bau ihrer Stadt Carnuntum östlich von Wien genutzt. Später wurden die Steine für den Stephansdom in Wien und im letzten Jahrhundert für die Gebäude an der Ringstraße gebrochen. Der Steinbruch ist aber auch eine fossile Fundstätte: Tiere aus der Eiszeit, Versteinerungen von Fischen und Seekühen sowie fossile Reste eines Urpferdes wurden hier gefunden. Am meisten beeindrucken uns die monumentalen Steinplastiken, die abstrakten Steinformen und die exotischen Steinfiguren, die seit 1959 von Bildhauern aus aller Welt geschaffen wurden und im Steinbruch verbleiben. Im Sommer gibt es in St. Margarethen ein Bildhauersymposium, wobei mehrere Figuren geschaffen werden. Alle 5 Jahre finden vor der einzigartigen Kulisse des Steinbruchs Passionsspiele mit 500 Schauspielern statt, ein einmaliges Spektakel.

Westlich von Eisenstadt kann man auf dem Wohnmobilstellplatz bei Großhöflein mit Ver- und Entsorgungsmöglichkeiten (**NS12**) oder auf dem Busparkplatz im Industriegebiet von Eisenstadt parken und übernachten (NS-13). In der Innenstadt sind für Wohnmobile kaum Parkplätze zu bekommen. Wir fahren mit dem Fahrrad in die Stadt und besichtigen das Schloss Esterházy mit Haydn-Saal, Empire-Saal und Spiegelsaal, die Schlosskirche, in der die meisten Messen Haydns zum ersten Mal aufgeführt wurden, die Bergkirche mit der Haydn-Orgel und dem Grabmal Joseph Haydns, das Liszt-Denkmal und die Pestsäule. Im Landesmuseum sehen wir Exponate aus der Steinzeit, aus der Zeit des Römischen Reiches und aus dem Mittelalter.

Wir fahren zum Neufelder See. Der schön angelegte Parkplatz eignet sich auch für eine Übernachtung (NS-14). Wir besuchen das Freibad am See, mieten uns ein Boot, planen unsere Route, ergänzen unsere Vorräte in Neufeld und bummeln durch die Gassen des Ortes.

Die Burg Forchtenstein, Anfang des 14. Jahrhunderts erbaut, zählt zu den bedeutendsten Burgen Österreichs. Bis zur Erbauung des Schlosses in Eisenstadt war die Burg Forchtenstein der Sitz der Grafen Esterházy. Die mächtigen Mauern sind 5 bis 7 Meter stark, der Turm ist 50 Meter hoch. Die meisten Räume sind noch mit wertvollen alten Möbeln, Gemälden und Schmuckgegenständen ausgestattet. Eine Sammlung historischer Fahnen vervollständigt die Inneneinrichtung. Die Parkplätze haben etwas schräge Stellflächen (NS-15). Für eine Übernachtung kann man zum nahe gelegenen Gasthaus oder zum Badesee fahren.

Weiter im Süden des Burgenlandes übernachten wir in einem der ältesten Heilbäder der Welt, am Freilichtmuseum in Bad Tatzmannsdorf (**NS-16**). Das Freilichtmuseum vermittelt einen lebendigen Eindruck von dem Bauten und dem Handwerk der Burgenländer. Wir besichtigen auch die Glashütte Beranek, das Brotmuseum und das Kurmuseum in Bad Tatzmannsdorf. Ein Stellplatz für Wohnmobile wurde am Sportplatz in Horitschon eingerichtet (**NS-17**). Der Platz ist ganzjährig offen, der Aufenthalt aber auf 24 Stunden begrenzt. Am Lisztzentrum in Raidung, Geburtsstadt von Franz Liszt, kann man ebenfalls ruhig übernachten (NS-18).

Die Reise ist zu Ende, aber die Bilder der Landschaft um den Neusiedler See und die Erlebnisse mit freundlichen Menschen in den weinseligen Orten werden uns in Erinnerung bleiben.

Mobil und Caravan am Neusiedler See

Neusiedler See

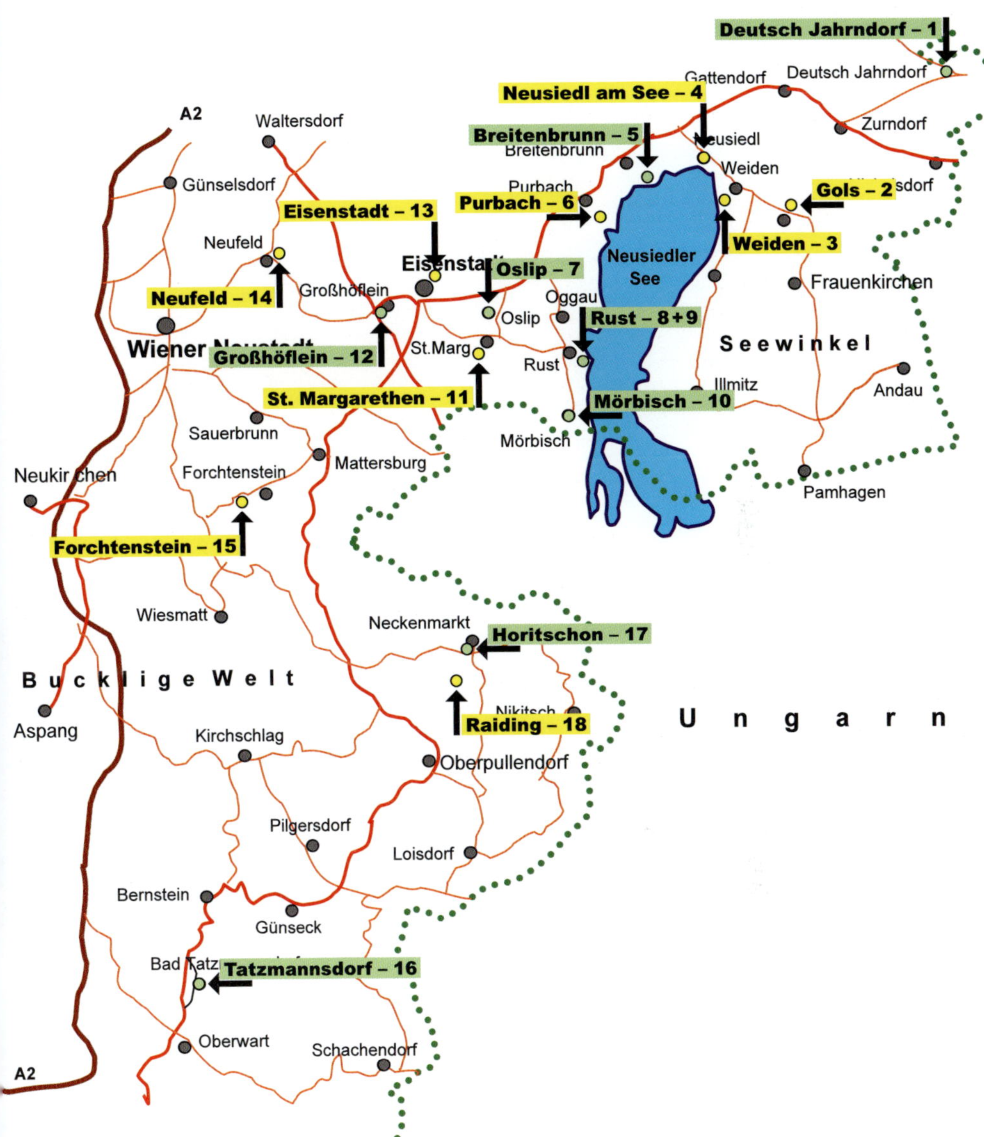

Tour 9: **Rund um den Neusiedler See**

Nr.	Ort, Bezeichnung	Stell-plätze A	Gast-haus	Häu-ser	WC	Bad See	Orts-nähe B	Ent-sorg.	Park-dauer C	Park-gebühr D
NS-1	**Deutsch Jahrndorf, Mobilplatz *****	**20**	**-**	**+**	**-**	**-**	**5**	**+**	**3**	**0**
NS-2	Gols, Erlebnisbad ***	30	-	+	-	+	x	-	1	0
NS-3	Weiden, See ***	20	+	+	+	+	x	-	1	0
NS-4	Neusiedl am See, Hallenbad ***	10	+	+	+	+	x	-	1	0
NS-5	**Breitenbrunn, Freizeitzentrum ******	**50**	**+**	**-**	**+**	**+**	**x**	**-**	**1**	**4,50**
NS-6	Purbach, Bootshafen **	20	-	+	-	+	x	-	1	0
NS-7	**Oslip, Scelley-Mühle *****	**5**	**+**	**+**	**-**	**-**	**x**	**-**	**1**	**0**
NS-8	**Rust, Am Alten Hafen ***	**5**	**+**	**+**	**-**	**-**	**5**	**+**	**1**	**0**
NS-9	**Rust, Seebad *****	**10**	**+**	**+**	**+**	**+**	**x**	**-**	**1**	**9**
NS-10	**Mörbisch, Yachthafen ******	**20**	**+**	**-**	**-**	**+**	**x**	**-**	**1**	**3,50**
NS-11	St. Margarethen, Märchenwald **	20	+	-	-	-	x	-	1	0
NS-12	**Großhöflein, Schilfhütte ***	**20**	**+**	**-**	**-**	**-**	**x**	**+**	**1**	**0**
NS-13	Eisenstadt, Busparkplatz **	5	-	+	-	-	x	-	1	0
NS-14	Neufeld, Neufelder See **	30	-	-	-	+	x	-	1	0
NS-15	Forchtenstein, Burg *	5	+	+	-	-	x	-	1	0
NS-16	**Tatzmannsdorf, Freilichtmuseum ****	**3**	**+**	**+**	**-**	**-**	**x**	**-**	**1**	**0**
NS-17	**Horitschon, Am Sportplatz ****	**10**	**-**	**-**	**-**	**-**	**x**	**-**	**1**	**0**
NS-18	Raiding, Lisztzentrum **	10	-	+	-	-	5	-	1	0

Legende

****	sehr ruhige und sehr schöne Lage.
***	sehr ruhige und schöne Lage.
**	ruhige und gute Lage.
*	keine ruhige Lage.
A	Stellplätze gestaffelt nach 3, 5, 10, 20, 30, 50 Wohnmobilen. Dabei wird angenommen, dass nur die Hälfte des Platzes zur Verfügung steht und die andere Hälfte durch PKW belegt ist.
B	Fußweg in Minuten, x über 15 min Fußweg.
C	Aufenthaltsdauer in Tagen.
D	Stellplatzgebühr in Euro pro Wohnmobil und 24 Stunden oder Parkgebühr.
P	Parkgebühr in der Saison.
T	Aufenthaltsdauer einige Tage.
U	Aufenthaltsdauer unbegrenzt.

Parkplatz (gelb) — Wohnmobil-Stellplatz (grün)

2423 Deutsch Jahrndorf Wohnmobilplatz *** NS - 1

Wohnmobilplatz am Ortsrand in sehr ruhiger und schöner Lage.

Bei Anfahrt aus dem Nordwesten 1 km nach dem Ortsanfang rechts nach der Kirche dem Wohnmobil-Symbol folgen (Nickelsdorfer Straße). Nach 100 m links in die **Söldnergasse** abbiegen. Nach 100 m dem Wohnmobil-Symbol folgen. Noch 100 m bis zum Platz links.
Koordinaten: 48° 00,47' Nord, 17° 06,64' Ost.
Koordinaten: 48° 00' 28" Nord, 17° 06' 38" Ost.

Häuser am Parkplatz.
Ver- und Entsorgung am Platz. Außer Betrieb Okt – März.
Info-Tafel am Platz. Campingbetrieb erwünscht, Grillen verboten.
Ganzjährig zugänglich. Aufenthaltsdauer 3 Tage.
5 Minuten Fußweg zur Ortsmitte.
Wandern und Radfahren im Seewinkel.
Ausflug zum Schloss Kittsee (15 km).
Fahrt auf der Seewinkel-Weinstraße. Fahrt nach Wien.
Keine Parkgebühr. Spende erwünscht.
Leicht schräge Stellflächen für 20 Wohnmobile auf fester Wiese mit jungen Bäumen.
Informationen: Tel. 0043-676 93 14 692

7122 Gols Erlebnisbad *** NS - 2

Asphaltierte und befestigte **Grasparkplätze** am Erlebnisbad in sehr ruhiger und schöner Lage.

Von der B51 (Frauenkirchen – Neusiedl) 300 m nach dem Ortsanfang Gols rechts Richtung Erlebnisbad abbiegen. Noch 200 m bis zu den Parkplätzen links und rechts.
Koordinaten: 47° 53,71' Nord, 16° 55,26' Ost.
Koordinaten: 47° 53' 43" Nord, 16° 55' 16" Ost.

Freibad mit Riesenrutsche und Häuser am Parkplatz.
Weinprobe und -kauf in der größten Weinbaugemeinde Österreichs. Heurigen-Gartenschenken.
Wandern und Radfahren im Seewinkel.
Besichtigung von Neusiedl.
Fahrt auf der Seewinkel-Weinstraße.
Ausflug nach Wien.
Keine Parkgebühr.
Ebene Stellflächen für 30 Wohnmobile.

7121 Weiden See *** NS - 3

Durch Hecken in Abschnitte eingeteilter asphaltierter **Parkplatz** am See in ruhiger und schöner Lage.

Von der B51 (Neusiedl – Frauenkirchen) 900 m nach dem westlichen Ortsanfang Weiden rechts dem Wegweiser zum See folgen. Noch 1,4 km bis zum Parkplatz links. Bei Anfahrt von Frauenkirchen 800 m nach dem östlichen Ortsanfang Weiden links zum See abbiegen.
Koordinaten: 47° 55,16' Nord, 16° 51,11' Ost.
Koordinaten: 47° 55' 10" Nord, 16° 51' 07" Ost.

Gaststätte und Häuser am Parkplatz. Kiosk am See.
WC am Parkplatz. Freibad am Parkplatz.
Segel- und Surfschule. Tret-, Elektro- und Segelbootverleih.
Weinprobe und Weinkauf. Heurigen-Gartenschenke.
Straßenverkauf aller Waren in Weiden.
Wandern und Radfahren im Seewinkel.
Fischen und Angeln am See.
Besichtigung von Neusiedl: Hauptplatz, Pfarrkirche, Stadtteil Anger, Ruine Tabor.
Fahrt auf der Seewinkel- und auf der Neusiedler Weinstraße.
Ausflug nach Wien.
Keine Parkgebühr.
Ebene Stellflächen für 20 Wohnmobile.

7100 Neusiedl am See Hallenbad *** NS - 4

In Abschnitte eingeteilte Parkplätze am Tennisplatz und Hallenbad in sehr ruhiger und schöner Lage.

Von der B51 (Frauenkirchen - Eisenstadt) 800 m nach dem östlichen Ortsanfang links dem Wegweiser zum See folgen und nach weiteren 800 m rechts Richtung Hallenbad abbiegen. Noch 100 m bis zu den Plätzen.
Koordinaten: 47° 56,31' Nord, 16° 50,51' Ost.
Koordinaten: 47° 56' 19" Nord, 16° 50' 31" Ost.

Gaststätte im Hallenbad. WC im Hallenbad. Häuser am Parkplatz.
Müllbehälter am Parkplatz. Fahrradverleih in der Nähe.
Übernachtungsverbot am See.
Weinkauf und Weinprobe. Heuriger.
Wandern und Radfahren am Neusiedler See.
Besuch des Seemuseums: Fauna und Flora des Neusiedler Sees.
Besichtigung von Neusiedl: Hauptplatz mit Dreifaltigkeits- und Florianssäule, Pfarrkirche, Stadtteil Anger, Ruine Tabor.
Fahrt auf der Seewinkel- und auf der Neusiedler Weinstraße.
Keine Parkgebühr.
Stellmöglichkeiten für 10 Wohnmobile. Ebene Stellflächen.

7091 Breitenbrunn Freizeitzentrum **** NS - 5

Lange **Parkstreifen** auf Wiesengelände für Wohnmobile, in sehr ruhiger und schöner Lage.

Von der B50 (Neusiedl – Eisenstadt) 800 m nach dem nördlichen Ortsanfang links Richtung See/Segelschule abbiegen. Nach 3,6 km wird der Parkplatz links erreicht. Bei Anfahrt aus dem Süden 800m nach dem Ortsanfang Breitenbrunn rechts dem Wegweiser See folgen.
Koordinaten: 47° 55,23' Nord, 16° 45,62` Ost.
Koordinaten: 47° 55' 14" Nord, 16° 45' 37" Ost.

Gaststätte und Kiosk am Parkplatz. WC am Parkplatz.
Freibad am Parkplatz, Kies- und Sandstrand.
Duschen und sanitäre Anlagen am Platz.
Elektro-, Tret- und Ruderbootverleih. Segel- und Surfschule am Platz.
Fischen und Angeln im See und Kanal. Minigolf am Parkplatz.
Personen- und Radfähre nach Podersdorf. Schiffsfahrten auf dem See.
Weinkauf und Weinprobe in Breitenbrunn. Heurigen-Gartenschenken.
Wandern und Radfahren am Neusiedler See und im Seewinkel.
Besuch von Rust: Stadt des Storches und kleinste Stadt Österreichs.
Besichtigung von Breitenbrunn, Purbach und Neusiedl.
Fahrt auf der Neusiedler See-Weinstraße.
Parkgebühr: 2 €/Fahrzeug, 2 €/Person
Ebene Stellflächen für 50 Wohnmobile.

7083 Purbach Bootshafen ** NS - 6

Drei **Parkplätze** am Warmbad, am Teich und am Bootshafen in sehr ruhiger und schöner Lage.

Von der B50 500 m nach dem Ortsanfang links Richtung See abbiegen. Nach 200 m halblinks und nach weiteren 800 m links fahren. Nach 400 m links zum Parkplatz am Warmbad abbiegen (noch 200 m). Nach weiteren 100 m wird der Platz am Teich rechts und nach 300 m der Platz am Bootshafen erreicht. Bei Anfahrt von Eisenstadt 400 m nach dem Ortsanfang Purbach rechts Richtung Segelschule abbiegen.
Koordinaten: 47° 54,45' Nord, 16° 42,33' Ost.
Koordinaten: 47° 54' 27" Nord, 16° 42' 20" Ost.

Häuser in der Nähe. Freibad (Warmbad) am Parkplatz.
Elektro-, Tret- und Ruderbootverleih. Fischen und Angeln im Kanal.
Segel- und Surfschule am Platz. Schiffsfahrten auf dem See.
Spielplatz am Parkplatz. Reiterhof am Parkplatz.
Weinkauf und Weinprobe in Purbach. Heurigen-Gartenschenken.
Wandern und Radfahren am Neusiedler See und im Seewinkel.
Besichtigung von Purbach und Breitenbrunn.
Besuch von Rust: Stadt des Storches und kleinste Stadt Österreichs.
Fahrt auf der Neusiedler See-Weinstraße.
Keine Parkgebühr.
Ebene, geschotterte Stellflächen für insgesamt 20 Wohnmobile.

7064 Oslip Scelley-Mühle ***  NS - 7

Übernachtungsplätze am Ortsrand in sehr ruhiger und schöner Lage.

Bei Anfahrt aus dem Süden 3,6 km nach der Abzweigung in St.Margarethen – 1,2 km nach dem Ortsanfang von St. Margarethen – links Richtung Eisenstadt/Oslip abbiegen. Nach 400 m rechts Richtung Scelley-Mühle fahren (**Sachsenweg**). Noch 700 m bis zum Platz links.
Koordinaten: 47° 50,44' Nord, 16° 37,55' Ost.
Koordinaten: 47° 50' 26" Nord, 16° 37' 33" Ost.

Gaststätte am Platz. Häuser in der Nähe.
Frischwasser- und Stromversorgung nach Absprache möglich.
Ganzjährig zugänglich.
Wechselnde Ausstellungen in der Scelley-Mühle.
Wandern und Radfahren am Neusiedler See.
Fahrt auf der Weinroute Burgenland. Ausflug nach Eisenstadt.
Keine Parkgebühr.
Ebene und leicht schräge, geschotterte Stellflächen für 5 Mobile.
Informationen: Tel. (0 26 84) 22 09 14. www.scelley-muehle.at

7071 Rust Am Alten Hafen * NS - 8

Übernachtungsplätze am Ortsrand.

Bei Anfahrt aus dem Süden 300 m nach dem Ortsanfang rechts dem Wegweiser Zum See folgen (**Am Seekanal**). Nach 800 m links zum Platz abbiegen.
Koordinaten: 47° 48,24' Nord, 16° 40,75' Ost.
Koordinaten: 47° 48' 14" Nord, 16° 40' 45" Ost.

Gaststätten am Platz. Häuser am Parkplatz.
Ver- und Entsorgung am Platz (Holiday Clean).
5 Minuten Fußweg zur Ortsmitte.
Besuch eines Heurigen-Lokals. Weinkauf und Weinprobe.
Wandern und Radfahren am Neusiedler See.
Besuch des Seemuseums: Fauna und Flora des Neusiedler Sees.
Besichtigung von Neusiedl: Hauptplatz mit Dreifaltigkeits- und Florianssäule, Pfarrkirche, Stadtteil Anger, Ruine Tabor.
Fahrt auf der Seewinkel Weinstraße und der Neusiedler Weinstraße.
Keine Parkgebühr. Ebene, asphaltierte Stellflächen für 5 Wohnmobile.
Internet: www.seebadrust.at

7071 Rust Seebad *** NS - 9

Übernachtungsplätze in sehr ruhiger Lage und landschaftlich reizvoller Umgebung.

Von der B50 südlich von Donnerskirchen Richtung Rust abfahren und 700 m nach dem Ortsanfang links zum See abbiegen. Dem Wegweiser nach 400 m links und nach 100 m rechts folgen. 200 m weiter wird die Ver- und Entsorgungsstation erreicht. Noch 1,2 km bis zum Platz am Seebad.
Koordinaten: 47° 48,15' Nord, 16° 41,54'.
Koordinaten: 47° 48' 09" Nord, 16° 41' 32".

Gaststätte und Kiosk am Parkplatz. Häuser am Parkplatz.
WC, Minigolf und Spielplatz am Parkplatz. Ver- und Entsorgung in der Nähe.
Seebad am Parkplatz. Pfahlbausiedlung „Romantika". Fischen und Angeln im Kanal und im See.
Bootshafen und Bootsverleih am Parkplatz. Bootskran am Hafen.
Fahrradverleih am Platz und im Ort.
Personen- und Radfähre nach Podersdorf und Illmitz.
Wandern und Radfahren am Neusiedler See und im Seewinkel.
Weinprobe und Weinkauf in Rust. Heurigen-Gartenschenken in Rust.
Besuch der Freilichtspiele auf der Seebühne von Mörbisch.
Ausbildung zum Weinkenner in der Österr. Weinakademie.
Besuch des Märchen- und Tierparkes in St. Margarethen.
Besichtigung von Rust: Stadt der Störche: Altstadt, Renaissance- und Barock-Bürgerhäuser, Rathaus, gotische Fischerkirche.
Fahrt auf der Neusiedler- und der Burgenländer Rotweinstraße.
Gebühr: 4,50 € für 24 Stunden, 9 € bei Belegung von 2 Pkw-Flächen.
Ebene Stellflächen für 10 Wohnmobile.
Informationen: Tel. (0 26 85) 5 91. www.seebadrust.at

7072 Mörbisch Yachthafen **** NS - 10

Übernachtungsplätze am Yachthafen in sehr ruhiger und schöner Lage.

500 m nach dem Ortsanfang links Richtung Seebühne fahren. Nach 2 km wird die beschrankte Einfahrt erreicht. Ticket ziehen. Nach 200 m links zu den Abstellplätzen Campingbus fahren.
Koordinaten: 47° 45,27' Nord, 16° 41,74' Ost.
Koordinaten: 47° 45' 16" Nord, 16° 41' 44" Ost.

Gaststätten am Platz. Wasserstellen am Hafen.
Ganzjährig zugänglich. Aufenthaltsdauer 24 Stunden.
Freibad am Platz. Minigolf in der Nähe.
Segel- und Surfschule. Bootsverleih (Elektro- und Tretboote).
Rundfahrt auf dem Neusiedler See. Anlegestelle am Platz.
Besuch der Festspiele auf der Seebühne (Operretten).
Weinkauf und Weinprobe. Heuriger in Mörbisch.
Wandern und Radfahren am Neusiedler See.
Fahrt nach Neusiedl. Fahrt auf der Neusiedler Weinstraße.
Parkgebühr: 3,50 € für 24 Stunden.
Ebene, befestigte Stellflächen für 20 Wohnmobile.
Für Caravan nicht erlaubt. Campingbetrieb verboten.
Informationen: Tel. 0043 - 2 48 58 20 10

7051 St. Margarethen Märchenwald ** NS - 11

Asphaltierte, geschotterte und **Wiesenparkplätze** am Märchenwald in ruhiger Lage.

Von Rust Richtung Eisenstadt fahren (B52) und 1,8 km nach dem Ortsende Rust rechts zum Märchenwald und Tierpark abbiegen.
Koordinaten: 47° 48,14' Nord, 16° 38,17' Ost.
Koordinaten: 47° 48' 08" Nord, 16° 38' 10" Ost.

Gaststätte am Platz.
Hintere Parkplätze auf Wiesengelände liegen ruhiger.
Besuch des Märchenwaldes und Tierparks.
Weinkellerei und Flaschenverkauf in der Nähe.
Ver- und Entsorgungsstation in Rust.
Besuch des Römersteinbruchs St. Margarethen in 1 km Entfernung.
Besichtigung von Rust, Stadt der Störche: Altstadt, Bürgerhäuser, Pfarrkirchen, gotische Fischerkirche, Rathaus.
Fahrt auf der Burgenländer Rotweinstraße.
Keine Parkgebühr.
Ebene und leicht schräge Stellflächen für 20 Wohnmobile.

7051 Großhöflein Schilfhütte * NS - 12

Geschotterte **Übernachtungsplätze** an der Gaststätte Schilfhütte.

Von der Ausfahrt Müllendorf (34) der A3 Richtung Eisenstadt fahren (B59) und am ersten Kreisel links Richtung Wien abbiegen (B16). Nach 100 m links zum Platz abbiegen (**Wiener Straße**). Nach unten fahren.
Koordinaten: 47° 50,11' Nord, 16° 28,12' Ost.
Koordinaten: 47° 50' 07" Nord, 16° 28' 08" Ost.

Gaststätte am Platz.
Hintere Parkplätze liegen ruhiger.
Ver- und Entsorgung am Platz.
Stromanschlüsse auf dem unteren Platz.
Ganzjährig zugänglich. Während der Betriebsferien nur oberer Platz benutzbar.
Bushaltestelle am Platz.
Besichtigung von Eisenstadt.
Besuch des Römersteinbruchs St. Margarethen.
Besichtigung von Rust, Stadt der Störche: Altstadt, Bürgerhäuser, Pfarrkirchen, gotische Fischerkirche, Rathaus.
Fahrt auf der Burgenländer Rotweinstraße.
Stellplatzgebühr: 3 € für 24 Stunden.
Ebene und leicht schräge, geschotterte Stellflächen für 20 Mobile.

7000 Eisenstadt Busparkplatz ** NS - 13

Befestigter **Parkplatz** im Industriegelände in ruhiger Lage.

Von der Ausfahrt Eisenstadt-Süd der Schnellstraße S31 Richtung Eisenstadt-Zentrum fahren und nach 900 m rechts Richtung Industriegebiet abbiegen. Nach 600 m wird links der Parkplatz für Busse erreicht.

Häuser und Industriegebiet am Parkplatz.
Besichtigung von Eisenstadt: Schloss Esterházy, Bergkirche, Franziskanerkirche, Pestsäule, Rathaus, Domkirche, Liszt-Denkmal.
Besuch des Haydn-Museums.
Wandern und Radfahren im Leithagebirge und am Neusiedler See.
Besuch des Römersteinbruchs mit Skulpturen in St. Margarethen.
Besuch des Märchenwaldes und Tierparks in St. Margarethen.
Besichtigung von Rust, Stadt der Störche: Altstadt, Bürgerhäuser, Pfarrkirchen, gotische Fischerkirche, Rathaus.
Fahrt auf der Burgenländer Rotweinstraße.
Ausflug ins Leithagebirge. Ausflug zur Wallfahrtskirche Loretto.
Keine Parkgebühr.
Ebene Stellflächen für 5 Wohnmobile.

2491 Neufeld/Leitha Neufelder See ** NS - 14

Durch Bäume in Abschnitte eingeteilter **Großparkplatz** in schöner Lage.

Von der Ausfahrt Hornstein der Autobahn A3 Richtung Neufeld fahren und nach 2,1 km rechts zum Parkplatz abbiegen.
Koordinaten: 47° 51,95' Nord, 16° 23,55' Ost.
Koordinaten: 47° 51' 57" Nord, 16° 23' 33" Ost.

Freibad in der Nähe. Müllbehälter am Parkplatz.
Wassersport auf dem Neufelder See. Angeln im Neufelder See.
Besichtigung von Eisenstadt: Häuser aus dem 16./17. Jahrhundert, Pestsäule, Rathaus, Franziskanerkirche, Schloss Esterhazy, Gloriette, Kalvarienberg, Domkirche.
Besuch des Haydn-Museums und des Landesmuseums in Eisenstadt.
Ausflug ins Leithagebirge und zur Wallfahrtskirche Loretto.
Fahrt zum Neusiedler See. Fahrt nach Wien.
Keine Parkgebühr.
Ebene Stellflächen für 30 Wohnmobile.

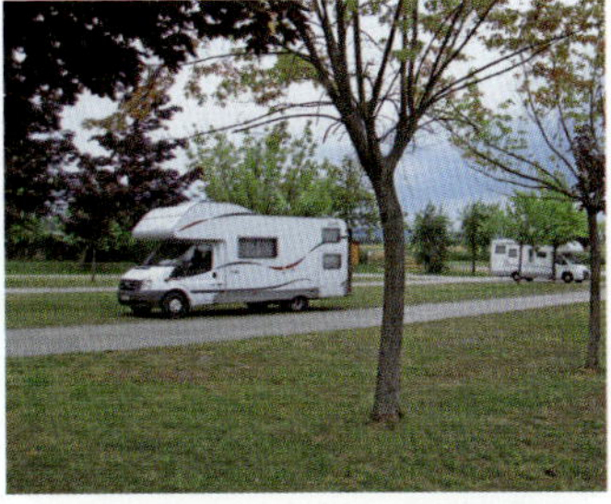

7212 Forchtenstein Burg Forchtenstein * NS - 15

Asphaltierter und geschotterter **Parkplatz** an der Burg Forchtenstein.

Von der Ausfahrt Forchtenstein der Schnellstraße S31 Richtung Forchtenstein fahren und nach 6,4 km – 4,9 km nach dem Ortsanfang Forchtenstein – links oder rechts zum Parkplatz abbiegen.
Koordinaten: 47° 42,62' Nord, 16° 19,77' Ost.
Koordinaten: 47° 42' 37" Nord, 16° 19' 46" Ost.

Gaststätten und Häuser am Parkplatz.
Müllbehälter am Parkplatz.
Besichtigung der Burg Forchtenstein.
Besuch des Rüstungs- und Waffenmuseums in der Burg.
Besichtigung von Eisenstadt: Pestsäule, Rathaus, Domkirche, Franziskanerkirche, Schloss Esterhazy, Gloriette, Kalvarienberg.
Ausflug ins Leithagebirge und zur Wallfahrtskirche Loretto.
Fahrt zum Neusiedler See.
Keine Parkgebühr.
Schräge Stellflächen für 5 Wohnmobile.
Ausweichparkplatz 100 m vorher am Gasthof.
Ausweichparkplatz am Badestausee.
In Forchtenstein dem Wegweiser Stausee nachfahren.

7432 Bad Tatzmannsdorf **Freilichtmuseum** **  NS - 16

Geschotterter **Übernachtungsplatz** am Burgenländischen Freilichtmuseum in ruhiger Lage.

Von der Bundesstraße 50 (Bernstein-Oberwart) Richtung Bad Tatzmannsdorf abbiegen und im Ort den Wegweisern Freilichmuseum folgen.
Koordinaten: 47° 20,35' Nord, 16° 13,17' Ost.
Koordinaten: 47° 20' 21" Nord, 16° 13' 10" Ost.

Gaststätte am Parkplatz. Häuser am Parkplatz.
Ver- und Entsorgung, Dusche und WC am Platz.
Stromanschlüsse vorhanden. Gebühr 0,52 € pro kWh.
Burgenlandtherme in der Nähe.
Golfplatz in der Nähe.
Aufenthaltsdauer 24 Stunden. Ganzjährig zugänglich.
Besuch des Burgenländischen Freilichtmuseums.
Besuch der Glashütte Beranek.
Besuch des Brotmuseums. Besuch des Kurmuseums.
Ambulante Kur in Bad Tatzmannsdorf.
Alkalische und eisensaure Kurmittel und Moorbad.
Ausflug nach Ungarn.
Parkgebühr: 10 € einschl. Dusche, WC, Ver- und Entsorgung.
Ebene Stellflächen für 12 Wohnmobile.
Informationen: Tel. 0043 - 33 53) 2 62 62
www.thermencamping.co.at

7312 Horitschon **Am Sportplatz** **  NS - 17

Wohnmobilplatz am Sportplatz in ruhiger und schöner Lage.

Auf der B 62 Richtung Sopron/Ungarn fahren. In Horitschon 250 m nach dem Ortseingangsschild rechts Richtung Sportplatz abbiegen. Nach 200 m links. Noch 200 m bis zum Platz links (**Hauptstraße 104**).
Koordinaten: 47° 35.22' Nord, 16° 32.41' Ost.
Koordinaten: 47° 35' 13" Nord, 16° 32' 25" Ost.

Schatten durch Bäume.
Müllbehälter vorhanden.
Tischtennisplatte vorhanden.
Wanderungen und Radtouren in der Umgebung.
Ganzjährig zugänglich.
Aufenthaltsdauer 24 Stunden.
Geschotterte, ebene und gerade Stellflächen für 10 Wohnmobile. Teilweise auf Wiese.
Keine Parkgebühr.

7321 Raiding **Lisztzentrum** ** NS - 18

Schöner **Parkplatz** am Lisztzentrum in sehr ruhiger und schöner Lage.

Von der B 62 Richtung Raiding fahren. In Raiding dem Schild Lisztzentrum zum Platz folgen.
Koordinaten: 47° 34.01' Nord, 16° 31.65' Ost.
Koordinaten: 47° 34' 01" Nord, 16° 31' 39" Ost.

Ganzjährig zugänglich.
Aufenthaltsdauer 24 Stunden.
Wanderungen in der Umgebung.
5 Gehminuten zur Ortsmitte.
Restaurant und Lebensmittelgeschäfte im Ort.
Asphaltierte, ebene und gerade Stellflächen für 10 Wohnmobile.
Keine Parkgebühr.
Geburtshaus von Franz Liszt am Platz.
(01.04. – 31.10. von 9.00 – 12.00 Uhr und 13.00 – 17.00 Uhr)
Besuch des Lisztzentrums mit Konzertsaal.
Informationen: Tel. 0043 (0)2619 51047, Mo.–Fr. 8.00–12.00 Uhr

Mit dem Dampfross hinauf zum Schneeberg
In den Wiener Hausbergen

Tour 10

Der Name Niederösterreich bedeutet nicht, dass in diesem Bundesland keine hohen Berge zu finden sind. Im Süden schwingen die Alpen in den Wiener Hausbergen aus, Schneeberg, Rax und Hohe Wand setzen den Schlussakkord der Alpenmelodie. Die Wiener fahren mit einer nostalgischen Dampf-Zahnradbahn auf den 2075 m hohen Schneeberg. Die Hohe Wand ist ein beliebtes Wandergebiet. Die Raxalpe (2009 m) wird durch Seilbahnen und Lifte im Winter zum Skigebiet. Dies sind die Wiener Hausberge.

Wir starten unsere Wochentour unten in der Ebene, in Wiener Neustadt. Der Großparkplatz im Osten der Stadt eignet sich auch für eine Übernachtung (**WH-1**). In ruhiger Lage übernachtet man am Landespflegeheim (**WH-2**). Wir besichtigen den Liebfrauendom, das Dominikanerinnenkloster, das Neukloster, die Kapuzinerkirche, die Innenstadt mit dem Hauptplatz und dem Rathaus, ergänzen unsere Vorräte und bleiben über Nacht.

Baden, unser nächstes Ziel, ist ein sehr bekanntes, internationales Kurbad. Schon die Römer haben in den Schwefel-Thermalquellen bei 36° C gebadet. In der Zeit der Monarchie kamen Kaiser, Könige, bekannte Staatsmänner und berühmte Künstler - wie Beethoven, Mozart, Schubert, Johann Strauß, Grillparzer und Stifter - nach Baden. Die Atmosphäre dieser Zeit ist noch heute zu spüren. Viele klassizistische Bauten und Denkmäler von Künstlern und Fürsten, die gotische Stadtpfarrkirche, die klassizistische Hofkirche und drei Schlösser bestimmen das Stadtbild. Mehrere Thermalbäder, ein großer Kurpark, eine Sommerarena für Kurkonzerte und das internationale Spielcasino dienen der Entspannung und der Spielleidenschaft. Wir finden einen günstigen Platz am Strandbad, der uns als Ausgangspunkt für Wanderungen durch das Helenental dient. Dieses Tal wurde durch ein kleines Wiener Lied weltbekannt. Das „kleine Wegerl im Helenental" finden wir oft, aber auch die Burgruinen Rauhenstein und Rauheneck.

Bad Vöslau wirkt auf uns wie ein kleines Baden: Thermalquellen, Thermalbäder, klassizistische Bauten, Schloss Vöslau, das Rathaus; alles erinnert an die bekannte Nachbarstadt.

Das bedeutendste Ausflugsgebiet der Wiener ist im Sommer das Wanderparadies Naturpark Hohe Wand. Nur 900 – 1000 Meter ist sie hoch und bewaldet, aber hohe Felsstürze geben ihr ein hochalpines Antlitz. In ihren südlichen Felswänden kann man schon früh im Jahr klettern. Das bewaldete Hochplateau ist Wandergebiet der Wiener und seit 1969 Naturschutzgebiet. Über Weikersdorf und Winzendorf erreichen wir Stollhof. Hier beginnt die Auffahrt über die gut ausgebaute Panoramastraße. Nur an einer Stelle müssen wir durch eine Engstelle und 15% Steigung überwinden. An der Mautstraße liegt der Klettergarten, ein Klettergebiet für Anfänger und Fortgeschrittene. Der Parkplatz in schöner Lage ist ruhig und lädt zur Übernachtung ein (WH-3). Oben an der Höhenstraße sind mehrere Parkplätze eingerichtet. Für die Übernachtung sind zwei Plätze bestens geeignet (WH-4 und WH-5). Wir übernachten auf dem großen, ebenen, zentral und schön gelegenen Platz am Alpin- und Heimatmuseum. Unsere Wanderung führt uns am Wildfreigehege mit Hirschen, Mufflons und Steinböcken, an einem Köhlereibetrieb und an einer Kalkbrennerei vorbei zum Aussichtsturm. Der Blick über die Berge der Buckligen Welt bis zu der Pußtaebene des Neusiedler Sees ist phantastisch, das Steinfeld, die Fischauer Vorberge, der Schneeberg liegen vor uns. Immer wieder haben wir auf unseren Wanderungen einen freien Blick auf die stolzen Steilwände der Hohen Wand. Viele markierte Wanderungen leiten die Wanderer zu schönen Aussichtspunkten, durch herrliche Wälder und zu urigen Hütten und Gaststätten. Im Winter sind hier oben auch Loipen gespurt und Skilifte im Betrieb.

Unten in Grünbach ist an der Großen Kanzel ein längerer Lift, der den Skifahrer in ein schönes Skigebiet bringt. Dieser Parkplatz kann ebenfalls für eine Übernachtung genutzt werden (WH-6).

Der Höhepunkt unserer Wochenreise ist Puchberg und die Fahrt mit der Dampfzahnradbahn auf den 2075 m hohen Schneeberg; ein ganz besonderes alpines und nostalgisches Erlebnis. Die Schneebergbahn, eröffnet 1897, ist eine der ältesten Zahnradbahnen Europas und wird noch mit Dampf betrieben. Auf der 9,7 km langen Strecke muss die Bahn 20 % Steigung überwinden. Auf halber Höhe wird bei schmackhaften Schneeberger Buchteln und hochprozentiger Stärkung Rast gemacht. Dann geht es bei 20 % Steigung weiter bergauf nach Hochschneeberg, der höchsten Bahnstation Österreichs in 1795 m Höhe. Wandertouren führen von hier aus zum Gipfel, ins Höllental, zum Klostertaler Gscheid oder zurück nach Puchberg. Von der Station Hochschneeberg laufen wir 1½ Stunden zum Kaiserstein und zum Klosterwappen, dem Gipfel. Im Berghaus Hochschneeberg serviert man in einer rustikalen Umgebung hausgemachte Köstlichkeiten.

Im Winter – wenn die Zahnradbahn nicht fährt – bietet Puchberg, der beliebteste Erholungsort der Wiener, Skisport in mehreren Höhenlagen. Eine Kunstschneeanlage präpariert die Pisten in schneearmen Monaten, Langlaufloipen sind gespurt, Pferdeschlittenfahrten und Eisschießen werden angeboten.

Auf dem Parkplatz an der Talstation der Schmalspurbahn kann man in einer ruhigen Umgebung übernachten (WH-7). Für mehrere Urlaubstage fährt man besser zum Stellplatz beim Forellenhof am Ende des Losenheimer Tales an (**WH-8**). Von hier aus startet man schöne Wanderungen in die Gebirgswelt der Wiener Hausberge oder im Winter mit dem Skilift zu den Pisten.

Im Nachbarort Gloggnitz sind die Christkönigkirche, die Marktkapelle St. Othmar und mehrere Museen einen Besuch wert. Überragt wird die Stadt vom Schloss mit der alten Pfarrkirche Maria Schnee, die im 18. Jahrhundert eine barocke Ausstattung erhielt und prächtige Kunstwerke hat.

Am Semmering, auf dem Parkplatz an der bekannten und schon in der Antike benutzten Paßhöhe in eintausend Metern Höhe, endet unsere Wochentour (WH-9). Semmering, ein bekannter Wintersportort und ein heilklimatischer Kurort, war im letzten Jahrhundert ein Treffpunkt des Hoch- und Geldadels. Heute ist Semmering ein beliebtes Erholungsziel der Wiener. Im Sommer sind die Gebiete am Sonnwendstein und am Hirschkogel reizvolle Wandergebiete. Die Semmeringbahn, 1854 als erste Gebirgsbahn Europas gebaut, führt von Gloggnitz über den Semmering-Pass nach Mürzzuschlag. Sie fügt sich gut in die Landschaft ein und war damals mit den vielen Tunneln und Viadukten eine technische Meisterleistung.

Unsere Reise durch die Wiener Hausberge war ein besonderes Erlebnis. Die Wanderungen im Naturschutzgebiet Hohe Wand und die Fahrt mit der dampfbetriebenen Zahnradbahn auf den Schneeberg waren die Höhepunkte dieser Wochentour.

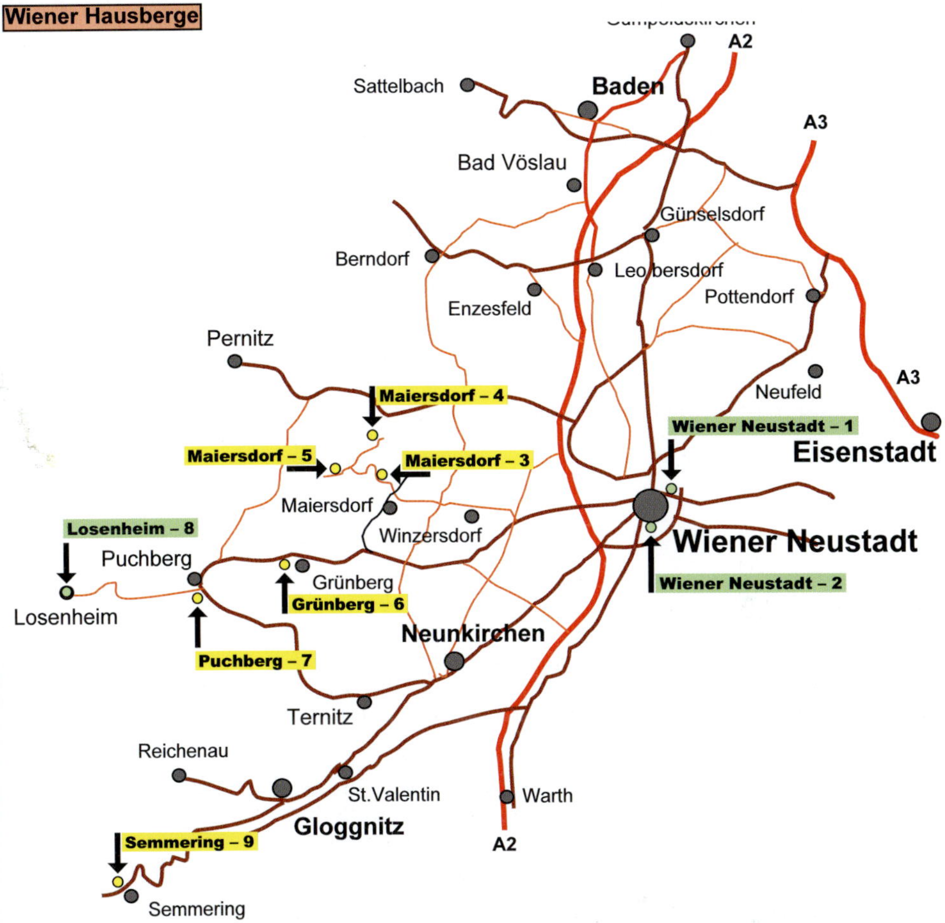

Wiener Hausberge

A2
Sattelbach
Baden
A3
Bad Vöslau
Günselsdorf
Berndorf
Leobersdorf
Pottendorf
Enzesfeld
Pernitz
A3
Neufeld
Maiersdorf – 4
Wiener Neustadt – 1
Eisenstadt
Maiersdorf – 5
Maiersdorf – 3
Maiersdorf
Winzersdorf
Wiener Neustadt
Losenheim – 8
Puchberg
Grünberg
Wiener Neustadt – 2
Grünberg – 6
Losenheim
Neunkirchen
Puchberg – 7
Ternitz
Reichenau
St.Valentin
Warth
Gloggnitz
Semmering – 9
A2
Semmering

Tour 10: **In den Wiener Hausbergen**

Nr.	Ort, Bezeichnung	Stell-plätze	Gast-haus	Häu-ser	WC	Bad See	Orts-nähe	Ent-sorg.	Park-dauer	Park-gebühr
		A					B		C	D
WH-1	**Wiener Neustadt, Stadion ***	**30**	-	+	-	-	**x**	-	**1**	**0**
WH-2	**Wiener Neustadt, Pflegeheim ****	**5**	-	+	-	-	**x**	-	**1**	**0**
WH-3	Maiersdorf, Klettergarten **	5	-	-	-	-	x	-	1	0
WH-4	Maiersdorf, Hanselsteig **	5	+	-	-	-	x	-	1	0
WH-5	Maiersdorf, Brommberg ****	30	+	-	-	-	x	-	1	2
WH-6	Grünberg, Lift **	5	+	+	-	-	x	-	1	0
WH-7	Puchberg, Zahnradbahn **	5	+	+	+	-	8	-	1	0
WH-8	**Losenheim, Forellenhof *****	**10**	+	+	-	-	**x**	-	**1**	**0**
WH-9	Semmering, Lift Hirschenkogel **	20	+	+	-	-	x	-	1	0

Legende

****	sehr ruhige und sehr schöne Lage.
***	sehr ruhige und schöne Lage.
**	ruhige und gute Lage.
*	keine ruhige Lage.
A	Stellplätze gestaffelt nach 3, 5, 10, 20, 30, 50 Wohnmobilen. Dabei wird angenommen, dass nur die Hälfte des Platzes zur Verfügung steht und die andere Hälfte durch PKW belegt ist.
B	Fußweg in Minuten, x über 15 min Fußweg.
C	Aufenthaltsdauer in Tagen.
D	Stellplatzgebühr in Euro pro Wohnmobil und 24 Stunden oder Parkgebühr.
P	Parkgebühr in der Saison.
T	Aufenthaltsdauer einige Tage.
U	Aufenthaltsdauer unbegrenzt.

Parkplatz (gelb) — Wohnmobil-Stellplatz (grün)

2700 Wiener Neustadt Stadion *

WH - 1

Asphaltierter **Großparkplatz** am Stadion.

Von der Ausfahrt Wiener Neustadt der Schnellstraße S4 Richtung Wiener Neustadt und nach 900 m links Richtung Messe fahren (53). Nach weiteren 600 m im Kreisel rechts dem Wegweiser Messe/Stadion folgen. Nach weiteren 1,5 km im Kreisel rechts abbiegen. Nach 100 m wird die Zufahrt zum Platz erreicht.
Koordinaten: 47° 49,32' Nord, 16° 15,42' Ost.
Koordinaten: 47° 49' 19" Nord, 16° 15' 25" Ost.

Häuser am Parkplatz. Gaststätte in der Nähe.
Müllbehälter am Parkplatz.
Bushaltestelle am Parkplatz.
Parkplatz durch PKW wenig benutzt.
Besichtigung von Wiener Neustadt: Liebfrauendom, Hauptplatz, Rathaus, Dominikanerinnenkloster, Neukloster, St.Georg, Kapuzinerkirche, Militärakademie, Akademiepark.
Besichtigung von Baden: Altösterreichische Bauten, Hofkirche, gotische Stadtpfarrkirche, Schloss Leesdorf, Schloss Weikersdorf.
Fahrt nach Wien.
Ausflug ins Helenental. Ausflug zur Hohen Wand.
Keine Parkgebühr.
Ebene, asphaltierte Stellflächen für 30 Wohnmobile.

2700 Wiener Neustadt Landespflegeheim **

WH - 2

Gepflasterter **Übernachtungsplatz** in ruhiger Lage

Bei Anfahrt aus dem Südosten von Mattersburg (**Neudörfler Straße**) 800 m nach dem Ortsanfang links Richtung Landespflegeheim abbiegen. Noch 200 m bis zu dem Besucherparkplatz links.
Koordinaten: 47° 48,32' Nord, 16° 15,70' Ost.
Koordinaten: 47° 48' 19" Nord, 16° 15' 42" Ost.

Häuser am Platz.
Ganzjährig zugänglich.
20 Minuten Fußweg zur Stadtmitte. Busverbindung zur Innenstadt.
Besichtigung von Wiener Neustadt: Historische Altstadt, St.Georg, Liebfrauendom, Hauptplatz, Rathaus, Dominikanerkloster, Neukloster, Kapuzinerkirche, Militärakademie, Akademiepark.
Besichtigung von Baden: Altösterreichische Bauten, Hofkirche, gotische Stadtpfarrkirche, Schloss Leesdorf, Schloss Weikersdorf.
Fahrt zum Neusiedler See.
Keine Parkgebühr.
Gepflasterte Stellmöglichkeiten für 5 Wohnmobile.

Maiersdorf Klettergarten **

WH - 3

Geschotterter **Parkplatz** unterhalb der Hohen Wand in ruhiger und schöner Lage.

Von der Ausfahrt Wiener Neustadt-West der Autobahn A2 Richtung Puchberg und nach 400 m links Richtung Puchberg/Hohe Wand fahren. Nach 4 km rechts Richtung Winzendorf/Hohe Wand abbiegen und dem Wegweiser Hohe Wand nach weiteren 5,2 km links folgen. Nach weiteren 3,6 km zweigt die Mautstraße rechts ab. An der Straße liegen mehrere Parkplätze. Nach 1 km auf der Mautstraße an der Rechtskurve links zum Parkplatz abbiegen.
Koordinaten: 47° 49,94' Nord, 16° 03,34' Ost.
Koordinaten: 47° 49' 56" Nord, 16° 03' 20" Ost.

Wandern unterhalb der Hohen Wand.
Blick ins Tal.
Klettergarten am Parkplatz.
Fahrt auf der Mautstraße in den Nationalpark Hohe Wand.
Fahrt von Puchberg mit der Zahnradbahn zum Schneeberg.
Fahrt zum Neusiedler See.
Keine Parkgebühr.
Ebene und schräge Stellflächen für 5 Wohnmobile.

Maiersdorf Hohe Wand Hanselsteig ** WH - 4

Wiesenparkplatz an der Wandeck Burgstraße in sehr ruhiger und schöner Lage.

Von der Mautstraße Richtung Hohe Wand fahren. An der Straße liegen mehrere Parkplätze. Oben auf der Mautstraße rechts zum Wandeck fahren. Nach 1,3 km wird der Parkplatz links erreicht.

Gaststätte in der Nähe.
Spielplatz am Parkplatz.
15 % Steigung auf der Auffahrt.
Wandern im Nationalpark Hohe Wand.
Fahrt von Puchberg mit der Zahnradbahn zum Schneeberg.
Fahrt nach Wien.
Fahrt zum Neusiedler See.
Keine Parkgebühr.
Ebene und leicht schräge Stellflächen
für 5 Wohnmobile.
Ausweichparkplatz 500 m weiter.

Maiersdorf Hohe Wand Bromberg **** WH - 5

Durch Baumstreifen eingeteilter, geschotterter **Großparkplatz** in 1000 m Höhe.

Von der Ausfahrt Wiener Neustadt-West der Autobahn A2 Richtung Puchberg und nach 400 m links Richtung Puchberg/Hohe Wand fahren. Nach 4 km rechts Richtung Winzendorf/Hohe Wand abbiegen und dem Wegweiser Hohe Wand nach weiteren 5,2 km links folgen. Nach weiteren 3,6 km zweigt die Mautstraße rechts ab. Zum Parkplatz Brommberg oben links fahren. Nach 7,4 km Mautstraße wird der größte und am schönsten gelegene Parkplatz links erreicht. Zum Parkplatz Kleine Kanzel noch 400 m weiter fahren.
Koordinaten: 47° 50,12' Nord, 16° 00,96' Ost.
Koordinaten: 47° 50' 07" Nord, 16° 00' 58" Ost.

Gaststätte in der Nähe. Müllbehälter am Parkplatz.
15 % Steigung auf der Auffahrt. Mautstraße am Wochenende.
Alpin- und Heimatmuseums am Parkplatz.
Wildgehege und Aussichtsturm in der Nähe.
Wandern am Brommberg und im Nationalpark Hohe Wand.
Skigebiet und Loipen in der Nähe. Rodelbahn in der Nähe.
Drachenfluggelände in der Nähe.
Fahrt von Puchberg mit der Zahnradbahn zum Schneeberg.
Fahrt nach Wien.
Parkgebühr: 2 € für 24 Stunden.
Ebene Stellflächen für 30 Wohnmobile.
Ausweichparkplatz Kleine Kanzel 400 m geradeaus.

Grünbach am Schneeberg Lift ** WH - 6

Asphaltierter **Parkplatz** am Lift in sehr ruhiger Lage.

Von Wiener Neustadt Richtung Puchberg fahren (B26) und 100 m nach dem Ortsanfang Grünbach rechts Richtung Bahnhof abbiegen. Nach 400 m halblinks fahren. Noch 200 m bis zum Parkplatz links.

Gaststätte am Parkplatz (Wintersaison).
Häuser am Parkplatz.
Lift am Parkplatz.
Wintersport.
Wandern an der großen Kanzel
und im Nationalpark Hohe Wand.
Fahrt von Puchberg mit der Zahnradbahn zum Schneeberg.
Fahrt zum Nationalpark Hohe Wand.
Fahrt nach Wien.
Fahrt zum Neusiedler See.
Keine Parkgebühr.
Etwas schräge Stellflächen für 5 Wohnmobile.

Puchberg am Schneeberg **Zahnradbahn** ** **WH - 7**

Asphaltierter **Parkplatz** für Busse und Pkw im Ort in ruhiger Lage.

Von Wiener Neustadt Richtung Puchberg fahren (B26) und 1,6 km nach dem Ortsanfang Puchberg rechts dem Parkplatz-Schild folgen. Noch 100 m bis zum Parkplatz rechts. Bei Anfahrt aus dem Süden (B26) 3 km nach dem Ortsanfang gleich nach dem Überqueren der Bahnlinie links abbiegen.
Kordinaten: 47° 47,42' Nord, 15° 54,67' Ost.
Kordinaten: 47° 47' 25" Nord, 15° 54' 39" Ost.

Gaststätten in der Nähe. Häuser am Parkplatz.
WC am Bahnhof. Geschäfte und Supermärkte in der Nähe.
Fahrt mit der Zahnradbahn zum Schneeberg (1800 m),
Fahrzeit 1 Stunde und 20 Minuten.
Bergwanderungen am Schneeberg. Skigebiet am Schneeberg.
Fahrt zum Naturschutzgebiet Hohe Wand.
Fahrt nach Wien. Fahrt zum Neusiedler See.
Keine Parkgebühr.
Ebene, asphaltierte Stellmöglichkeiten für 5 Wohnmobile.

Puchberg-Losenheim **Forellenhof** *** **WH - 8**

Asphaltierte und befestigte **Übernachtungsplätze** in sehr ruhiger und schöner Lage.

Von Wiener Neustadt Richtung Puchberg fahren (B26) und in Puchberg rechts Richtung Losenheim abbiegen. Nach 400 m rechts Richtung Losenheim fahren. Noch 5,5 km bis zum 1. Platz links (**Losenheimer Straße 132**). Nach 100 m wird der Platz am Lift erreicht.
Koordinaten: 47° 47,43' Nord, 15° 50,60' Ost.
Koordinaten: 47° 47' 26" Nord, 15° 50' 36" Ost.

Gaststätte und Häuser am Parkplatz.
Kindererlebnis-Spielplatz am unteren Parkplatz.
Schlepplift am oberen Platz.
Losenheimer Bogenpfad für Bogenschützen am Platz.
Ganzjährig zugänglich.
Wanderungen und Radtouren im Losenheimer Tal.
Fahrt mit der Zahnradbahn zum Schneeberg (1800 m),
Fahrzeit 1 Stunde und 20 Minuten.
Bergwanderungen am Schneeberg.
Skigebiet am Schneeberg. Loipen im Ort.
Fahrt zum Naturschutzgebiet Hohe Wand.
Fahrt nach Wien. Fahrt zum Neusiedler See.
Keine Parkgebühr für Gäste des Forellenhofes.
Ebene und leicht schräge, asphaltierte und befestigte
Stellflächen für 10 Wohnmobile.
Informationen: Forellenhof Tel. (0 26 36) 36 11
Internet: www.forellenhof-puchberg.at

2680 Semmering Berglift Hirschenkogel ** WH - 9

Mehrere asphaltierte **Parkplätze** an den Bergliften. P3 in ruhiger Lage.

Von Neunkirchen Richtung Bruck fahren (B306) und 1,3 km nach dem Ortsanfang Semmering links zum Parkplatz 3 abbiegen.
Koordinaten: 47° 37,88' Nord, 15° 49,73' Ost.
Koordinaten: 47° 37' 53" Nord, 15° 49' 44" Ost.

Gaststätten am Parkplatz.
Kiosk und Häuser am Parkplatz.
Geschäfte in der Nähe.
Müllcontainer am Parkplatz.
Berglifte zum Hirschenkogel (1325 m).
Skischule und Skiverleih am Parkplatz.
Minigolf am Parkplatz.
Wandern am Hirschenkogel und am Sonnwendstein.
Parkplätze am Wintersportgebiet Spital direkt an der Straße, nicht zum Übernachten geeignet.
Keine Parkgebühr.
Ebene und leicht schräge Stellflächen für 20 Wohnmobile.

Stellplatz auf der Hohen Wand

Auf der Panoramastraße Österreichs
Die Kitzbüheler Alpen und der Großglockner

Tour 11

Westlich von Bad Reichenhall führt eine gute Bundesstraße ohne große Steigungen nach Österreich. Wir folgen dieser Straße über den sehr niedrigen Kniepass (558 m) und erreichen Unken und Hochfilzen.

Der Stellplatz in Unken eignet sich gut für Kanu- und Paddeltouren (**KG-1**). Der Einstieg in die Saalach für Padeltouren mit dem eignen oder geliehenen Boot ist in unmittelbarer Nähe. Auch Wanderungen und Mountainbiketouren sind von diesem Platz aus möglich. Der Aufenthalt ist nicht begrenzt, aber im Winter ist der Platz geschlossen.

Am Kulturhaus in Hochfilzen wurde ein schöner Stellplatz für Wohnmobil und Caravan eingerichtet (**KG-2**). Leider wird die Nachtruhe durch den Schienenverkehr auf der nahen Bahnlinie beeinträchtigt.

Am nächsten Morgen gehen wir durch das Lambrechtsofenloch, eine Klamm bei Weißenbach. In einem riesigen Talkessel liegt Saalfelden, im Norden von den Salzburger Kalkalpen, im Westen und Süden von den Kitzbühler Alpen eingerahmt. Wir parken auf einem Platz mitten im Ort, ergänzen unsere Vorräte, bummeln durch die Geschäftsstraßen und durch die Altstadt, besichtigen die neuromanische Dekanatskirche und besuchen das Pinzgauer Heimatmuseum im Schloss Ritzen.

Im Tal der Leoganger Ache wurde bis ins 19. Jahrhundert Silber abgebaut. Zwei Besucherbergwerke erinnern an diese Zeit. Die Asitzbahn in Leogang bringt den Touristen in ein Wander- und Skigebiet mit Anschluss an die riesige Skischaukel Saalfelden-Hinterglemm auf der anderen Seite des Kohlmaiskopfs. Der Parkplatz an der Bergbahn liegt etwas abseits der Straße. Wir beschließen, hier unseren Schlafplatz einzurichten (KG-3).

Im Saalbachtal sind die ehemaligen Dörfer Saalbach und Hinterglemm zu Skizentren mit Massentourismus ausgewachsen. In beiden Orten dürfen Wohnmobilisten nicht übernachten. In Saalbach sind außerdem die Parkplätze begrenzt, im Winter überfüllt. An einem Bauernhof in Maria Alm findet man einen guten Stellplatz für mehrere Tage (**KG-4**).

In Kaprun weisen uns Wohnmobil-Verbotsschilder auf vielen Parkplätzen ab. Aber auf dem kleinen Parkplatz in ruhiger und schöner Lage am Informationszentrum (KG-5); auf dem großen asphaltierten Parkplatz in der Nähe der Maiskogelbahn (KG-6), die ein beliebtes Ski- und Wandergebiet erschließt; und am Ende der Straße am Kesselfall-Alpenhaus (KG-7) sind keine Verbotsschilder aufgestellt.

Wir übernachten am letzten Parkplatz neben der Kapruner Ache in einer idyllischen Umgebung. Am nächsten Morgen sind wir die ersten am Bus, der an unserem Parkplatz hält und die Touristen zu den Kapruner Stauseen bringt. Dies sind der Stausee Wasserfallboden in 1672 Metern Höhe und der Stausee Mooserboden in 2040 Metern Höhe. Vorher müssen wir aber noch in den Schrägaufzug Lärchenwand, der 431 Meter Höhenunterschied überwindet, umsteigen.

An der Bergstation erwartet uns ein Bus. Die Fahrt führt vorbei an der Limbergsperre, am Pumpspeicherwerk Kaprun-Oberstufe und am Stausee Wasserfallboden zum Stausee Mooserboden.

Großglockner

Wir wandern über die Mooser- und Drosselsperre über Almen zum Heinrich-Schwaiger Haus in 2800 Metern Höhe. Der Blick auf die Gletscher der Dreitausender und die blau schimmernden Stauseen ist einmalig schön.

Mehr als neun Millionen Besucher jährlich erleben die Faszination der Kapruner Bergwelt. Dies sind mehr Menschen, als Österreich Einwohner hat. Kaprun, das ist ein Wahrzeichen Österreichs. Auf dem Weg zurück ins Kapruner Tal lassen wir uns das Kraftwerk Kaprun am Informationszentrum erläutern, wandern um den Klammsee und durch die romantische Sigmund-Thun-Klamm.

Am nächsten Tag ist das Wetter durchwachsen, die Sicht schlecht. Wir verschieben unsere Fahrt auf der Großglockner Straße und fahren zunächst nach Westen ins Pinzgau.

In Mittersill zweigt die Felberntauernstraße mit dem Felberntauerntunnel ab. Wer über die schnelle Straße abends nach Kärnten möchte, kann auf dem großen asphaltierten Tunneleingang übernachten und die Reise am frühen Morgen fortsetzen. Wir besuchen Mittersill, im Mittelalter wichtigster Ort des Pinzgaus. Sehenswert sind die barocke Leonhardskirche, die Nikolauskirche mit einem barocken Hochaltar, der Felberturm mit dem Heimatmuseum und die Häuser der Altstadt.

In Neukirchen am Großvenediger finden wir einen wunderschönen Übernachtungsplatz am Gasthof Friedburg (**KG-8**). Die Wildkogelbahn bringt uns schnell ins Wandergebiet in 2000 Metern Höhe. Dort grüßen uns majestätisch die Eisriesen Großvenediger (3774 m) und Großglockner (3797 m). Im Winter ist dieser Platz Skifans zu empfehlen. Das Langlaufzentrum liegt am Parkplatz, die Wildkogelbahn führt schnell ins Gebiet der alpinen Skiläufer.

Eine Attraktion sind die Krimmler Wasserfälle am Talende des Pinzgaus. Der Aufstieg ist zwar steil, 380 Meter Höhenunterschied sind auf dem Fußmarsch zu überwinden, aber die Einblicke auf die vielen Fälle entlang des Weges sind abwechslungsreich und bleiben unvergesslich. Am Hotel Krimmler Wasserfälle sind Stellplätze für 20 Fahrzeuge eingerichtet worden (**KG-9**).

Auf den großen Parkplätzen im Tal kann man eine Nacht bleiben (KG-10). Wir fahren noch etwas weiter und übernachten in Königsleiten an den Bergliften (KG-11). Dieser Platz ist im Winter den Skifahrern zu empfehlen.

Über den Gerlos-Pass erreicht man den Speicher Durlaßboden. Auch der dortige Parkplatz würde sich für eine Übernachtung eignen. Aber wir sind ja in Tirol, wo die unverständlichen Verbote für Wohnmobile gelten. Das Benutzen von Camping-Einrichtungen, Kochen und Übernachten im Wohnmobil außerhalb von Campingplätzen ist verboten und kann mit hohen Geldstrafen geahndet werden. Wir wären gerne nach Kitzbühel gefahren, aber auch Kitzbühel liegt in Tirol.

Wir kehren also um und meiden Tirol. Bei schönem Wetter heißt unser nächstes Ziel Großglockner, Österreichs höchster Berg. Ein 3797 Meter hoher Riese, der von ewigem Eis bedeckt ist. In Bruck südlich von Zell biegen wir zur Großglockner-Hochalpenstraße (Nationalpark) nach Süden ab. Die Straße zu den Gletschern des Großglockners wurde 1935 eröffnet. Sie ist 58 km lang, hat 35 Kehren und 12% Steigung. Etwa 1,2 Millionen Besucher befahren jährlich diese Panoramastraße. Das Gebiet ist ein Teil des Nationalparks Hohe Tauern. Es ist deshalb verständlich, dass die Übernachtung im Wohnmobil nicht erlaubt ist.

Der erste Teil der Strecke verläuft durchs Fuschertal bis Fusch, einem Ort für Bergtouren. In der Nähe liegt das verfallene und aufgegebene Heilbad Fusch. Nach Fusch muss man die Gänge nach unten schalten, die Bergstrecke beginnt. In Ferleiten an der Mautstelle besuchen wir den Wildpark. Wir sehen Bären, Wölfe, Luchse und die einheimischen Wildtiere. Am Nachmittag erleben wir eine Greifvogelschau.

Großglockner Am Parkplatz Pittkar beginnt ein Panoramaweg, d. h. ein Naturlehrpfad, der in einer halben Stunde abzugehen ist. Tafeln informieren über die Tier- und Pflanzenwelt dieser Region, und der Blick schweift hinüber zu den Dreitausendern. Zwei Kilometer weiter, am Parkplatz Hochmais, verschaffen wir uns in der naturkundlichen Informationsstelle einen Überblick über das Panorama, die Landschaft und die Gletscher. Wir haben einen eindrucksvollen Ausblick auf gegenüber sichtbare Ostabstürze des Wiesbachhorns (3564 m), eine gewaltige Bergflanke von 2400 Metern Höhenunterschied.

Von Fuscher Törl, einem großen Parkplatz mit Gaststätte und Souvenirläden, zweigt die 2 km lange Edelweißstraße zum höchsten Punkt der Großglocknerstraße ab (2571 m). Leider dürfen wir die Straße nicht benutzen, sie ist für Fahrzeuge über 2,5 t gesperrt. Die Parkplätze am Fuscher Törl sind aber ebenfalls hervorragende Foto-Standorte. Vom Parkplatz Elendboden gehen wir den geologischen Lehrweg entlang. Schautafeln zeigen uns die geologischen Zusammenhänge im Nationalpark. Am Fuße des Brennkogels sind die Bergstürze und Gesteinsschichten besonders gut zu erkennen.

Am Parkplatz Hochtor erreichen wir die Landesgrenze zwischen Salzburg und Kärnten. Hier wurden Reste des Saumpfades aus dem Mittelalter und eine Herkules-Statue aus römischer Zeit gefunden. Der Weg über das Hochtor, höchster Pass des Saumpfades, heißt heute noch Römerweg. Dann beginnt die 9 km lange Gletscherstraße zur Franz-Josefs-Höhe. Wir stehen fast am Ende der Welt, vor uns ein herrliches Panorama: Gegenüber der Großglockner und unter uns die Pasterze, ein Gletscher von 10 km Länge. Eine Standseilbahn bringt uns hinunter bis an den Rand des Eisstromes. Dort begehen wir ewiges Eis.

Aber noch stehen wir nicht am Ende der Welt. Der Gamsgrubenweg führt von der Franz-Josefs-Höhe noch einige Kilometer oberhalb des Gletschers entlang bis zum Wasserfallwinkel auf 2570 Metern Seehöhe. Übersichtliche Informationstafeln geben uns Einblicke in die Welt der Gletscher, ihre Veränderungen im Laufe der Zeit, ihre Wirkung auf die Landschaft und die Tier- und Pflanzenwelt.

Am Wasserfallwinkel ist der Weg und unsere Reise endgültig beendet. Die Großglocknerstraße führte durch die einmalige hochalpine Landschaft des Nationalparks Hohe Tauern. Es war eine eindrucksvolle Reise in 2400 Metern Höhe, mit beispiellosen Ausblicken auf die Welt der Dreitausender. Wir sahen die Alpen wie sie geschaffen wurden. Herz und Seele öffneten sich, das große Staunen erfasste uns in der unberührten, grandiosen Natur. Für uns wurde die hochalpine Straße zur Straße der Besinnung.

Im Hochgebirge

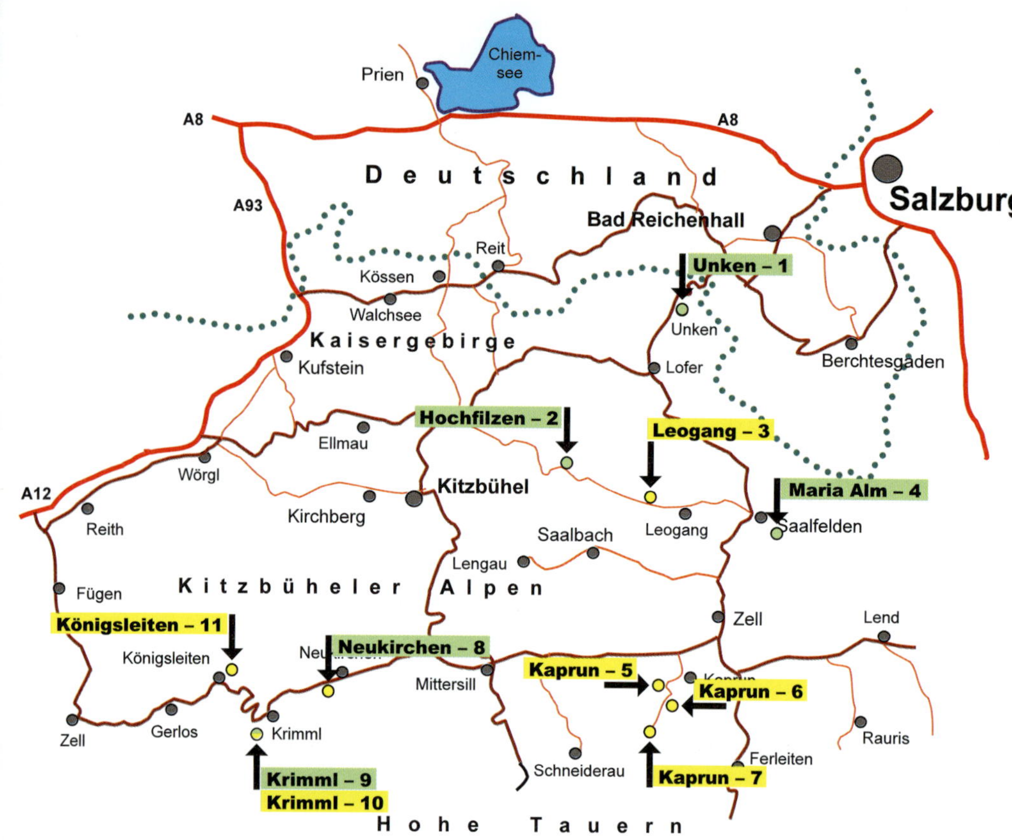
Chiem-
see
Prien
A8
A8
Deutschland
Salzburg
A93
Bad Reichenhall
Reit
Kössen
Walchsee
Unken – 1
Unken
Kaisergebirge
Kufstein
Lofer
Berchtesgaden
Hochfilzen – 2
Leogang – 3
Ellmau
Wörgl
A12
Kitzbühel
Maria Alm – 4
Reith
Kirchberg
Saalbach
Leogang
Saalfelden
Lengau
Fügen
Kitzbüheler Alpen
Königsleiten – 11
Zell
Lend
Königsleiten
Neukirchen – 8
Mittersill
Kaprun – 5
Kaprun – 6
Zell
Gerlos
Krimml
Rauris
Ferleiten
Schneiderau
Kaprun – 7
Krimml – 9
Krimml – 10
Hohe Tauern

Großglockner

Tour 11: **Die Kitzbüheler Alpen und der Großglockner**

Nr.	Ort, Bezeichnung	Stell-plätze	Gast-haus	Häu-ser	WC	Bad See	Orts-nähe	Ent-sorg.	Park-dauer	Park-gebühr
		A					B		C	D
KG-1	**Unken, Wohnmobilplätze *** **	**10**	+	-	+	-	**x**	+	**U**	**5**
KG-2	**Hochfilzen, Am Kulturhaus ** **	**5**	-	-	+	-	**x**	+	**3**	**P**
KG-3	Leogang, Asitzbahn **	10	+	+	+	-	x	-	1	0
KG-4	**Maria Alm, Stegerbauer *** **	**5**	-	+	-	-	**x**	+	**U**	**14**
KG-5	Kaprun, Informationszentrum **	10	-	-	+	-	x	-	1	0
KG-6	Kaprun, Maiskogelbahn **	10	-	-	+	-	x	-	1	0
KG-7	Kaprun, Kesselfall Alpenhaus **	10	-	-	+	-	x	-	1	0
KG-8	**Neukirchen, Friedburg **** **	**10**	+	-	+	-	**x**	+	**U**	**0**
KG-9	**Krimml, Krimmlerfälle ** **	**20**	+	+	-	-	**x**	-	**1**	**12**
KG-10	Krimml, Krimmler Wasserfälle **	30	+	+	+	-	x	-	1	P
KG-11	Königsleiten, Berglifte ***	10	+	+	-	-	x	-	1	0

Legende

****	sehr ruhige und sehr schöne Lage.
***	sehr ruhige und schöne Lage.
**	ruhige und gute Lage.
*	keine ruhige Lage.
A	Stellplätze gestaffelt nach 3, 5, 10, 20, 30, 50 Wohnmobilen. Dabei wird angenommen, dass nur die Hälfte des Platzes zur Verfügung steht und die andere Hälfte durch PKW belegt ist.
B	Fußweg in Minuten, x über 15 min Fußweg.
C	Aufenthaltsdauer in Tagen.
D	Stellplatzgebühr in Euro pro Wohnmobil und 24 Stunden oder Parkgebühr.
P	Parkgebühr in der Saison.
T	Aufenthaltsdauer einige Tage.
U	Aufenthaltsdauer unbegrenzt.

Parkplatz (gelb) Wohnmobil-Stellplatz (grün)

Die Krimml-Wasserfälle

5091 Unken Wohnmobilstellplatz ***   KG - 1

Privater naturbelassener **Wohnmobil- und Caravanplatz** in sehr ruhiger und schöner Lage.

Von Bad Reichenhall über den Steinpass (Staatsgrenze) fahren nach 300 m Richtung Unken abbiegen und dem Hinweisschild folgen. Nach 50 m links zu den Stellplätzen fahren.

Ver- und Entsorgung am Platz.
Stromversorgung vorhanden. Gebühr 0,50 € pro kWh.
Dusche und WC. Grillplatz vorhanden.
Waschmaschine Gebühr 3,50 €
01.06.-15.09. zugänglich.
Aufenthalt nicht begrenzt.
Kanu- und Paddelbootfahrten auf der Saalach. Einstiegstelle 150 m.
Wanderungen und Mountainbike-Touren.
Ausflug nach Salzburg.
Fahrt nach Berchtesgaden und Bad Reichenhall.
Ebene Stellflächen für 10 Wohnmobile oder Caravan auf Rasenfläche. Keine Boxeneinteilung.
Stellplatzgebühr: 5 € für 24 Stunden.
Hundegebühr: 1,70 € für 24 Stunden.
Informationen: Sabine Möschl Tel. 0043 (0)664 5240776.
www.stellplatz-unken-steinpass.at.

6395 Hochfilzen Am Kulturhaus **   KG - 2

Wohnmobil- und Caravanplatz am Kulturhaus in ruhiger und schöner Lage.

Auf der B164 nach Hochfilzen. Dem Symbol folgen. Noch 300 m bis zum Platz hinter dem Kulturhaus.
Koordinaten: 47° 28.23' Nord, 12° 31.28' Ost.
Koordinaten: 47° 28' 14" Nord, 12° 31' 17" Ost.

Geräusche durch Eisenbahn.
Ver- und Entsorgung und Stromversorgung am Platz.
Nur im Sommer zugänglich.
Aufenthaltsdauer 3 Nächte.
Im Winter Stellplatz am Liftparkplatz (Ortsteil Warming) ohne Entsorgung.
Sanitäranlage (Dusche und WC) im Kulturgebäude für Gäste.
Geschotterte, ebene Stellflächen für 5 Wohnmobile oder Caravan.
Parkgebühr.
Informationen: Tel. 0043 (0)5339 363 TVB Pillerseetal (werktags)

Leogang Asitzbahn ** KG - 3

Parkplätze an der Asitzbahn in ruhiger und schöner Lage.

Von der Kreuzung der B311/164 bis Saalfelden Richtung Leogang fahren und nach 10,3 km – 2,6 km nach dem Ortsende Leogang – rechts hinter dem Salzburger Hof abbiegen. Zum hinteren, ruhigen Parkplatz über eine Brücke fahren.
Koordinaten: 47° 26,45' Nord, 12° 43,13' Ost.
Koordinaten: 47° 26' 27" Nord, 12° 43' 08" Ost.

Gaststätte und Häuser am Parkplatz.
Frischwasserversorgung und Abwasserentsorgung am Platz.
WC am Parkplatz.
Skischule am Parkplatz.
Skigebiet und Loipen.
Fahrt mit der Asitzbahn: Bergwandern.
Besuch des Bergbaumuseums und des Besucherbergwerks.
Parkgebühr: 5 € für 24 Stunden und Kurtaxe.
Ebene und leicht schräge Stellflächen für 30 Wohnmobile.

5761 Maria Alm Stegerbauer ***   KG - 4

Schöner **Wohnmobil- und Caravanplatz** am Bauernhof in ruhiger und sehr schöner Lage.

Auf der B164 Richtung Hinterthal fahren. 800 m hinter Maria Alm von der B 164 rechts Richtung Stegen abbiegen und dem Wohnmobilschild zum Platz folgen (Stegen 16).
Koordinaten: 47° 23.91' Nord, 12° 54,15' Ost.
Koordinaten: 47° 23' 55" Nord, 12° 54' 09" Ost.

Herrliches Panorama.
Ver- und Entsorgung am Platz.
Stromversorgung. Gebühr 1,50 € – 2,50 €.
Ganzjährig zugänglich. Aufenthaltsdauer nicht begrenzt.
Einkaufsmöglichkeiten in 1 km.
Skilifte und Langlaufloipen in 1 km Entfernung.
Hallenbad in 1 km Entfernung.
Wanderungen und Skitouren.
Mountainbiketouren in der Umgebung.
Geschotterte, ebene und leicht schräge Wiesenstellflächen.
für 5 Wohnmobile oder Caravan.
Parkgebühr: 10,50 € – 12,50 €. 1 € pro Person Kurtaxe.
Informationen: www.sbg.at/stegerbauer

Schloss in Rastenfeld

5710 Kaprun Informationszentrum ** KG - 5

Parkplätze am Informationszentrum in sehr ruhiger und schöner Lage.

Von der B168 (Mitterzell-Zell am See) 3 km östlich von Zell Richtung Kaprun abbiegen. Nach 4 km wird die Zufahrt zum Parkplatz P1 am Informationszentrum erreicht.
Koordinaten: 47° 15,55' Nord, 12° 44,34' Ost.
Koordinaten: 47° 15' 33" Nord, 12° 44' 20" Ost.

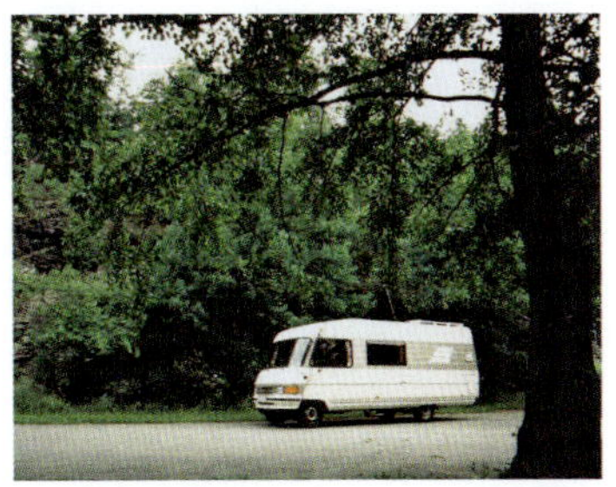

WC am Parkplatz.
Technischer Lehrpfad am Informationszentrum.
Wanderungen am Wasserfallboden und Mooserboden.
Wanderung durch die Sigmund-Thun-Klamm am Infozentrum.
Fahrt mit der Maiskogelbahn. Wander- und Skigebiet.
Fahrt mit den Gletscherbahnen zum Kitzsteinhorn auf 3263 m (Sommerskigebiet in 3027 m Höhe).
Fahrt mit dem Bus zu den Stauseen.
Fahrt über die Großglocknerstraße.
Keine Parkgebühr.
Ebene Stellflächen für 3 Wohnmobile.
Die meisten Parkplätze in Zell und Kaprun sind für Wohnmobile gesperrt.

5710 Kaprun Maiskogelbahn ** KG - 6

Asphaltierter **Parkplatz** an der Maiskogelbahn in ruhiger Lage.

Von der B168 (Mitterzell-Zell am See) 3 km östlich von Zell Richtung Kaprun abbiegen. Nach 4 km wird die Zufahrt zum Parkplatz P1 am Informationszentrum und nach 4,5 km links der Parkplatz P2 an der Maiskogelbahn erreicht.

Kiosk in der Nähe.
WC im Gebäude der Maiskogelbahn.
Die meisten Parkplätze in Kaprun sind für Wohnmobile gesperrt.
Technischer Lehrpfad am Informationszentrum.
Wanderungen am Wasserfallboden und Mooserboden.
Wanderung durch die Sigmund-Thun-Klamm am Infozentrum.
Fahrt mit der Maiskogelbahn.
Wander- und Skigebiet.
Fahrt mit den Gletscherbahnen zum Kitzsteinhorn auf 3263 m
(Sommerskigebiet in 3027 m Höhe).
Fahrt mit dem Bus zu den Stauseen.
Fahrt über die Großglocknerstraße.
Keine Parkgebühr.
Ebene und schräge Stellflächen für 10 Wohnmobile.

5710 Kaprun Kesselfall Alpenhaus ** KG - 7

Asphaltierter **Parkplatz** am Ende der Kapruner Straße in sehr ruhiger und schöner Lage.

Von der B168 (Mitterzell-Zell am See) 3 km östlich von Zell Richtung Kaprun abbiegen. Nach 4 km wird die Zufahrt zum Parkplatz am Informationszentrum erreicht. Nach 4,5 km wird links der Parkplatz P2 an der Maiskogelbahn erreicht. Nach weiteren 6 km zum Parkplatz am Kesselfall Alpenhaus abbiegen.
Koordinaten: 47° 12,95' Nord, 12° 43,46' Ost.
Koordinaten: 47° 12' 57" Nord, 12° 43' 28" Ost.

Kiosk und WC am Parkplatz.
Technischer Lehrpfad am Informationszentrum.
Wanderungen am Wasserfallboden und Mooserboden.
Wanderung durch die Sigmund-Thun-Klamm am Infozentrum.
Fahrt mit der Maiskogelbahn.
Wander- und Skigebiet.
Fahrt mit den Gletscherbahnen zum Kitzsteinhorn auf 3263 m
(Sommerskigebiet in 3027 m Höhe).
Fahrt mit dem Bus zu den Stauseen.
Fahrt über die Großglocknerstraße.
Keine Parkgebühr. Leicht schräge Stellflächen für 10 Wohnmobile.

5741 Neukirchen am Großvenediger Friedburg **** KG - 8

Wohnmobil- und Caravanplatz am Gasthof in sehr ruhiger und sehr schöner Lage.

Von Krimml kommend die Wasserfallstraße 5 km weiter fahren. Rechts dem Symbol folgend zum Gasthof Friedburg aufwärts fahren. Nach 1 km wird der Gasthof am Ende der Straße erreicht (**Scheffau 96**).
Koordinaten: 47° 14.32' Nord, 12° 14.49' Ost.
Koordinaten: 47° 14' 19" Nord, 12° 14' 29" Ost.

Panoramablick. Brötchen- und Frühstück-Service.
Ver- und Entsorgung am Platz. Bodeneinlass.
Stromversorgung am Platz. Sanitäranlage im Gasthof.
Ganzjährig zugänglich. Aufenthaltsdauer nicht begrenzt.
Kleiner Kinderspielplatz am Platz.
Wanderwege am Platz. Mountainbiketouren in der Umgebung.
Geschotterte, ebene und gerade Stellflächen,
teilweise Wiese für 10 Wohnmobile oder Caravan.
Parkgebühr: Kostenlos bei Verzehr. Sonst 6,50 € pro Nacht.
Alternativ: Mautfreie Anreise über Kufstein Süd, Kitzbühel.
Informationen: Tel. 0043 (0)6565 64860
www.panoramastellplatz.at

5743 Krimml Hotel Krimmlerfälle **  KG - 9

Übernachtungsplatz für Gäste des Hotels Krimmlerfälle in ruhiger und schöner Lage.

Von der Teilung der Zufahrtsstraße rechts Richtung Krimml/Mautgebühr fahren (links nur bis 2,5 t und 3,2 m Höhe). Links zum Hotel Krimmlerfälle abbiegen (**Wasserfallstraße 42**).
Koordinaten: 47° 13,10' Nord, 12° 10,48' Ost.
Koordinaten: 47° 13' 06" Nord, 12° 10' 29" Ost.

Gaststätte am Parkplatz. Häuser in der Nähe.
Ver- und Entsorgung am Platz. Stromversorgung möglich.
Shuttle-Bus zu den Wasserfällen. Ganzjährig zugänglich.
Schwimmbad und Wellness im Hotel.
Wandern im Nationalpark Hohe Tauern.
Lokale, Kiosk, Souvenirläden, WC am Weg zu den Wasserfällen.
Skigebiet Hochkrimml (Gerlospass 1628 m).
Besuch der Krimmler Wasserfälle.
Fahrt zum Gerlospass (Mautstraße).
Parkgebühr: 10 € pro Mobil und 2 Pers. Weitere Person 6 €, Kind 4 € Mautstraße 7,50 € pro Mobil.
Ebene und etwas schräge, befestigte Stellflächen für 20 Mobile.
Informationen: Schöppl Tel. (065 64) 72 03
Internet: www.tiscover.at/krimmlerfaelle

5743 Krimml Krimmler Wasserfälle ** KG - 10

Geschotterter **Parkplatz** für Gäste der Krimmler Wasserfälle in ruhiger und schöner Lage.

Von der Teilung der Zufahrtsstraße links Richtung Krimml/Mautgebühr fahren. Rechts nur bis 2,5 t und 3,2 m Höhe. Noch 5,8 km bis zum P4 links, 6,2 km bis P3 rechts.

Gaststätte am Parkplatz.
Häuser in der Nähe.
Nationalpark Hohe Tauern. Mautweg: 2 €/Person.
Gaststätten, Kiosk, Souvenirläden, WC auf dem Weg zu den Wasserfällen.
Skigebiet Hochkrimml (Gerlospass 1628 m).
Besuch der Krimmler Wasserfälle.
Fahrt zum Gerlospass (Mautstraße).
Parkgebühr.
Ebene und etwas schräge Stellflächen für 30 Wohnmobile.
P2 für Wohnmobile gesperrt.
Wohnmobil-Übernachtungsplatz beim Hotel Krimmler Wasserfälle.

5742 Königsleiten Berglifte *** KG -11

Geschotterter **Parkplatz** an den Bergliften in sehr ruhiger und schöner Lage.

Von der B165 (Gerlos-Krimml) westlich des Gerlos-Passes Richtung Königsleiten abbiegen. Nach 400 m links dem Wegweiser Königsleiten/Berglifte und in Königsleiten dem Schild Lifte folgen. Nach 2 km wird die Zufahrt zum Parkplatz links erreicht.

Gaststätte und Häuser am Parkplatz.
Wanderweg am Durlaßboden-Speicher.
Radfahrten.
Bergwandern im Gebiet des Königsleiten.
Lifte und Skigebiet Königsleiten.
12 % Steigung auf der Anfahrt.
Skigebiet Gerlos-Platte in 5 km Entfernung.
Surfen und Segeln auf dem Speicher Durlaßboden.
Fahrt über den Gerlospass zu den Krimmler Wasserfällen.
Keine Parkgebühr.
Ebene Stellflächen für 10 Wohnmobile.

Kulturerlebnisse und Wintersport
Von Salzburg ins Gasteiner Tal

Tour 12

Salzburg hat Anziehungskraft für alle Touristen. Nach Wien ist Salzburg die am meisten besuchte Stadt in Österreich. Der Parkplatz am Schloss Hellbrunn im Süden von Salzburg ist für eine Übernachtung geeignet (SG-1). Mit dem Bus sind wir schnell in der Stadtmitte und können unseren Bummel durch die Stadt und die Besichtigung der vielen Sehenswürdigkeiten beginnen.

Hier können nur die wichtigsten Bauwerke erwähnt werden. Der Dom St. Ruprechts ist dem Petersdom in Rom nachempfunden und hat zwei auffallende, 82 m hohe Türme. Bemerkenswert sind im Inneren die vier romanischen Löwen des Taufbeckens. Die Residenz der Erzbischöfe verfügt über sehenswerte Räume, den Karabinierisaal und die Galerie der Gemäldesammlung. Von überall sind die mächtigen Mauern der Hohensalzburg zu sehen. Vom Kapitelplatz führt eine Standseilbahn hinauf. 1077 wurde mit dem Bau der Festung begonnen, seit 1618 besitzt sie ihr heutiges Aussehen.

In Salzburg sind neben dem Dom noch mehrere andere Kirchenbauten sehenswert: Die barocke Kajetanerkirche, die romanische Franziskanerkirche mit dem Hochaltar von Johann Bernhard Fischer von Erlach und einer Madonna von Pacher, die barocke Stiftskirche der Benediktinerabtei mit dem spätromanischen Kreuzgang und in eine Felswand gegrabene Katakomben aus dem 3. Jahrhundert. Die Kollegienkirche – von Fischer von Erlach in der Form eines griechischen Kreuzes mit einer mächtigen Kuppel erbaut – und die Dreifaltigkeitskirche desselben Baumeisters mit einer prächtigen barocken Ausstattung sollten auch besucht werden.

Wir bummeln durch die Gassen der Altstadt, besuchen Mozarts Geburtshaus in der Getreidegasse und besichtigen Schloss Mirabell, erbaut 1606, mit puttengeschmücktem Treppenhaus und Garten aus der Barockzeit. Im weltbekannten Haus der Natur sehen wir in über 80 Räumen Modelle und Dioramen aus dem Reich der Natur. Das Landesmuseum zeigt moderne Kunst, das Dommuseum kirchliche Kunstwerke und das Museum Carolino Augusteum Werke aus der Stadtgeschichte.

Mozart ist der Star von Salzburg. Sein Geburts- und Wohnhaus ist zum Wallfahrtsort geworden. In Salzburg finden zur Erinnerung an ihn Mozart-Festspiele und Mozart-Wochen statt. Die Mozart-Kugeln (Konfekt aus Marzipan und Schokolade), Mozart-Taler (Schokolade) und der Mozart-Likör sind in aller Welt bekannt.

Wir fahren zurück zu unserem Parkplatz am Schloss Hellbrunn, besichtigen das Lustschloss Hellbrunn mit sehenswerten Arkadenköpfen und den schelmischen Wasserspielen und Grotten in der Barockanlage des Parkes, besuchen den nebenan gelegenen Kurpark und fahren zum neugotischen Wasserschloss Anitz, Sommersitz der Fürstbischöfe von Chiemsee, 1848 nach englischen Vorbildern umgebaut.

Hallein ist unser nächstes Ziel. Salz wurde schon z. Zt. der Kelten am Dürrnberg gewonnen, ihre Blütezeit erlebte die Stadt im Mittelalter. Eine Darstellung der Salzgewinnung und Funde aus der Keltenzeit zeigt uns das Keltenmuseum. Das keltische Wort „hal“ für Salz ist in vielen Ortsnamen, z. B. Reichenhall, Hallein, Hallstatt zu finden. Mit der Gondelbahn fahren wir zum Dürrnberg, besichtigen das alte Salzbergwerk und das Gräberfeld mit einem rekonstruierten Keltenhof und einem Fürstengrab. Bis ins 19. Jahrhundert lebte die Stadt von der Salzgewinnung und vom Salzumschlag auf der Salzach.

Salzburger Land Wir fahren auf der Tauernautobahn nach Süden und verlassen sie an der Ausfahrt Werfen. Der Ort für Sommerfrische und Wintersport wird überragt von der Burg Hohenwerfen, die den Blick auch bei der Fahrt auf der Autobahn auf sich zieht. 1077 wurde der Bau der Burg begonnen, im 12. Jahrhundert wurde sie zur Festung ausgebaut und erhielt ihre heutige Gestalt im 16. Jahrhundert, später wurde sie ein gefürchtetes Gefängnis. Wir besichtigen Burgverlies, Wehrgänge, Ringmauer und Türme. Werfen ist auch der Ausgangspunkt zum Besuch der größten begehbaren Eishöhle der Welt, die Eisriesenwelt. Eine bizarre Eiswelt mit beleuchteten Hallen und Sälen und dem „Dom" erwartet den Besucher.

Wir lenken unser Fahrzeug nach Werfenweng und übernachten auf dem Loipen-Parkplatz (SG-2). Im Winter tummeln sich hier Langläufer und Alpinisten.

Bischofshofen, in einem Talkessel gelegen, geschützt vom Tennengebirge und vom Massiv des Hochkönigs, der größte Ort des Pongaus, ist als Paradies der alpinen Skispringer und Austragungsort der Vierschanzentournee bekannt. Auf dem Parkplatz an der Sprungschanze kann man übernachten (SG-3). Sehenswert sind im Ort die romanisch-gotische Pfarrkirche mit spätgotischen Fresken und barocken Altären, die romanische Georgikirche und der Kastenhof am Marktplatz. Durch das urige Mühlbachtal erreichen wir Mühlbach am Hochkönig westlich von Bischofshofen, besuchen einen Schaustollen und das Bergbaumuseum und wandern auf der Mittenbergalm.

In St. Johann entscheiden wir uns für den Parkplatz an den Hahnbaumliften (SG-4). Überragt wird St. Johann von dem „Pongauer Dom", der Dekanatskirche St. Johannes des Täufer, ein typisches Bauwerk des Historismus aus dem 19. Jahrhundert. Unsere einstündige Wanderung in der Lichtensteinklamm hinterlässt großartige Eindrücke. Durch einen Tunnel gelangen wir zum Schleierfall. Weitere schöne Wandertouren beginnen im Ort Großarl. Im Winter bringen drei Sesselbahnen die Skifahrer mit der Skischaukel nach Wagrain und ins Kleinarltal.

Die Gemeinden im Osten von St. Johann, Wagrain, Flachau und Radstadt, lassen wir links liegen. Auf den sehr großen Parkplätzen dort verscheuchen Verbotsschilder den Wohnmobiltouristen im Winter wie im Sommer, obwohl ausreichend Parkraum zur Verfügung steht. In St. Veit besuchen wir die gotische Kirche mit barocker Ausstattung und römischem Relief.

Das Gasteiner Tal ist mit 35 km das längste Tal der Tauern. Im Fremdenverkehr spielt es eine bedeutende Rolle, Weltgeltung hat der mondäne Thermal- und Kurort Badgastein, bürgerlich ist Bad Hofgastein und einfach schlicht Dorfgastein. Sportgastein, ein Ort aus der Skiretorte, ist über die Gasteiner Alpenstraße schnell zu erreichen und erschließt ein schneesicheres Gebiet. Die Gasteiner Ache bildet bei Badgastein großartige Wasserfälle, am Ausgang des Tales schuf der Großarlbach die Lichtensteinklamm und die Rauriser Ache die Kitzlochklamm. Unbegehbar ist die tobende Wasserwelt der Gasteiner Klamm.

Im Winter wie im Sommer kommen viele Touristen ins Gasteiner Tal, nach Bad Hofgastein und Badgastein. Dort sind aber Wohnmobile nicht willkommen, Verbotsschilder sperren die Parkplätze. Aber in Dorfgastein, noch unberührt vom Massentourismus, können wir unser rollendes Ferienhaus an der Skischaukel in ruhiger Lage und landschaftlich reizvoller Umgebung abstellen (SG-6). Wir genießen die Abgeschiedenheit und ruhige Atmosphäre des Ortes.

Tausende Urlauber bestimmen das Bild in Bad Hofgastein, einem Thermalheilbad, und vor allem in Badgastein, im letzten Jahrhundert ein Bad für Fürsten und Politiker. Die Bebauung ähnelt einer Großstadt und passt nicht in die wildromantische Umgebung. Wir kehren um, lassen uns in Dorfgastein in einem rustikalen Gasthof verwöhnen, klönen mit den Einheimischen und schlafen ruhig auf einem schönen Stellplatz am Bauernhof in Hüttschlag (**SG-6**). Alle Einrichtungen für einen längeren Aufenthalt sind hier vorhanden und die Aufenthaltsdauer wird nicht begrenzt.

Salzburger Land

D e u t s c h l a n d

Tour 11: **Von Salzburg ins Gasteiner Tal**

Nr.	Ort, Bezeichnung	Stell-plätze A	Gast-haus	Häu-ser	WC	Bad See	Orts-nähe B	Ent-sorg.	Park-dauer C	Park-gebühr D
SG-1	Salzburg, Schloss Hellbrunn **	10	+	-	-	-	x	-	1	0
SG-2	Werfenweng, Loipenparkplatz **	10	-	-	+	-	x	-	1	0
SG-3	Bischofshofen, Sprungschanze **	10	+	+	-	-	x	-	1	0
SG-4	St. Johann, Hahnbaumlifte **	5	+	+	-	-	x	-	1	0
SG-5	Dorfgastein, Ski-Schaukel ***	30	+	+	-	-	x	-	1	P
SG-6	**Hüttschlag, Bauernhof *** **	**10**	**-**	**+**	**+**	**-**	**x**	**+**	**U**	**14**

Legende

****	sehr ruhige und sehr schöne Lage.
***	sehr ruhige und schöne Lage.
**	ruhige und gute Lage.
*	keine ruhige Lage.
A	Stellplätze gestaffelt nach 3, 5, 10, 20, 30, 50 Wohnmobilen. Dabei wird angenommen, dass nur die Hälfte des Platzes zur Verfügung steht und die andere Hälfte durch PKW belegt ist.
B	Fußweg in Minuten, x über 15 min Fußweg.
C	Aufenthaltsdauer in Tagen.
D	Stellplatzgebühr in Euro pro Wohnmobil und 24 Stunden oder Parkgebühr.
P	Parkgebühr in der Saison.
T	Aufenthaltsdauer einige Tage.
U	Aufenthaltsdauer unbegrenzt.

Parkplatz (gelb) — Wohnmobil-Stellplatz (grün)

Salzburg **Schloss Hellbrunn** ** SG - 1

Parkplätze am Schloss Hellbrunn in ruhiger und schöner Lage.

Von der Ausfahrt Salzburg-Süd der Autobahn A10 Richtung Salzburg (B150) fahren und nach 1,8 km links Richtung Hellbrunn/Anif abbiegen. Nach 400 m wird der Platz B und nach 600 m der Parkplatz A erreicht.
Koordinaten: 47° 45,28' Nord, 13° 03,83' Ost.
Koordinaten: 47° 45' 16" Nord, 13° 03' 50" Ost.

Gaststätte in der Nähe.
Parkplatz in der Saison tagsüber stark durch PKW belegt.
Müllcontainer am Parkplatz.
Zoo in der Nähe. Parkplatz 1,5 km entfernt.
Busverbindung nach Salzburg.
Besichtigung von Schloss Hellbrunn.
Besichtigung von Schloss Anif (2 km).
Besuch von Salzburg mit Hohensalzburg, Schloss Mirabell, Getreidegasse, Dom, Residenz und Mozarts Geburtshaus.
Kabinenbahn auf den Untersberg.
Besuch von Hallein mit Salzbergwerk, Keltenmuseum und Fürstengrab.
Keine Parkgebühr. Ebene Stellflächen für 10 Wohnmobile.

Werfenweng **Loipenparkplatz** ** SG - 2

Asphaltierter **Parkplatz** für Langläufer und Wanderer in schöner Lage.

Von der Ausfahrt Pfarrwerfen der A10 (Salzburg-Villach) bei Anfahrt aus dem Süden Richtung Werfenweng fahren. Nach 4,1 km wird der Parkplatz rechts erreicht.

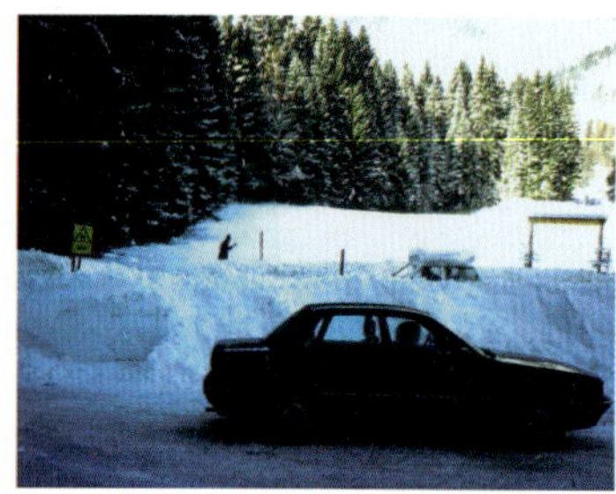

Loipen am Parkplatz.
Kiosk am Parkplatz.
Öffentliches WC im Seilbahngebäude.
Müllbehälter am Parkplatz.
Bushaltestelle am Parkplatz. Busverbindung nach Salzburg.
Fahrt mit der Kabinenbahn zum Untersberg.
Weite Sicht ins Salzburger Land.
Wanderungen von der Bergstation zum Geiereck (1805 m, 10 min) und zum Salzburger Hochthron (1856 m, 20 min).
Skiabfahrt von Untersberg.
Besichtigung von Salzburg und Hallein.
Keine Parkgebühr.
Ebene Stellflächen für 10 Wohnmobile

Bischofshofen **Sprungschanze** ** SG - 3

Befestigte **Parkplätze** an der Sprungschanze in ruhiger Lage

Von der Ausfahrt Bischofshofen der Autobahn A10 Richtung Bischofshofen fahren (B311) und nach 4,3 km rechts Richtung Bischofshofen abbiegen. In Bischofshofen nach 2,5 km dem Wegweiser Sprungschanze folgen. Noch 700 m bis zu den Parkplätzen (**Rosenthal**).
Koordinaten: 47° 24,85' Nord, 13° 12,58' Ost.
Koordinaten: 47° 24' 51" Nord, 13° 12' 34" Ost.

Gaststätten in der Nähe. Häuser am Parkplatz.
Besichtigung von Bischofshofen: Gotische Pfarrkirche mit wertvollen Fresken und einem frühmittelalterlichen Kruzifix, Rapentixkreuz, Kastenturm, Getreidespeicher von 1250.
Besuch des Gainsfeldwasserfall.
Besuch des Bergbaumuseums und des Bergbaustollens in Mühlbach.
Wandern in den Salzburger Kalkalpen.
Fahrt nach Salzburg.
Für sehr große Wohnmobile nicht geeignet. Keine Parkgebühr.
Ebene und etwas schräge Stellflächen für 10 Wohnmobile.

St. Johann Hahnbaumlifte ** SG - 4

Parkstreifen an den Hahnbaumliften in sehr ruhiger und schöner Lage.

Von der Straße Wagrain-St.Johann (B163) am Ortsanfang St. Johann rechts zu den Hahnbaumliften abbiegen. Noch 300 m bis zum Parkplatz.

Gaststätte am Parkplatz.
Häuser am Parkplatz.
3 Täler Skischaukel. Alpiner Skisport.
Besichtigung des "Ponzgauer Domes",
größte Kirche des Landes Salzburg.
Besuch der Lichtensteinklamm
mit 80 m hohem Hadeswasserfall.
Wandern am Hahnbaum und Gernkogel.
Fahrt ins Gasteiner Tal.
Parkplatz nur für kleinere Wohnmobile geeignet.
Keine Parkgebühr.
Ebene und etwas schräge Stellflächen
für 5 Wohnmobile.
An den Liften in Wagrain und Flachau
sind alle Parkplätze für die Übernachtung gesperrt.

5632 Dorfgastein Ski-Schaukel *** SG - 5

Großraumparkplätze an den Liften in sehr ruhiger Lage und landschaftlich reizvoller Umgebung.

Von der B311 (Bischofshofen-Zell) Richtung Badgastein abbiegen und nach 7,6 km links Richtung Ski-Schaukel abbiegen. Nach 200 m links fahren. Noch 300 m bis zu den Plätze links und rechts.
Koordinaten: 47° 14,59' Nord, 13° 06,48' Ost.
Koordinaten: 47° 14' 35" Nord, 13° 06' 29" Ost.

Gaststätte und Häuser am Parkplatz.
Skischaukel Dorfgastein-Großarl.
Skisport: Lange Abfahrten vom Felseck nach Großarl
und Dorfgastein.
Burgruine Klammstein mit Schauhöhle Gasteiner Klamm.
Wandern im Gasteiner Tal und in der Lichtensteiner Klamm.
Fahrt nach Bad Hofgastein und Badgastein.
Parkgebühr in der Saison.
Ebene und etwas schräge Stellflächen für 30 Wohnmobile.
Parkplätze in Bad Hofgastein für die Übernachtung gesperrt.

5612 Hüttschlag Bauernhof ***  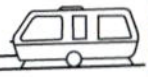 SG-6

Schöner **Wohnmobil- und Caravanplatz** an einem Bauernhof in sehr ruhiger und sehr schöner Lage.

Auf der Alpendorfstraße bis Hüttschlag fahren. 5 km hinter dem Ortsausgangsschild links zum Bauernhof abbiegen. Noch 200 m zum Platz links (**Stockham See 6**).
Koordinaten: 47° 09.62' Nord, 13° 16.58' Ost.
Koordinaten: 47° 09' 37" Nord, 13° 16' 35" Ost.

Ver- und Entsorgung (Kassetten) am Platz.
Stromversorgung vorhanden. 1,50 € pro Tag.
Dusche und WC am Platz. Warmwasser mit Münzen.
Brötchenservice. Bauerhofprodukte erhältlich.
Ganzjährig zugänglich. Aufenthaltsdauer nicht begrenzt.
Wanderungen und Mountainbiketouren in der Umgebung.
Nationalparkzentrum Hohe Tauern in der Nähe
Geschotterte, ebene und leicht schräge Stellflächen
teilweise auf Wiese für 10 Wohnmobile oder Caravan.
Parkgebühr: 14 € pro Nacht.
Informationen: Fam. Huttegger Tel. 0043-(0)6417-257

Auf die Bretter, fertig, los

Rund um den Dachstein

Tour 12

Ein wunderschöner Winterurlaub, aber auch erlebnisreiche Sommerferien sind im Land am Dachstein möglich. Die Hochfläche der Ramsau südlich des Dachsteins ist die Sonnenterrasse der Alpen in 1200 m Höhe. Die Talstation der Gletscherbahn liegt 1700 m hoch, die Gondeln bringen den Wintersportler auf 2800 m Höhe zum Dachsteingletscher. Dort oben liegt immer Schnee, auch im Sommer. Im Winter ist das Gebiet am Dachstein eine einzigartig schöne Landschaft. Die bizarren Südwände und die grauen Felsregionen stehen im Kontrast zu den weißen, schneebedeckten Almen und Tälern.

In Altenmarkt am westlichen Dachsteinmassiv hat der Hof Kellerbauer einen privaten Stellplatz eingerichtet (**DS-1**). Leider ist das Übernachten im Wohnmobil seit einiger Zeit in der Ramsau nicht mehr erlaubt. Wir fahren deshalb am Abend nach Pichl-Preunegg unten im Ennstal und übernachten auf dem ruhigen Parkplatz am Sessellift zur Reiteralm (DS-2).

Schladming, eingebettet zwischen dem Hochplateau der Ramsau und den Tauern, ist das Zentrum der Tauern-Dachstein-Region, bekannt durch Skiweltmeisterschaften und Weltcuprennen. Im Winter herrscht hier reges Treiben in den hervorragend erschlossenen Skigebieten der Planai, des Hochwurzen und der Reiteralm. Schneekanonen sichern das Wintervergnügen auch in schneearmen Zeiten. Zum Übernachten gibt es die Stellplätze an den Sesselliften Rohrmoos und Planai-Hochwurzen (DS-3 und **DS-4**).

Von der Vergangenheit Schladmings als Bergbauzentrum für den Abbau von Gold, Silber und Blei ist kaum etwas zu spüren. Nur die mächtige gotische Pfarrkirche mit einem Zwiebelhelm und dem prächtigen barocken Hochaltar, einige Reste der Stadtmauer und das Salzburger Tor erinnern an diese Zeit.

Haus im Ennstal ist ebenfalls ein bekannter Wintersportort, aber urtümlich und gemütlich geblieben. Eine Gondelbahn führt auf den Hauser Kaibling. Der Parkplatz an der Talstation ist am Tage überfüllt. In Haus sind die Pfarrkirche mit einem barocken Hochaltar, der barocke Pfarrhof und der Zehntspeicher aus dem 17. Jahrhundert sehenswert.

Von Gröbming führt eine Straße steil in Serpentinen hinauf zum Ski- und Wandergebiet Stoderzinken. In dem Ort kann man an der Schwimmhalle oder an der Sporthalle im Wohnmobil übernachten (DS-5), einkaufen und in gemütlichen Gasthöfen speisen. Die imposante, einschiffige Pfarrkirche Mariä Himmelfahrt zählt zu den ältesten Kirchen der Steiermark. Die barocke Ausstattung wird überstrahlt durch den 11,5 Meter hohen, größten gotischen Flügelaltar in der Steiermark, geschaffen 1525 von dem Hallstätter Meister Lienhard Astl.

Der mächtige Gebirgsklotz Grimming scheint uns im Nordosten die Weiterfahrt um den Dachstein zu versperren. Zu seinen Füßen liegt der kleine Ort Pürgg mit der gotischen Pfarrkirche, dem alten Pfarrhof und der romanischen Johannes-Kapelle, deren Fresken fast vollständig erhalten sind.

Uns beeindruckt das mächtige Schloss Trautenfels, das sein heutiges Aussehen 1670 erhielt. Es beherrscht die Talsohle des Ennstales wie der Grimming das ganze Tal. Im Schloss zeigt das Ennstaler Landesmuseum Fundstücke und Gegenstände aus dem Ennstal. Unter hohen Bäumen übernachten wir im Park hinter dem Schloss (DS-6).

Im nahen Ort Irdning wirkte Mitte des 15. Jahrhunderts in der gotischen, 1740 barock erweiterten Kirche, ein Pfarrer, der später zum Papst Pius II aufstieg. Das Schloss Pichlarn, erbaut im 16. und erweitert im 20. Jahrhundert, ist heute Hotel mit Reitstall und Golfplatz.

Dachstein Die Straße zwängt sich jetzt am Grimming im Osten vorbei. Von Bad Mitterndorf, einem gepflegtes Heilbad, führt eine Straße zum Wander- und Skigebiet Tauplitz. Wir übernachten an den Bergliften zur Tauplitz-Alm, am längsten Sessellift Europas (DS-7). In der Nähe von Bad Mitterndorf erblickt man die bekannte Kulm-Skiflugschanze.

Über Bad Aussee erreichen wir Gosau und das Gosautal, eine dramatische Felslandschaft, die sich tief ins nördliche Dachsteinmassiv einschneidet. Unsere Wanderung von Hintertal zu den Gosauseen gehört zu den schönsten und eindrucksvollsten Erinnerungen. Tief in dunkle Tannenwälder eingebettet, werden sie von den steilen Felswände des Dachsteins überragt. Wir parken in Hintertal und übernachten an der Hornspitzbahn in Gosau (DS-8). Die Hornspitzbahn führt im Winter zu einem gern besuchten Skigebiet. Eine Übernachtungsmöglickeit in Gosau besteht auf dem Stellplatz beim Gasthof Gosauschmied (**DS-9**).

Das nächste Wander- und Wintersportgebiet erreichen wir in Rußbach. Der Parkplatz für die Benutzer der Hornbahn liegt an der Bundesstraße, eignet sich deshalb nicht zur Übernachtung Wir fahren zu den Parkplätzen an den Karkogelliften in Abtenau (DS-10). Dort stellen wir unser Ferienhaus auf Rädern ab, wandern über die Almen des Karkogels im Tennengebirge, besuchen den gemütlichen Ort, besichtigen die spätgotische St. Blasius Pfarrkirche mit einem schlanken Turm und spitzem Helm und einer barocken Pracht im Inneren und essen abends in dem urigen Gasthof am Parkplatz. Zwischen den Bergen, von der übrigen Welt fast abgeschlossen, liegt der Ort in einem breiten Talkessel. Das Tennengebirge ist ein Bergland für einzelne Wanderer geblieben und hat deshalb seinen urtümlichen Reiz erhalten. Die Umgebung von Abtenau ist reich an Wasserfällen, Schluchten und Höhlen. Eindrucksvoll sind die begehbaren Lammeröfen, eine wildromantische Klamm.

Im oberen Tal der Lammer, einem der beliebtesten Wildflüsse Österreichs für sportliche Wildwasser-Kanuten, liegt Annaberg, einer der schönsten Orte im Salzburger Land, abseits vom Durchgangsverkehr. Viele Wanderrouten führen in das Tennengebirge und zum Dachstein. Vom Ortsparkplatz, der zum Übernachten nicht so gut geeignet ist, erreicht man schnell die Geschäfte zum Einkaufen. Der bekannte Wintersportort Radstadt ist wenig wohnmobilfreundlich. Auf den großen, ruhig und schön gelegenen Plätzen an den Bergbahnen gibt es zwar keine Übernachtungsverbotsschilder, trotzdem müssen Wohnmobiltouristen, die ihr Fahrzeug über Nacht dort abstellen, mit Polizeikontrollen und Strafen rechnen, ein unverständliches Verhalten der Stadtverwaltung.

Wir meiden Radstadt und beschließen unsere Rundtour um den Dachstein in Filzmoos in der Nähe von Ramsau. Filzmoos zu Füßen des Dachsteins und der Bischofsmütze strahlt noch die Atmosphäre eines gemütlichen Gebirgsdorfes aus. Viele Lifte und Loipen erschließen Wander- und Skigebiete. Unsere letzte Wanderung auf dieser Reise bringt uns zu den Hofalmen, zu urigen Hütten. Wir stellen unser Haus auf Rädern auf dem Ortsparkplatz ab (DS-11), aber auch am Rettensteinlift kann man ruhig übernachten. Das Filzmooser Kindl, ein Gnadenbild des Jesuskindes über dem Hochaltar in der spätgotischen Pfarrkirche, ist weithin bekannt. Pilger aus dem Salzburger Land und der Steiermark erhoffen sich Segen von dem „Filzmooser Kindl".

Wir haben den Dachstein umrundet und machen zum Schluss einen Abstecher zum Zauchensee. Die großen Parkplätze für die Wanderer im Sommer und für die Skifahrer im Winter werden unser Schlafplatz für die letzte Nacht auf dieser Tour (DS-12). Wer im Winter auf den Parkplätzen an den vielen Bergbahnen und Liften am Dachstein übernachtet, ist am nächsten Morgen der erste auf der Piste und es heißt „Auf die Bretter, fertig, los"!

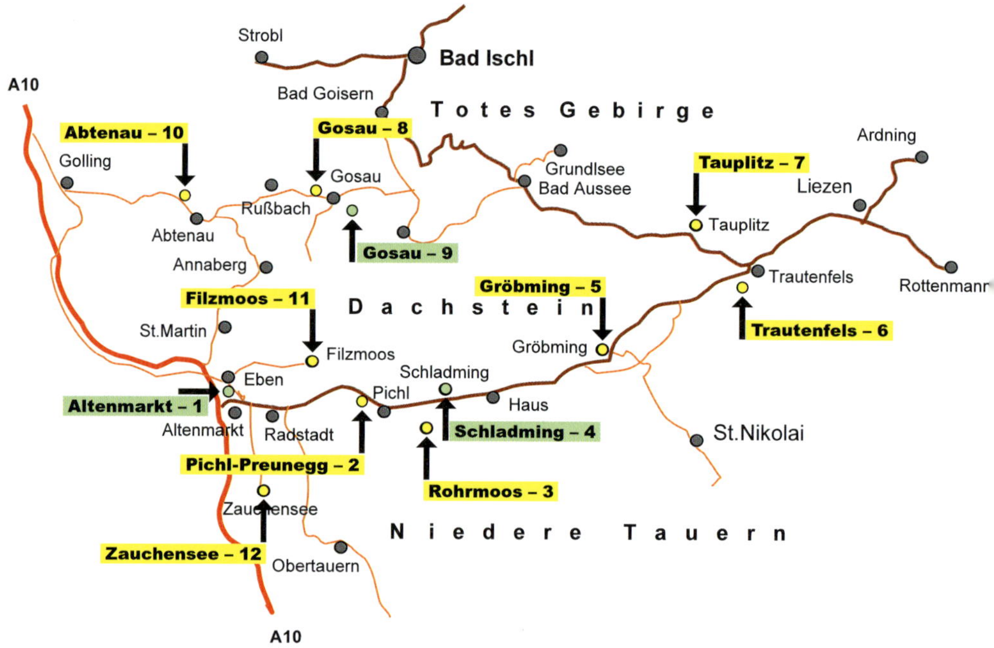

Dachstein

Tour 13: **Rund um den Dachstein**

Nr.	Ort, Bezeichnung	Stell-plätze A	Gast-haus	Häu-ser	WC	Bad See	Orts-nähe B	Ent-sorg.	Park-dauer C	Park-gebühr D
DS-1	**Altenmarkt, Kellerbauer *** **	**10**	**-**	**+**	**-**	**-**	**x**	**-**	**U**	**10**
DS-2	Pichl-Preunegg, Reiteralm **	30	+	-	-	-	x	-	1	0
DS-3	Rohrmoos, Hochwurzen **	10	+	-	-	-	x	-	1	0
DS-4	**Schladming, Planai *** **	**30**	**+**	**+**	**-**	**-**	**x**	**+**	**1**	**17**
DS-5	Gröbming, Schwimmbad **	5	+	+	-	+	x	-	1	0
DS-6	Trautenfels, Schloss ***	5	+	+	-	-	x	-	1	0
DS-7	Tauplitz, Berglifte **	10	+	-	-	-	x	-	1	0
DS-8	Gosau, Hornspitzbahn **	20	+	+	-	-	x	-	1	0
DS-9	**Gosau-Hintertal, Gosauschmied ** **	**5**	**+**	**+**	**+**	**-**	**x**	**-**	**U**	**10**
DS-10	Abtenau, Karkogellifte ***	20	+	+	-	-	x	-	1	0
DS-11	Filzmoos, Ortsparkplatz **	20	+	+	-	-	8	-	1	0
DS-12	Zauchensee, Lifte **	20	+	+	-	-	x	-	1	0

Legende

**** sehr ruhige und sehr schöne Lage.
*** sehr ruhige und schöne Lage.
** ruhige und gute Lage.
* keine ruhige Lage.
A Stellplätze gestaffelt nach 3, 5, 10, 20, 30, 50 Wohnmobilen. Dabei wird angenommen, dass nur die Hälfte des Platzes zur Verfügung steht und die andere Hälfte durch PKW belegt ist.
B Fußweg in Minuten, x über 15 min Fußweg.
C Aufenthaltsdauer in Tagen.
D Stellplatzgebühr in Euro pro Wohnmobil und 24 Stunden oder Parkgebühr.
P Parkgebühr in der Saison.
T Aufenthaltsdauer einige Tage.
U Aufenthaltsdauer unbegrenzt.
Parkplatz Wohnmobil-Stellplatz

5541 Altenmarkt im Pongau Kellerbauer ***  DS - 1

Wohnmobilplatz am Rande einer Siedlung in sehr ruhiger und sehr schöner Lage.

In Altenmarkt zur Ortsmitte zur Zauchenseestraße fahren. Nach 600 m links in die Zeffergasse abbiegen. Nach 1 km wird der Platz am Ende der Straße erreicht (**Ralfen 7**).
Koordinaten: 47° 22,23' Nord, 13° 25,73' Ost.
Koordinaten: 47° 22' 14" Nord, 13° 25' 44" Ost.

Ver- und Entsorgung am Platz.
Stromversorgung. Gebühr 2 € pro Tag.
Ganzjährig zugänglich.
Aufenthaltsdauer nicht begrenzt.
Geschotterte, ebene Stellflächen für 10 Wohnmobile.
Parkgebühr: 8 € .
Einkaufsmöglichkeiten in 1 km im Ort.
Restaurant im Ort. 15 Gehminuten.
Besichtigung der Burg Welfen. Ausflug zum Dachstein.
Wanderungen in der Umgebung.
Informationen: Familie Mooshammer. Tel. 0043 (0)6452 7121

Pichl-Preunegg Reiteralm-Sessellift ** DS - 2

Großraumparkplatz am Sessellift Reiteralm in ruhiger Lage.

Von der B146 (Radstadt-Graz) bei Anfahrt aus Richtung Radstadt an der ersten Abfahrt Reiteralm vorbeifahren und 2 km nach Mandling rechts Richtung Skigebiet Reiteralm abbiegen. Nach 100 m rechts fahren. Noch 300 m bis zum Parkplatz.

Gaststätte und Tanzlokal in der Nähe.
Sessellift zum Skigebiet Reiteralm.
Freizeitpark am Parkplatz
Kinderspielplatz am Parkplatz.
Müllbehälter am Parkplatz.
Wandergebiet Reiteralm mit der Kabinenbahn zu erreichen. Talstation in 1 km Entfernung. Bergwandern.
Skigebiet Planai-Hochwurzen in Schladming.
Fahrt zum Sommerskigebiet Dachstein.
Ebene und leicht schräge Stellflächen für 30 Wohnmobile.
Keine Parkgebühr.
Wohnmobil-Stellplatz in Schladming.

Rohrmoos-Untertal Hochwurzen ** DS - 3

Parkplatz an der Talstation der Hochwurzen Gipfelbahn in ruhiger Lage auf 1100 m Höhe.

Von der B146 (Radstadt-Graz) Richtung Schladming abbiegen und in Schladming Richtung Rohrmoos fahren. Vom Ortsende Schladming noch 4,4 km bis zum Parkplatz links.

Skigebiet Hochwurzen. Ski- und Rodelverleih am Parkplatz.
Gasthäuser am Parkplatz. Müllbehälter am Parkplatz.
Naturrodelbahn in der Nähe.
Wanderungen am Hochwurzen, im Ober- und Untertal und zu den Riesachfällen.
Skigebiet Planai mit FIS-Abfahrt in Schladming.
Kulturelle und folkloristische Veranstaltungen in Schladming.
Parkplatz im Winter bis 17.00 Uhr durch PKW und andere Fahrzeuge stark belegt.
Sommerskigebiet am Dachstein.
Leicht schräge Stellflächen für 10 Wohnmobile.
Keine Parkgebühr.

Schladming Planai-Hochwurzen ***  DS - 4

In Abschnitte unterteilter, asphaltierter **Wohnmobilplatz** in sehr ruhiger und schöner Lage.

Von der B146 (Radstadt-Schladming-Graz) aus Richtung Radstadt an der ersten Abzweigung Schladming rechts abbiegen. Noch 1,5 km bis zum Parkplatz rechts.
Koordinaten: 47° 23,64' Nord, 13° 41,77' Ost.
Koordinaten: 47° 23' 38" Nord, 13° 41' 46" Ost.

Ver- und Entsorgung (Bodeneinlass) und Stromanschlüsse am Platz.
Skischaukel Planai-Hochwurzen am Parkplatz. Beschneiungsanlage.
Gaststätten und Häuser in der Nähe.
Nur in der Wintersportzeit geöffnet. Winterwanderwege.
Wanderungen im Ennstal und in den Tauern.
Kulturelle und folkloristische Veranstaltungen in Schladming.
Fahrt zum Sommerskigebiet Dachstein.
Pferdeschlittenfahrten in Rohrmoos.
Leicht schräge Stellflächen für 30 Wohnmobile.
Parkgebühr: 17 Euro pro Mobil.
Informationen: Planai-Hochwurzen-Bahnen Tel. (0 36 87) 2 20 42
Internet: www.planai.at

Gröbming Schwimmbad ** DS - 5

Parkplätze am Schwimmbad in ruhiger Lage.

Von der B146 aus Richtung Schladming an der ersten Abfahrt Gröbming abbiegen und nach 200 m links Richtung Schwimmbad fahren. Noch 200 m bis zum Parkplatz links.
Koordinaten: 47° 26,40' Nord, 13° 54,04' Ost.
Koordinaten: 47° 26' 23" Nord, 13° 54' 02" Ost.

Gaststätten in der Nähe.
Häuser und Freibad am Parkplatz.
Gleitschirmschule am Ausweichparkplatz Sporthalle.
Besichtigung von Gröbming: Römerstein,
Pfarrkirche mit spätgotischem Flügelaltar.
Skigebiet Stoderzinken in 10 km Entfernung.
Ebene und leicht schräge Stellflächen für 5 Wohnmobile.
Keine Parkgebühr.
Ausweichparkplatz Sporthalle. 700 m nach der Abfahrt von der B146 rechts.
Richtung Sporthalle fahren. Nach 300 m rechts. Noch 100 m.

8951 Trautenfels Schloss Trautenfels *** DS - 6

Parkplatz auf einer Wiese zwischen Bäumen in sehr ruhiger und schöner Lage.

Von der B146 (Radstadt-Liezen) an der Kreuzung mit der B145 rechts Richtung Trautenfels abbiegen. Nach 200 m rechts dem Wegweiser Schloss Trautenfels folgen. Noch 400 m bis zum Ausweichparkplatz an der Schlossmauer und 500 m bis zum Parkplatz an der Schlossauffahrt.
Koordinaten: 47° 31,08' Nord, 14° 04,78' Ost.
Koordinaten: 47° 31' 05" Nord, 14° 04' 47" Ost.

Gaststätte in der Nähe.
Besichtigung von Schloss Trautenfels. Besuch der Museen.
Wandern und Radfahren im Emstal.
Besichtigung von Pürgg.
Wintersportgebiet Donnersbachwald am Talende.
Fahrt durch das Ennstal und ins Gesäuse.
Fahrt zum Dachstein.
Keine Parkgebühr.
Ebene Stellflächen für 5 Wohnmobile.
Ausweichparkplatz am Ortsende Trautenfels, 300 m geradeaus von der B146 fahren.

Tauplitz Berglifte ** DS - 7

Parkplätze an den Bergliften und am Ortsrand in ruhiger Lage.

Von der Kreuzung der Bundesstraßen 146/145 Richtung Bad Aussee/Salzburg fahren (B145) und nach 7,4 km Richtung Tauplitz abbiegen. Nach 200 m rechts fahren. Der erste Parkplatz am Ortsrand wird nach 800 m, die Parkplätze an den Bergliften nach weiteren 600 m auf der Einbahnstraße erreicht.
Koordinaten: 47° 33,72' Nord, 14° 00,77' Ost.
Koordinaten: 47° 33' 43" Nord, 14° 00' 46" Ost.

Gaststätten an beiden Parkplätzen. Skigebiet Tauplitzalm.
Tanzgaststätte und Kegelbahn am ersten Parkplatz.
Wanderungen im Gebiet des Lawinensteins und der Tauplitzalm.
5 Minuten Fußweg zur Ortsmitte.
Parkplätze an den Bergliften tagsüber stark durch PKW belegt.
Ausflug ins Gosau-Tal.
Ebene und leicht schräge Stellflächen für insgesamt 10 Wohnmobile.
Keine Parkgebühr.

4825 Gosau Hornspitzbahn ** DS - 8

Befestigte **Parkplätze** an der Hornspitzbahn in landschaftlich reizvoller Umgebung.

Von Altenau Richtung Bad Goisern/Gosau fahren (B166) und 1 km nach dem Ortsanfang Gosau rechts Richtung Gosausee/Hornspitzbahn abbiegen. Noch 2 km bis zum Parkplatz links. Von Bad Goisern Richtung Abtenau/Gosau fahren und 1,2 km nach dem Ortsanfang Gosau links Richtung Gosausee/Hornspitzbahn abbiegen.

Gaststätte in der Nähe.
Häuser in der Nähe.
Müllbehälter am Parkplatz.
Skigebiet Hornspitze.
Wandern am Dachstein.
Wandern ins Gosautal zu den Gosauseen.
Das Aufstellen von Wohnanhängern im Gosautal ab Hintertal verboten.
Fahrt um den Dachstein.
Keine Parkgebühr.
Ebene Stellflächen für 20 Wohnmobile.

4825 Gosau-Hintertal Gosauschmied **  DS - 9

Wohnmobilplatz am Hotel Gosauschmied in schöner Lage.

Von Gosau nach Gosau-Hintertal fahren. 1,3 km nach dem Ortseingangsschild wird der Platz am Hotel erreicht (Gosau 57).
Koordinaten: 47° 33.05' Nord, 13° 30.98' Ost.
Koordinaten: 47° 33' 03" Nord, 13° 30' 59" Ost.

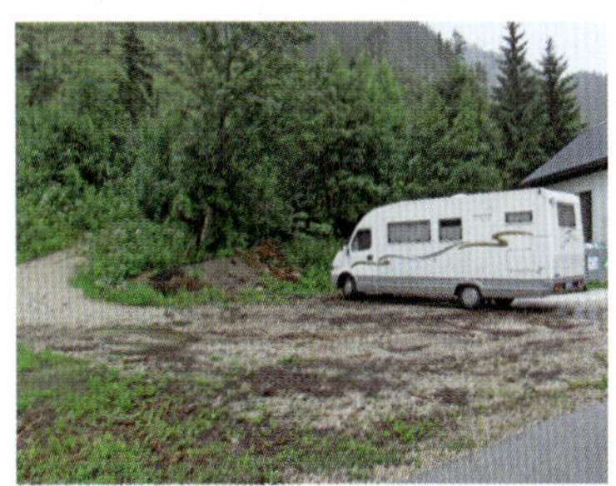

Geräusche durch Straße.
WC im Hotel. Frischwasserversorgung möglich.
Ganzjährig zugänglich. Aufenthaltsdauer nicht begrenzt.
Bushaltestelle direkt am Platz.
Einkaufsmöglichkeiten in 4 km.
Rodelbahn in der Nähe.
Wanderungen und Skitouren in der Umgebung.
Mountainbiketouren in der Umgebung.
Asphaltierte und geschotterte, ebene und leicht schräge Stellflächen für 5 Wohnmobile.
Parkgebühr: 10 € pro Tag + Kurtaxe.
Informationen: Tel. 0043 (0)6136 8513

5441 Abtenau Karkogellifte *** DS - 10

Befestigter und asphaltierter **Parkplatz** an den Karkogelliften in sehr ruhiger und schöner Lage.

Von der Kreuzung B162/B166 Richtung Abtenau fahren und nach 2 km – 100 m vor dem Ortsanfang Abtenau – links Richtung Abtenau Bergbahnen abbiegen. Noch 400 m bis zum Parkplatz rechts. Von Golbing Richtung Abtenau und dann durch Abtenau fahren. 100 m nach dem Ortseingang Abtenau rechts dem Wegweiser Bergbahnen folgen.
Koordinaten: 47° 33,42' Nord, 13° 21,08' Ost.
Koordinaten: 47° 33' 25" Nord, 13° 21' 05" Ost.

Gasthäuser, Häuser und Geschäfte am Parkplatz.
Skigebiet Karkogel. Skischule am Parkplatz.
Müllbehälter am Parkplatz. Wandern im Tennengebirge.
Fahrt zum Dachstein und zu den Gosau-Seen.
Keine Parkgebühr.
Ebene und leicht schräge Stellflächen für 20 Wohnmobile.
Linker Parkplatz am Lift für Mobile verboten.
Ausweichparkplatz Sonnleitlifte im Ort
700 m nach dem Ortsanfang rechts zum Parkplatz abbiegen.

Filzmoos Ortsparkplatz ** DS - 11

Parkplatz im Ort in der Nähe der Papagenobahn.

Von der Ausfahrt Eben der Autobahn A10 Richtung Filzmoos fahren und nach 11 km – 700 m nach dem Ortsanfang Filzmoos – rechts Richtung Ramsau fahren. Noch 50 m bis zum Parkplatz links. Von Ramsau am Ortsanfang Filzmoos rechts zum Parkplatz abbiegen.
Koordinaten: 47° 25,90' Nord, 13° 31,51' Ost.
Koordinaten: 47° 25' 54" Nord, 13° 31' 31" Ost.

Gaststätte und Häuser am Parkplatz.
Geschäfte am Parkplatz. Skigebiete in der Nähe.
Wandern und Radfahren. Ballonfahrten.
Fahrt nach Ramsau am Dachstein.
Gletscherbahn und Sommerskigebiete.
Keine Parkgebühr.
Ebene Stellflächen für 20 Wohnmobile.
Ausweichparkplatz 500 m nach dem westlichen
Ortsanfang Filzmoos rechts an der Skischule.
Ausweichparkplatz an der Mooslehenbahn
800 m vor dem Ortsanfang Filzmoos.

Zauchensee Lifte ** DS - 12

Parkplätze an den Seilbahnen und Liften im Ort.

In Altenmarkt Richtung Zauchensee abbiegen. Nach 12 km werden die Plätze an den Liften und Seilbahnen am Zauchensee erreicht.
Koordinaten: 47° 17,93' Nord, 13° 27,41' Ost.
Koordinaten: 47° 17' 56" Nord, 13° 27' 24" Ost.

Gaststätten, Häuser und Geschäfte am Parkplatz.
Skigebiete am Parkplatz.
Talstationen 1350 m Höhe.
Bergtouren im Sommer.
Fahrt nach Altenmarkt und Radstadt.
Fahrt nach Ramsau am Dachstein.
Keine Parkgebühr.
Ebene und schräge Stellflächen
für 20 Wohnmobile.
Wohnmobilplatz in Altenmarkt beim Bauernhof
Mooshammer an der Langlaufloipe.

Mönche, Pilger und eine Stufenpyramide
Von Steyr über Eisenerz nach Mariazell

Tour 14

Wir starten unsere Wochenreise als Klostertour. Zunächst besichtigen wir die Wallfahrtskirche Sonntagsberg auf einer 704 m hohen Anhöhe. Prächtig ist der Blick von dem sehr ruhig gelegenen Parkplatz, der zur Übernachtung einlädt (SM-1). Die barocke Kirche wurde zwischen 1706 und 1732 von Prandtauer und Munggenast erbaut und mit Deckenfresken von Daniel Gran geschmückt.

An den nächsten Tagen besuchen wir drei bekannte Stifte: Seitenstetten, Sankt Florian und Kremsmünster. Die Benediktiner haben Seitenstetten 1112 gegründet. 1747 wurden die Gebäude im barocken Stil neu erbaut. Durch ein großes Tor gelangen wir in den Klosterhof mit der Stiftskirche. Sie wurde als frühgotische Pfeilerbasilika erbaut und im 18. Jahrhundert mit barocken Einrichtungen ausgestattet. Die romanische Ritterkapelle ist an das Kirchenschiff angebaut. Wertvolle Fresken und Gemälde sind in den Stiftsgebäuden zu sehen: Deckenfresken von Paul Troger im Abteisaal und in der Bibliothek, ein Fresko von Altomonte im Stiegenhaus, ein Deckenfresko von Johann Bergl im Mineralienkabinett, 70 Bilder vom Kremser Schmidt, Tafelbilder der Donauschule und Ölgemälde niederländischer, italienischer und österreichischer Meister des Barock.

Der Parkplatz hinter den Stiftsgebäuden liegt in landschaftlich reizvoller Umgebung (SM-2). Nach der Besichtigung wandern wir vom Parkplatz durch die liebliche Landschaft, essen in einem der zahlreichen Gasthöfe und schlafen ruhig in unserem rollenden Zuhause.

In Weistrach an den Sportanlagen besteht auch eine Übernachtungsmöglichkeit (**SM-3**). Unser nächstes Ziel ist der große Tierpark beim Schloss Salaburg in der Stadt Haag. Auch dieser Parkplatz ist für eine Übernachtung geeignet (SM-4).

Das Augustiner-Chorherrenstift in St. Florian ist eine der schönsten Barockanlagen Mitteleuropas. Die großen Baumeister Carlo Carlone, Jakob Prandtauer und Gotthard Hayberger schufen zwischen 1686 und 1750 prunkvolle Barockwerke, die Wallfahrtskirche zum Heiligen Florian mit der Bruckner-Orgel, die Krypta, in der Anton Bruckner beigesetzt ist, die Kaiserzimmer, den Marmorsaal, das Stiegenhaus und das Stiftsportal mit dem Bläserturm. Eine besondere Kostbarkeit sind die Bildtafeln des Regensburger Meisters Albrecht Altdorfer und die Stiftsbibliothek mit 130.000 Bänden und 800 Handschriften aus dem Mittelalter. St. Florian ist der Schutzpatron der Feuerwehren. Im barocken Stiftsmeierhof wurde das größte Feuerwehrmuseum Österreichs untergebracht. Exponate vom Löscheimer bis zur Dampfspritze, vom Pferdewagen bis zum modernen Tanklöschfahrzeug sind zu sehen.

Auch das Jagdschloss Hohenbrunn hat der große Kirchenbaumeister Prandtauer geschaffen. Es dient heute als Jagdmuseum mit Wandteppichen, Bildern und Waffen zur Jagd. Im Freilichtmuseum Sumerauerhof wird lebendige Bauernkultur aus vier Jahrhunderten gezeigt, Bauernmöbel, Arbeitsgeräte und Landmaschinen ergänzen die Ausstellung.

In St. Florian reicht uns kaum ein Tag zur Besichtigung. Wir schlafen neben den Stiftsgebäuden auf dem ruhigen Parkplatz (SM-5).

Am nächsten Tag steht eine Stadtbesichtigung von Steyr auf dem Programm. Wir besichtigen Altstadt, Rathaus, Stadtpfarrkirche und die Wallfahrtskirche Christkindl und besuchen das interessante Museum Industrielle Arbeitswelt. Über Steyr führt die Eisenstraße, eine touristische Route, zu den Orten des Eisenerzabbaus, der Eisenerzeugung und der Eisenverarbeitung.

 Die nächste bedeutende Sehenswürdigkeit ist das Stift Kremsmünster, 777 vom Bayernherzog Tassilo gestiftet, eine der frühesten Klostergründungen in Österreich. Durch die Bauten von Carlone und Prandtauer im 16. und 17. Jahrhundert zählt Kremsmünster zu den bedeutendsten Klosteranlagen Österreichs. Die Räume bergen Werke von Weltruf, den Tassilo-Kelch, Meisterstück der karolingischen Goldschmiedekunst, den Tassilo-Leuchter, den Codex Millenarius, Bilder der europäischen Malerei. Im Kloster leben Mönche, die sich der Seelsorge und der Mission in Brasilien widmen. Kremsmünster ist das geistige Zentrum der Benediktiner in Österreich.

Im Automobil- und Motorradmuseum im Schloss Kremsegg sind in vier Etagen 200 Autos und Motorräder ausgestellt. Freunde der Oldtimer finden sehenswerte Fahrzeuge aus den Jahren 1910 bis 1930. Der Parkplatz am Stift Kremsmünster ist durch Baum- und Buschgruppen unterteilt, von der Straße abgeschirmt und für eine Übernachtung gut geeignet (SM-6).

Für sehr große „Ferienhäuser auf Rädern“ eignet sich der Parkplatz an den Hössbahnen in Hinterstoder (SM-7). Wir benutzen die Bergbahn, wandern am Hösskogel, ergänzen unsere Vorräte in den nahen Geschäften, essen vorzüglich in der Gaststätte am Parkplatz und schlafen gut in unserem rollenden Hotel. Wir bleiben noch einen Tag in dem reizvollen Tal der Steyr, besteigen unsere Drahtesel und erkunden das obere Tal am Ende der Straße. Der Stellplatz am Sportzentrum in Liezen wird unser Schlafplatz (SM-8). WC und Dusche stehen hier zur Verfügung.

Wir folgen dem Ennstal. Schon von weitem grüßt uns die spätgotische Wallfahrtskirche Frauenberg hoch oben vom Fels. Wir fahren hinauf und besichtigen die Kirche. Vom Parkplatz am Kreuzweg haben wir einen weiten Blick ins Emstal bis Admont und ins Gesäuse. Wir beschließen, hier zu übernachten (SM-9). Frisches Wasser zapfen wir aus einem Hahn an der Kirche.

Admont, das Tor zum Gesäuse, ist unsere nächste Station. Mit 140 000 Bänden beherbergt das Benediktinerstift die größte Stiftsbibliothek der Welt, darunter eine Bibel aus dem 11. Jahrhundert, ein Geschenk des Erzbischofs von Salzburg, der dieses Benediktinerstift ins Leben rief, sowie ein Lexikon des Bischofs von Constanz aus dem 9. Jahrhundert, über 900 Werke aus den ersten Jahrzehnten der Druckerkunst und über 1000 wertvolle Handschriften. In der Bibliothek sind auch die Deckenfresken von Bartholomäo Altomonte sehenswert. Die Stiftskirche wurde im 19. Jahrhundert durch einen Brand vernichtet und 1869 im neugotischen Stil wieder aufgebaut. Auf einem Felsen im Süden von Admont liegt das gut erhaltene Schloss Röthelstein, ehemaliger Sitz des Admonter Abtes und heute Jugendherberge. Für Wintersportler gibt es in Admont Lifte, Loipen und Rodelbahnen.

Nach Admont stürzt sich die Ems ins Gesäuse, eine wildromantische Felsschlucht. Die vom Fluss geteilten steilen Berge sind das Eldorado für Bergsteiger aus aller Welt. Sie klettern vom Reichenstein in der Hochtor- und Böcksteingruppe am Rosskar und am Heckturm. Von jedem Gipfel, den sie erreichen, genießen sie einen Panoramablick über die wilde, einsame Landschaft und hinunter ins Tal der rauschenden Ems. In Johnsbach – in einem Seitental – haben die Bergsteiger, die im Laufe der Jahrhunderte hier verunglückten, ihre letzte Ruhe auf dem Bergsteigerfriedhof gefunden.

Unsere nächste Etappe führt uns über Hieflau zum Erzberg. Früher wurde in Hieflau Eisenerz verhüttet und das Roheisen auf der Ems nach Steyr transportiert. Die für die Hochöfen als Brennstoff benötigten Baumstämme warf man oberhalb von Admont ins Wasser der Ems und ließ sie durch das Gesäuse treiben. In Hieflau fing ein technisches Meisterwerk, der 1512 angelegte Holzrechen, die Stämme wieder auf.

15 Kilometer nach Hieflau taucht, angekündigt durch ein Hinweisschild, der Erzberg, die „Steierische Stufenpyramide“ auf. Seit Jahrtausenden wird in gewaltigen Stufen abgebaut. Weit überragt die rotbraune Stufenpyramide die Stadt Eisenerz. Seit der Römerzeit hat der Erzberg 60 m an Höhe verloren.

Niedere Tauern Gleich nach dem kleinen Parkplatz mit dem Erzbergblick biegen wir links zum Leopoldsteiner See ab. Hier hat der Legende nach alles angefangen. Der Wassermann wurde im See gefangen. Für seine Befreiung bot er etwas Gold, viel Silber oder Eisen für alle Zeiten an. Die klugen Bauern entschieden sich für Eisen. Deshalb liefert der Erzberg noch immer das eherne Erz. Der Leopoldsteiner See blinkt je nach Witterung wie ein dunkelgrünes oder tiefblaues Auge am Fuße des Pfaffensteins. Er ist einer der schönsten Alpenseen. Die Ufer sind unverbaut und zugänglich. Wir wandern in der Abendsonne um den See, essen in der Jausenstation etwas und übernachten auf dem schönen und ruhigen Parkplatz (SM-10).

Den größten Wohlstand erlebten die Einwohner von Eisenerz im 16., 17. und 18. Jahrhundert. Zeugnisse dieser Vergangenheit sind die gotische Pfarrkirche mit der Schichtglocke im Turm, das Alte Rathaus und der Bergmannsbrunnen am Bergmannsplatz.

„Abenteuer Erzberg“ heißt die Besichtigungstour am und im Erzberg. Wir begleiten die Bergleute bei ihrer Arbeit im Berginnern. Mit Hanly, einem umgebauten Schwerlastwagen, geht es über die abgebauten Terrassen zum Stolleneingang. Mit diesem Giganten werden täglich tausende von Tonnen Erz ins Tal gebracht. Die Lok Katl bringt uns in die Tiefe zu den vielen Stationen der Tour. Hautnah erleben wir den Abbau durch Sprengungen. Grelle Blitze, donnerndes Getöse und Pulverdampf durchziehen den Stollen. Auf sieben Ebenen wurden 40 km Gänge gegraben und gesprengt.

Als wir wieder ans Tageslicht kommen, staunen wir über diesen von Menschenhand geschaffenen, faszinierenden Berg. Die Abenteuerreise auf den Erzberg ist beendet. Auf unserem idyllischen Stellplatz am Leopoldsteiner See genießen wir die Stille der Natur. Wir blicken auf den See und den markanten Pfaffenstein und träumen von dem Wassermann, der den Menschen einst diese unermesslichen Schätze aus Eisen geschenkt hat.

Über den Präbichl Pass fahren wir nach Vordernberg, Leoben, Judenburg und Mürzzuschlag, deren Vergangenheiten ebenfalls eng mit der Eisenherstellung verbunden ist. In Vordernberg wurde ein Stellplatz, leider direkt an der Passstraße, eingerichtet (**SM-11**). In Judenburg kann man am Erlebnisbad übernachten (**SM-12**).

Brahms wohnte in Mürzzuschlag und komponierte in dem ehrwürdigen Bürgerhaus an der Wiener Straße mit dem schönen Arkadenhof seine 4. Symphonie. 1893 wurde in Mürzzuschlag das erste internationale Abfahrtsrennen ausgetragen. Die Geschichte des Wintersports ist in dem Museum nachzuvollziehen. Am Sportplatz finden wir einen ruhigen Platz für die Nacht (SM-14).

Wir folgen nun den Pilgerströmen Richtung Mariazell, dem bedeutendsten Wallfahrtsort in Österreich, heute auch ein Ferienort am Hochschwab und am Ötschermassiv. Die ursprünglich romanische Wallfahrtskirche wurde um 1200 errichtet. Später kamen gotischer Chor und Halle hinzu. Nach der Gegenreform wurde die Kirche 1644 grundlegend verändert. Zwei gedrungene rotweiße Zwiebeltürme flankieren den grauen gotischen Turm. Im Inneren ragen aus der reichen Austattung die silberne Gnadenkapelle von Joseph Emanuel Fischer mit der Magna Mater Austriae, der Großen Mutter Österreichs, und der monumentale Hochaltar von Johann Bernhard Fischer, dem berühmtesten Barock-Baumeister Österreichs, hervor. Draußen wird der Dom von unzähligen Souvenirläden umgeben, Geschäfte für Touristen, Wallfahrer und Pilger. Wir werden unwillkürlich an Lourdes erinnert.

Die Parkplätze an den Ortsrändern können für die Übernachtung genutzt werden (SM-14). Wir fahren noch ein paar Kilometer weiter und übernachten in einer ruhigen Umgebung und einer reizvollen Landschaft am Freibad in Mitterbach (SM-15). Eine Fahrt mit der Seilbahn zur Gemeidealpe, einem Ausläufer des Ötscher Massivs, beschließt diesen erlebnisreichen Tag.

Niedere Tauern Richtung Norden in Josefsberg an den Skiliften können im Winter Sportfans übernachten und morgens als erste die Piste benutzen (SM-16). Wir folgen einer schmalen Straße in den Naturpark Ötscher-Tormäuer, wandern durch den kaum erschlossenen Naturpark und übernachten in der Einsamkeit der alpinen Welt (SM-17). Der Parkplatz des Turmkogelliftes in Wastl am Wald ist für Wintersportler ebenfalls hervorragend geeignet (SM-18).

Ein weiterer Wanderparkplatz im Naturpark Ötscher-Tormäuer liegt sehr ruhig in einer reizvollen Landschaft an der Panoramastraße Brandmauer (SM-19). Zwar ist die Weiterfahrt auf der schmalen Panoramastraße allen Fahrzeugen erlaubt, sollte aber nur von den Lenkern kleinerer Wohnmobile durchgeführt werden.

In Scheibbs verlassen wir die alpine Landschaft. Wir ergänzen unsere Vorräte, bummeln durch die Altstadt, besichtigen das Schloss und übernachten am Hallenfreibad (SM-20). Auf der Fahrt zur Autobahn schließt sich am Sonntagsberg der Kreis unserer Rundtour. In Waidhofen am Tennis- und Squashcenter kann man übernachten (SM-21). Waidhofen besitzt ein mittelalterliches Stadtbild, Befestigungsanlagen, das Schloss Rothschild und die spätgotische Pfarrkirche. Hoch oben auf dem Sonntagsberg neben der Wallfahrtkirche genießen wir den Blick übers Land bis nach Waidhofen.

In Hollenstein an der Ybbs kann das Nachtlager in einsamer Lage aufgeschlagen werden (**SM-22**). Wasserversorgung, Stromanschluss, Toiletten, ein Grillstelle mit Feuerholz und ein Kinderspielplatz stehen zur Verfügung.

Donaufähre

Niedere Tauern

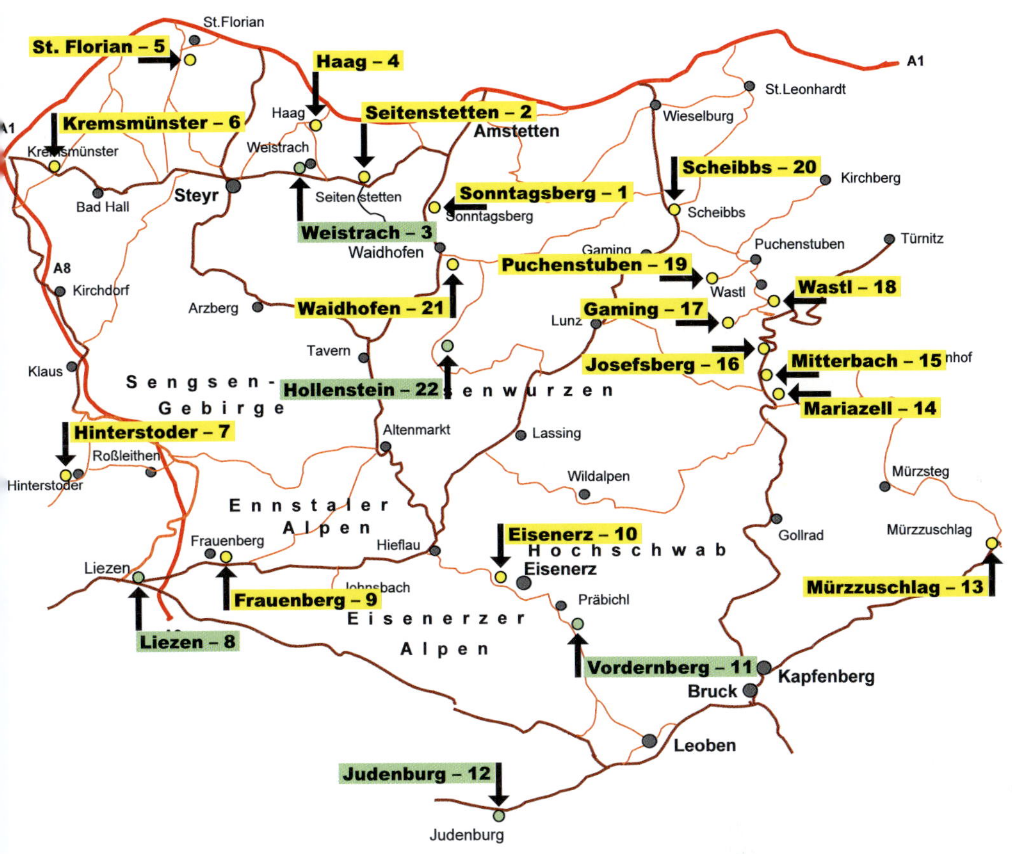

Niedere Tauern

Tour 14: **Von Steyr über Eisenerz nach Mariazell**

Nr.	Ort, Bezeichnung	Stell-plätze A	Gast-haus	Häu-ser	WC	Bad See	Orts-nähe B	Ent-sorg.	Park-dauer C	Park-gebühr D
SM-1	Sonntagsberg, Basilika ***	10	+	+	-	-	x	-	1	0
SM-2	Seitenstetten, Stift ***	20	+	+	-	-	x	-	1	0
SM-3	**Weistrach, Sportanlagen** **	**3**	**+**	**+**	**-**	**-**	**5**	**-**	**1**	**0**
SM-4	Stadt Haag, Tierpark **	20	+	+	+	-	x	-	1	0
SM-5	St.Florian, Chorherrenstift ***	30	+	+	+	-	x	-	1	0
SM-6	Kremsmünster, Stift ***	30	+	-	+	-	x	-	1	0
SM-7	Hinterstoder, Hössbahnen ***	50	+	+	-	-	x	-	1	0
SM-8	**Liezen, Sportzentrum** **	**5**	**+**	**+**	**+**	**-**	**9**	**-**	**1**	**0**
SM-9	Frauenberg, Wallfahrtskirche **	5	+	+	+	-	x	-	1	0
SM-10	Eisenerz, Leopoldsteiner See ***	10	+	-	+	+	x	-	1	0
SM-11	**Vordernberg, Wohnmobilplatz** *	**5**	**-**	**+**	**-**	**-**	**5**	**+**	**U**	**0**
SM-12	**Judenburg, Erlebnisbad** **	**5**	**+**	**+**	**-**	**+**	**10**	**-**	**1**	**5**
SM-13	Mürzzuschlag, Sportanlage **	10	-	+	-	-	x	-	1	0
SM-14	Mariazell, Ortsparkplatz *	10	+	+	+	-	5	-	1	P
SM-15	Mitterbach, Alpensesselbahn **	30	+	+	+	+	x	-	1	0
SM-16	Josefsberg, Skilifte **	20	+	+	-	-	x	-	1	0
SM-17	Gaming, Wanderparkplatz **	10	+	-	+	-	x	-	1	0
SM-18	Wastl, Turmkogellift **	10	+	+	-	-	x	-	1	0
SM-19	Pucherstuben Sulzbichl **	3	-	+	-	-	x	-	1	0
SM-20	Scheibbs, Hallenfreibad **	10	+	+	+	+	x	-	1	0
SM-21	Waidhofen, Tenniscenter **	5	-	+	-	-	x	-	1	0
SM-22	**Hollenstein, Wentsteinammer** ***	**4**	**-**	**+**	**+**	**-**	**x**	**-**	**U**	**5**

Legende

****	sehr ruhige und sehr schöne Lage.
***	sehr ruhige und schöne Lage.
**	ruhige und gute Lage.
*	keine ruhige Lage.
A	Stellplätze gestaffelt nach 3, 5, 10, 20, 30, 50 Wohnmobilen. Dabei wird angenommen, dass nur die Hälfte des Platzes zur Verfügung steht und die andere Hälfte durch PKW belegt ist.
B	Fußweg in Minuten, x über 15 min Fußweg.
C	Aufenthaltsdauer in Tagen.
D	Stellplatzgebühr in Euro pro Wohnmobil und 24 Stunden oder Parkgebühr.
P	Parkgebühr in der Saison.
T	Aufenthaltsdauer einige Tage.
U	Aufenthaltsdauer unbegrenzt.

Parkplatz (gelb) — Wohnmobil-Stellplatz (grün)

3332 Rosenau-Sonntagsberg Wallfahrtsbasilika *** SM - 1

Parkplätze unterhalb der Basilika in sehr ruhiger und schöner Lage.

Von Waidhofen Richtung Amstetten fahren (B121) und 4,5 km nach dem Ortsende Waidhofen rechts Richtung Sonntagsberg abbiegen. Nach 600 m rechts Richtung Wallfahrtsbasilika fahren und dem Wegweiser folgen. Nach weiteren 3,6 km unterhalb der Basilika halblinks fahren (kein Schild). Noch 200 m.
Koordinaten: 47° 59,82' Nord, 14° 45,77' Ost.
Koordinaten: 47° 59' 49" Nord, 14° 45' 46" Ost.

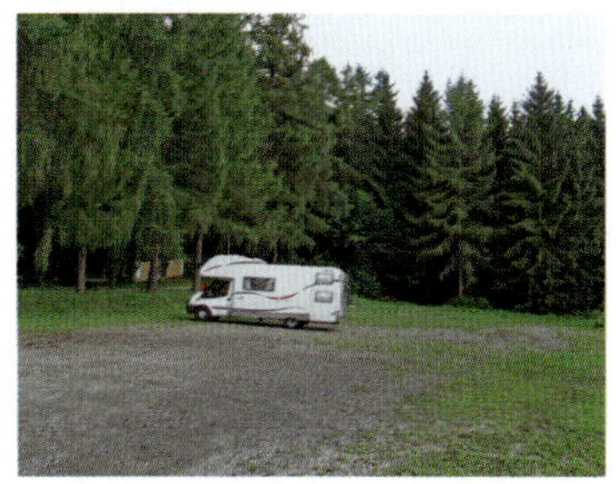

Gaststätten und Verkaufsstände am Parkplatz.
Öffentliches WC an der Basilika.
Häuser am Parkplatz.
Müllbehälter am Parkplatz.
3,7 m Höhenbegrenzung und 16 % Steigung auf der Anfahrt.
Panoramablick vom Stellplatz und von der Basilika.
Besichtigung der Wallfahrtsbasilika, Deckenfresken.
Besichtigung von Waidhofen: Mittelalterliches Stadtbild, Wehranlagen, Schloss, spätgotische Pfarrkirche.
Fahrt zum Benediktinerstift Seitenstetten.
Für sehr große Wohnmobile nicht geeignet. Schmale Zufahrt.
Keine Parkgebühr.
Ebene Stellflächen für 10 Wohnmobile.

3353 Seitenstetten Benediktinerstift *** SM - 2

Durch Bäume aufgelockerter, geschotteter **Parkplatz** in sehr ruhiger und schöner Lage.

Von der B122 (Amstetten-Steyr) in Seitenstetten – 600 m nach dem westlichen Ortsanfang Seitenstetten – Richtung Waidhofen abbiegen. Nach 100 m am Kloster dem Parkplatz-Schild folgen. Noch 200 m.
Koordinaten: 48° 02,01' Nord, 14° 39,29' Ost.
Koordinaten: 48° 02' 01" Nord, 14° 39' 17" Ost.

Gaststätten in der Nähe. Häuser und Geschäfte in der Nähe.
Loipen am Parkplatz.
Besichtigung des Benediktinerstiftes:
Frühgotische Stiftskirche mit barocker Ausstattung,
Fresken von Troger und Altomonte,
Gemälde des Kremser Schmidt und der Donauschule.
Fahrt nach Steyr.
Fahrt auf der Moststraße.
Keine Parkgebühr.
Ebene Stellflächen für 20 Wohnmobile.
Stellplatz Mostheuriger Neudaumühle, Weidersdorfstraße 65, 048° 02' 59 N, 14° 38' 53" O, 10 Plätze, 7 €/24 Std.

3351 Weistrach Sportanlagen ** SM - 3

Asphaltierter **Übernachtungsplatz** in ruhiger und guter Lage.

Von der B122 westlich von Seitenstetten Richtung Weistrach abbiegen. Nach 1,2 km rechts Richtung Weistrach abbiegen und nach 300 m links dem Wegweiser P Wohnmobile folgen. Noch 100 m bis zum Platz.
Koordinaten: 48° 03,31' Nord, 14° 34,88' Ost.
Koordinaten: 48° 03' 19" Nord, 14° 34' 53" Ost.

Gaststätten in der Nähe. Häuser und Müllbehälter am Platz.
Schmale, kurze Zufahrt (20 m).
5 Minuten Fußweg zur Ortsmitte.
Besichtigung der Donauschulkirche St. Stephan in Weistrach.
Wandern und Radtouren im Mostviertel.
Besichtigung des Benediktinerstiftes in Seitenstetten:
Frühgotische Stiftskirche mit barocker Ausstattung,
Fresken von Troger und Altomonte,
Gemälde des Kremser Schmidt und der Donauschule.
Ausflug nach Steyr.
Fahrt auf der Moststraße und auf der Eisenstraße.
Keine Parkgebühr. Ebene, asphaltierte Flächen für 5 Mobile.
Informationen: Tel. 0043-7 47 74 23 63

3350 Stadt Haag Tierpark ** SM - 4

Durch Baumstreifen eingeteilter **Parkplatz** am Tierpark in ruhiger Lage.

Von der Ausfahrt Haag der Autobahn A1 Richtung Steyr/Stadt Haag/Tierpark fahren und nach 5,3 km links Richtung Tierpark abbiegen. Noch 700 m bis zum P1 rechts. Zum ruhig gelegenen P2 links gegenüber P1 fahren. Noch 50 m bis P2.
Koordinaten: 48° 06,14' Nord, 14° 33,55' Ost.
Koordinaten: 48° 06' 08" Nord, 14° 33' 33" Ost.

Gaststätte am Parkplatz. Häuser am Parkplatz.
WC am Parkplatz. Müllbehälter am Parkplatz.
Wandern und Radfahren.
Besuch des Tierparks.
Besuch des Niederösterreichischen Mostmuseums
und des Freilichtmuseums.
Fahrt auf der Moststraße.
Keine Parkgebühr.
Ebene und etwas schräge Stellflächen für 20 Wohnmobile.

4490 St. Florian Augustiner Chorherrenstift *** SM - 5

Durch Grünstreifen und Zäune eingeteilte **Parkplätze** in teilweise sehr ruhiger und schöner Lage.

Von der Ausfahrt St. Florian der Autobahn A1 Richtung St. Florian fahren und nach 3 km rechts Richtung Zentrum fahren. Nach 400 m wird rechts der erste, nach weiteren 100 m links der zweite Ausweichparkplatz erreicht. Am Stift vorbei fahren und zum Parkplatz rechts weitere 400 m fahren.
Koordinaten: 48° 12,38' Nord, 14° 22,48' Ost.
Koordinaten: 48° 12' 23" Nord, 14° 22' 29" Ost.

Gaststätte, Souvenirladen und Häuser am Parkplatz.
WC am Parkplatz.
Feuerwehrmuseum am Parkplatz.
Wandern und Radfahren.
Oberösterreichisches Freilichtmuseum Sunnerauerhof.
Jagdmuseum Schloss Hohenbrunn.
Besuch des Augustinerstifts
und der Stiftskirche mit Bruckner-Orgel.
Besichtigung von Ems und Steyr.
Fahrt nach Linz.
Keine Parkgebühr.
Ebene und leicht schräge Stellflächen für insgesamt 30 Mobile.
Ausweichparkplatz im Ort.

4550 Kremsmünster Stift Kremsmünster *** SM - 6

In Terrassen angelegter, durch Grünstreifen eingeteilter **Parkplatz** in sehr ruhiger und schöner Lage.

Von der Ausfahrt Sattledt der Autobahn A1 Richtung Sattledt fahren (B138) und nach 100 m links Richtung Kremsmünster abbiegen (B122). Nach 6,4 km bis zum Parkplatz rechts.
Koordinaten: 48° 03,09' Nord, 14° 07,52' Ost.
Koordinaten: 48° 03' 06" Nord, 14° 07' 31" Ost.

Gaststätte in der Nähe.
WC im Stift.
Müllbehälter am Parkplatz.
Wandern und Radfahren.
Rundwanderweg Adalbert Stifter 1,5 Stunden.
Besichtigung des Fahrzeugmuseums Schloss Kremsegg.
Führung im Stift Kremsmünster: Schatzkammer, Kunstsammlung Sternwarte, Kaisersaal.
Fahrt nach Steyr.
Keine Parkgebühr.
Ebene Stellflächen für 30 Wohnmobile.
Stellplatz Aktivpark Stadlhuber, Linzer Straße 44, 18 €/24 Std. 48° 03' 22" N, 14° 08' 10" O, Tel. 0043-75 83 74 98.

4573 Hinterstoder Hössbahnen *** SM - 7

Durch Bäume in Abschnitte eingeteilter, asphaltierter **Großraumparkplatz** an den Hössbahnen in sehr ruhiger Lage und landschaftlich reizvoller Umgebung.

Von der B138 (Kirchdorf-Windischgarsten) am südlichen Ende des Klauser Stausees Richtung Hinterstoder abbiegen. Nach 9,4 km – 600 m nach dem Ortsanfang Hinterstoder – wird der Parkplatz rechts erreicht.
Koordinaten: 47° 39,85' Nord, 14° 06,33' Ost.
Koordinaten: 47° 39' 51" Nord, 14° 06' 20" Ost.

Gaststätte am Parkplatz und in der Nähe.
Häuser und Geschäfte am Parkplatz.
Müllcontainer am Parkplatz.
Skigebiet Hösskogel (1353 m) und Loipen am Parkplatz.
Wanderwege und Radtouren im Steyrtal. Bergwandern.
Skigebiet Bärenalb am Talende.
Kräuterlehrpfad in der Nähe.
Besichtigung des Stromboding-Wasserfalls.
Fahrt auf der Eisenstraße.
Keine Parkgebühr.
Ebene Stellflächen für 50 Wohnmobile.

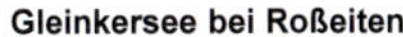

Gleinkersee bei Roßeiten

8940 Liezen Sportzentrum **  SM - 8

Übernachtungsplätze auf einem Großparkplatz in ruhiger und schöner Lage.

Von der B320 (Ennstalstraße) nach Liezen und im Ort Richtung Bahnhof fahren (Döllacher Straße). Nach dem Bahnübergang rechts dem Wegweiser Tennishalle folgen (**Friedau 25**).
Koordinaten: 47° 33,56' Nord, 14° 14,07' Ost.
Koordinaten: 47° 33' 34" Nord, 14° 14' 04" Ost.

Gaststätte, Häuser und Tennishalle am Parkplatz.
Geschäfte und Hallenbad in der Nähe.
Müllbehälter am Parkplatz.
Wasserversorgung, Dusche und WC an der Tennishalle.
Ganzjährig zugänglich.
9 Minuten Fußweg zur Stadtmitte
Wandern und Radtouren im Ennstal.
Ausflug ins Gesäuse. Fahrt ins Salzkammergut.
Parkgebühr: 5 € inkl. Wasser, WC, Dusche.
Ebene, geschotterte Stellflächen für 5 Wohnmobile.
Informationen: Tel. 0043-36 12 25 52 50.

8911 Admont-Frauenberg Wallfahrtskirche ** SM - 9

Zwei kleine asphaltierte und befestigte **Parkplätze** an der Wallfahrtskirche in ruhiger und schöner Lage.

Von der Ausfahrt Admont/Arding der A9 Richtung Admont fahren (B148) und nach 6,6 km links Richtung Frauenberg abbiegen. Nach 600 m rechts dem Wegweiser Wallfahrtskirche folgen. Noch 700 m bis zum ersten Platz links und 800 m bis zum zweiten asphaltierten Parkplatz. Bei Anfahrt aus Richtung Admont rechts Richtung Frauenberg abbiegen und nach 1,2 km links dem Wegweiser Wallfahrtskirche folgen.
Koordinaten: 47° 34,98' Nord, 14° 24,10' Ost.
Koordinaten: 47° 34' 59" Nord, 14° 24' 06" Ost.

Gaststätte und Häuser am Parkplatz.
Kiosk am Parkplatz.
WC an der Kirche.
Wasserversorgung an der Kirche.
Blick ins Tal der Ems.
Für sehr große Wohnmobile nicht geeignet.
Ausweichparkplatz Gstatterboch an der B146.
Keine Parkgebühr.
Leicht schräge Stellflächen für 5 Wohnmobile.

Eisenerz Leopoldsteiner See *** SM - 10

Befestigter **Parkplatz** in sehr ruhiger Lage und landschaftlich reizvoller Umgebung am See.

Von der B115 (Hieflau-Leoben) nördlich von Eisenerz Richtung Leopoldsteiner See abbiegen. Noch 1 km bis zum Parkplatz links.
Koordinaten: 47° 34,38' Nord, 14° 51,11' Ost.
Koordinaten: 47° 34' 23" Nord, 14° 51' 07' Ost.

Gaststätte und Kiosk am Parkplatz.
WC und Müllbehälter am Parkplatz.
Rundweg um den See.
Naturschutzgebiet.
Aufstieg zum Pfaffenstein.
Besichtigung des Erzberges: Abenteuer Erzberg (Mai-Oktober 10.00 – 15.00 Uhr).
Besichtigung von Eisenerz.
Fahrt auf der Eisenstraße.
Keine Parkgebühr.
Ebene und leicht schräge Stellflächen für 10 Wohnmobile.

8794 Vordernberg Wohnmobilstellpatz *   SM - 11

Kleiner **Wohnmobil- und Caravanplatz** an der Hauptstraße.

Auf der B 115 nach Vordernberg fahren. Am Ortsbeginn im Westen wird der Platz rechts erreicht (**Hauptstraße 105**).
Koordinaten: 47° 29.10' Nord, 14° 59.48' Ost.
Koordinaten: 47° 29' 06" Nord, 14° 59' 29" Ost.

Geräusche durch Hauptstraße.
Ver- und Entsorgung am Platz. Frischwasser 1 €/120 l.
Stromversorgung. Gebühr 1 €/12 Std.
Müllbehälter und Informationstafel am Platz.
Einkaufsmöglichkeiten im Ort. 5 Gehminuten zur Ortsmitte.
Bushaltestelle am Platz. Besichtigung des Traktormuseums.
Wanderungen in der Umgebung.
Ganzjährig zugänglich. Aufenthaltsdauer nicht begrenzt.
Geschotterte, ebene und gerade Stellflächen für 5 Wohnmobile.
Keine Parkgebühr.
Informationen: Marktgemeindeamt Tel. 0043 (0) 3849 206

8750 Judenburg Erlebnisbad ** SM - 12

Geschotteter **Wohnmobilplatz** in ruhiger und schöner Lage.

Von der B77 Richtung Zentrum und bei der BP-Tankstelle am Kreisverkehr Richtung Erlebnisbad fahren. Vor dem Erlebnisbad links dem Wohnmobil-Symbol folgen. Noch 100 m (**Fichtenhainstraße**).
Koordinaten : 47° 9,91' Nord, 14° 39,19' Ost.
Koordinaten : 47° 9' 55" Nord, 14° 39' 11" Ost.

Gaststätten im Badegebäude. Häuser in der Nähe.
Zufahrt nur von 7 – 21.00 Uhr (Nachtruhe).
Wasserversorgung und Abwasserentsorgung am Platz.
Getrennte Müllentsorgung am Platz.
Schwarzwasserentsorgung an der Kläranlage.
Frei- und Hallenbad am Platz. 8 Minuten Fußweg zur Altstadt.
Wanderungen und Radfahren im Murtal. Murradweg am Platz.
Besichtigung von Judenburg: Stadtturm, Altstadt, Stadtmuseum mit Kelten-Funden.
Parkgebühr: 5 € einschl. Frischwasser und Grauwasser.
Ebene und leicht schräge, geschotterte Stellflächen für 5 Mobile.
Informationen: Tel. 0043-35 72 24 71 27
Internet: www.judenburg.at

Wallfahrtskirche Frauenberg

8680 Mürzzuschlag Sportanlage **  SM - 13

Geschotterter **Parkplatz** an der Sportanlage in ruhiger Lage.

Von der B306 (Bruck-Semmering) Richtung Mürzzuschlag abbiegen und in Mürzzuschlag Richtung Mariazell fahren. 2,9 km nach dem Ortsanfang Mürzzuschlag rechts Richtung Mariazell abbiegen (B23). Nach 100 m links dem P2-Schild folgen. Noch 200 m bis zum Parkplatz rechts.
Koordinaten: 47° 36,38' Nord, 15° 40,01' Ost.
Koordinaten: 47° 36' 23" Nord, 15° 40' 01" Ost.

Gasthaus und Häuser am Parkplatz.
Parkplatz für PKW und Busse.
Besuch des Wintersportmuseums (größtes Skimuseum der Welt).
Besichtigung von Mürzzuschlag: Barocke Pfarrkirche, Brahms-Haus.
Fahrt zum Neuburger Dom, ehemaliges Zisterzienzer-Stift.
Besichtigung des Erzberges: Abenteuer Erzberg (Mai-Oktober 10.00 -15.00 Uhr).
Keine Parkgebühr.
Ebene Stellflächen für 10 Wohnmobile.

Mariazell Ortsparkplätze * SM - 14

Asphaltierter und geschottete **Parkplätze** an der B20.

Von Kapfenberg (B20) oder Mürzzuschlag Richtung Mariazell fahren (B21). Von der Kreuzung B21/B20 wird P3 nach 300 m links, P2 nach 500 m rechts und P1 nach 1,1 km rechts erreicht. P1 liegt günstig.
Koordinaten: 47° 46,19' Nord, 15° 19,03' Ost.
Koordinaten: 47° 46' 11" Nord, 15° 19' 02" Ost

Gaststätten in der Nähe. WC an der Wallfahrtskirche.
Häuser am Parkplatz. Geschäfte in der Nähe.
Freibad und Bootsverleih am Erlaufsee.
Verkehrsgeräusche durch Bundesstraße.
Skischwebebahn in der Nähe.
Skigebiet Bürgeralpe (1250 m)
mit Rodelbahn und Langlaufloipen.
Wandern auf der Bürgeralpe.
Besichtigung der berühmten Wallfahrtskirche Mariazell
mit Gnaden- und Hochaltar.
Fahrt mit der Museumstramway zum Erlaufsee.
Zeitweise Parkgebühr.
Ebene und etwas schräge Stellflächen für 30 Wohnmobile.

3224 Mitterbach Alpensesselbahn ** SM - 15

Asphaltierter und geschotterter **Großparkplatz** an Sesselbahn und Freibad in ruhiger und schöner Lage.

Von Mariazell Richtung Erlaufsee fahren und am See Richtung Mitterbach abbiegen. 1 km nach dem Ortsanfang Mitterbach wird der Parkplatz rechts erreicht. Zum hinteren Parkplatz am Freibad durchfahren. Bei Anfahrt von Norden in Mitterbach rechts Richtung Erlaufsee abbiegen. Noch 600 m.
Koordinaten: 47° 48,66' Nord, 15° 17,39' Ost.
Koordinaten: 47° 48' 40" Nord, 15° 17' 23" Ost.

Gaststätte, Kiosk und Häuser am Parkplatz. Geschäfte in der Nähe.
WC am Sesselbahngebäude.
Freibad am Parkplatz.
Freibad und Bootsverleih am Erlaufsee.
Skigebiet auf der Gemeindealpe. Skischule am Parkplatz.
Bergwandern und Bergsteigen im Gebiet des Ötscher.
Bärengehege an der Mittelstation der Sesselbahn.
Besichtigung der Wallfahrtskirche Mariazell
mit Gnaden- und Hochaltar.
Fahrt mit der Museumstramway vom Erlaufsee nach Mariazell.
Keine Parkgebühr.
Ebene Stellflächen für 30 Wohnmobile.

3224 Mitterbach-Josefsberg Skilifte ** SM - 16

Geschotterter **Großparkplatz** an den Skiliften in landschaftlich reizvoller Umgebung.

Von der B20 (Mariazell-St.Pölten) 12 km nördlich von Mariazell auf der Passhöhe – 6 km nach dem Ortsende Mitterbach – links Richtung Josefsberg abbiegen. Nach 100 m links und nach weiteren 100 m wieder links dem Wegweiser Skilifte folgen. Bei Anfahrt aus dem Norden wird 6 km nach dem Ortsende Reith die Passhöhe Josefsberg erreicht.
Koordinaten: 47° 50,71' Nord, 15° 18,89' Ost.
Koordinaten: 47° 50' 43" Nord, 15° 18' 53" Ost.

Gaststätte in der Nähe. Häuser am Parkplatz.
Skilifte am Parkplatz. Skigebiet Josefsberg.
Parkplatz in 1200 m Seehöhe.
Besichtigung der Wallfahrtskirche Mariazell
mit Gnaden- und Hochaltar.
Fahrt in den Naturpark Ötscher-Tormäuer.
Keine Parkgebühr.
Ebene und leicht schräge Stellflächen für 20 Wohnmobile.

Gaming-Trübenbach Wanderparkplatz ** SM - 17

Geschotterter **Parkplatz** im Naturpark Ötscher-Tormäuer in sehr ruhiger Lage und landschaftlich reizvoller Umgebung.

Von der B20 (St. Pölten-Mariazell) in Reith Richtung Erlaufboden/Trübenbach abbiegen und nach 100 m links fahren. Nach 7 km wird der Parkplatz links erreicht.

Gaststätte am Parkplatz.
Öffentliches WC am Gasthof.
Häuser am Parkplatz.
Wandern im Naturpark Ötscher-Tormäuer.
Weiterfahrt auf der Panoramastraße nur für kleine Mobile.
Besuch des Holzknechtmuseums.
Fahrt zur Wallfahrtskirche nach Mariazell.
Fahrt nach Steyr.
Keine Parkgebühr.
Ebene und leicht schräge Stellflächen für 10 Wohnmobile.

Wastl am Wald Turmkogellift ** SM - 18

Befestigter **Parkstreifen** am Turmkogellift in sehr ruhiger und schöner Lage.

Von der B28 (Scheibbs-Reith) 3,5 km nach dem Ortsende Puchenstuben rechts dem Wegweiser Turmkogellift folgen. Noch 1,2 km bis zum Parkplatz rechts. Bei Anfahrt aus dem Süden 9,4 km nach der Abzweigung der B28 von der B20 links zum Turmkogellift abbiegen.

Gaststätte am Parkplatz.
Häuser am Parkplatz.
Skigebiet in 1100 m Höhe.
Wandern im Naturpark Ötscher-Tormäuer.
Fahrt zur Wallfahrtskirche nach Mariazell.
Fahrt nach Steyr.
Keine Parkgebühr.
Ebene und etwas schräge Stellflächen für 10 Wohnmobile.

3214 Puchenstuben Sulzbichl ** SM - 19

Kleiner asphaltierter **Wanderparkplatz** an der Panoramastraße Brandmauer in sehr ruhiger und schöner Lage.

Von der B28 (Scheibbs-Reith) in Puchenboden Richtung Sulzbichl/Trefflingfall abbiegen. Nach 2 km wird der Parkplatz links erreicht.
Koordinaten: 47° 54,55' Nord, 15° 17,11' Ost.
Koordinaten: 47° 54' 33" Nord, 15° 17' 07" Ost.

Häuser in der Nähe.
Für sehr große Wohnmobile nicht geeignet.
Weiterfahrt auf der Panoramastraße ist nur kleinen Wohnmobilen zu empfehlen.
Wandern im Naturpark Ötscher-Tormäuer.
Fahrt zur Wallfahrtskirche nach Mariazell.
Fahrt nach Steyr.
Keine Parkgebühr.
Ebene Stellflächen für 3 Wohnmobile.

3270 Scheibbs Hallenfreibad ** SM - 20

Durch Bäume aufgelockerter asphaltierter **Parkplatz** am Hallenfreibad in ruhiger und schöner Lage.

Von der B25 (Gaming-Scheibbs) 1,8 km nach der Einmündung der B20 links Richtung Scheibbs-Süd abbiegen. Gleich wieder rechts fahren. Nach 800 m dem Wegweiser Hallenbad rechts folgen. Noch 100 m bis zum Platz. Bei Anfahrt aus dem Norden an Scheibbs vorbeifahren und erst in Scheibbs-Süd abbiegen.
Koordinaten: 47° 59,95' Nord, 15° 09,79'.
Koordinaten: 47° 59' 57" Nord, 15° 09' 47".

Gaststätte und Häuser am Parkplatz.
Freibad und Hallenbad am Parkplatz.
Häuser am Parkplatz.
Parkplatz für Besucher des Hallenfreibades.
Minigolf am Parkplatz.
Müllbehälter am Parkplatz.
Besichtigung von Scheibbs: Altstadt, Schloss.
Fahrt auf der Eisenstraße.
Fahrt nach Steyr.
Fahrt zur Wallfahrtskirche nach Mariazell.
Keine Parkgebühr.
Ebene Stellflächen für 10 Wohnmobile.

3340 Waidhofen Tennis- und Squashcenter ** SM - 21

Asphaltierter **Parkplatz** am Tennis- und Squashcenter in sehr ruhiger Lage.

Von Scheibbs Richtung Waidhofen fahren (B31) und 300 m nach dem Ortsanfang Waidhofen rechts Richtung Sportzentrum abbiegen. Nach der Brücke nach 100 m rechts fahren (kein Schild) und nach weiteren 200 m links dem Schild Tennis- und Squashzentrum folgen. Noch 300 m bis zum Parkplatz.
Koordinaten: 47° 56,82' Nord, 14° 47,96' Ost.
Koordinaten: 47° 56' 49" Nord, 14° 47' 58" Ost.

Häuser am Parkplatz.
Wandern im Naturpark Bachenburg.
Besichtigung von Waidhofen: Mittelalterliches Stadtbild, Befestigungsanlagen, Schloss Rothschild, spätgotische Pfarrkirche.
Fahrt zur Wallfahrtsbasilika Sonntagsberg.
Fahrt zum Benediktinerstift Seitenstetten.
Fahrt nach Steyr.
Keine Parkgebühr.
Ebene Stellflächen für 5 Wohnmobile.

3343 Hollenstein an der Ybbs Wentsteinhammer *** SM - 22

Kleiner **Wohnmobilplatz** am Wentsteinhammer in sehr ruhiger und schöner Lage.

In Hollenstein an der Tankstelle ins Zentrum fahren und dem Schild Steinbachtal folgen. Nach 4 km wird der Platz links erreicht. (Wentsteinhammer)
Koordinaten: 47° 46.10' Nord, 14° 46.39' Ost.
Koordinaten: 47° 46' 06" Nord, 14° 46' 23" Ost.

Einsame Lage. Häuser am Platz (z. Zt. unbewohnt). Bachlauf am Platz.
Trinkwasser vorhanden. WC am Stellplatz.
Schwarzwasserentsorgung in der Kläranlage.
Stromversorgung vorhanden.
Kinderspielplatz am Stellplatz.
Grillstelle am Platz. Feuerholz vorhanden.
Ganzjährig zugänglich.
Aufenthaltsdauer nicht begrenzt.
Wanderungen und Mountainbiketouren in der Umgebung.
Geschotterte, ebene Stellflächen für 4 Wohnmobile.
Parkgebühr: 5 € pro Tag.
Einwurf in eine Box an der Toilettenanlage.
Informationen: Tourismusbüro Tel.: 0043 (0) 7445 20904

Blühende Almen und weite Täler
Zwischen Ankogel und Gailtaler Alpen

Tour 15

Wir fahren durch das liebliche, wenig bekannte Mölltal. In den Orten des breiten Tals sind preiswerte und ruhige Ferien möglich mit ausgedehnten Wanderungen und Radtouren. In der Nähe von Stall haben wir auf einer Wiese ruhig geschlafen (AG-1). Ein Bad in der Morgensonne hat uns erfrischt. Nebenan hat sich eine Windsurfschule eingerichtet. Bald kommen die ersten Surfer und schaffen ein buntes Segelbild auf dem See.

An der Tourist-Information in Flattach kann man das Fahrzeug abstellen (AG-2). Einen anderen ruhigen Platz auf einer Wiese entdecken wir weiter talabwärts an der Möll bei Flattach (AG-3). Auf der Möll werden Rafting-Exkursionen angeboten. Ein Schlauchboot mit jauchzenden Touristen rauscht an uns vorbei. Westlich von Flattach zweigt eine schmale Straße zum Skigebiet des Wurtengletschers. Hier ist ein Sommerskigebiet erschlossen worden. Ein Abstecher führt uns zur Raggaschlucht. Der 800 m lange Weg durch die Schlucht ist ein eindrucksvolles Erlebnis. Acht Wasserfälle haben wir in der Schlucht gezählt.

In Obervellach biegen wir nach Norden in Richtung Mallwitz ab. Am Ende der Straße werden die Kraftfahrzeuge verladen und durch den Tauerntunnel mit der Eisenbahn nach Bad Gastein im Norden transportiert. Wir übernachten am Hallenbad am Ende einer kurzen Zufahrtsstraße (AG-4). Über eine andere schmale Straße erreichen wir die Ankogel-Gondelbahn. Der Parkplatz liegt in einer idyllischen und reizvollen Landschaft. Das Gebiet ist ein Teil des Nationalparks Hohe Tauern. Auf dem Parkplatz ist deshalb verständlicherweise „Campieren verboten“. Wir wandern durch das Seebachtal, über Holzstege in moorigen und sumpfigen Gebieten, an kleinen Seen und Wasserflächen vorbei und erblicken den Talschluss mit mächtigen Dreitausendern und ewigem Eis im Hintergrund. Mit der Ankogelbahn erreichen wir ein prachtvolles Wandergebiet in 2600 Metern Höhe, im Winter ideal für Skifahrer.

Wir wollen Kärnten kennenlernen, kehren um und fahren wieder nach Süden. In Obervellach erinnern viele Stollen in der Umgebung an den Goldbergbau im 15. und 16. Jahrhundert. Aus dieser Zeit stammen auch die Pfarrkirche mit schönen Altargemälden, das Schloss Trabuschen, die prächtigen Bürgerhäuser am Markt und der Fallturm. Zwei Burgen prägen das Bild der Umgebung, Burg Groppenstein und die Ruine Falkenstein aus dem 12. Jahrhundert mit einem mächtigen Turm. Am Hallenbad in Obervellach besteht eine Möglichkeit für die Übernachtung (AG-5).

Die Fast-Dreitausender der Kreuzeckgruppe und der Reißeckgruppe begleiten uns auf der Weiterfahrt. In Kolbwitz führen Bergbahnen und Schrägaufzüge zu Speicherseen in 2340 Metern Höhe. Im Winter sind Kreuzeck und Reißeck begehrte Skigebiete in einer Höhenlage zwischen 2000 und 2500 Metern. Jetzt im Sommer genießen wir den Panoramablick von der Bergstation und wandern über blühende Almwiesen und Felspfade zu den Stauseen. Die Parkplätze an den Talstationen sind für die Übernachtung gut geeignet (AG-6 und AG-7). In Kolbwitz, wie auch in Obervellach und Flattach, können Touristen an Rafting-Touren auf der Mölln teilnehmen. Auch unten im Tal am Ausgleichsbecken Rottach gibt es einen Übernachtungsplatz (AG-8).

In Möllbrücke ändern wir wieder unsere Fahrtrichtung nach Süden und Westen, um den Weißensee kennenzulernen. In Greifenburg besichtigen wir das Schloss. Im 12. Jahrhundert erbaut, bildete die Feste einen Schutz als Burg für den wichtigen Übergang über die Drau. Im Mittelalter wurde die Burg mehrfach zum Schloss umgebaut. Sehenswert sind auch die Wehrkirchen Maria Geburt in Berg und die Wallfahrtskirche St. Athanasius mit reichem Freskenschmuck. Ein sehr schöner Parkplatz am Badesee Greifenburg könnte uns zum Übernachten dienen. Aber leider sehen wir wieder Verbotsschilder.

Gailtaler Alpen Wir überqueren die Gailtaler Alpen und biegen ab zum Weißensee. Vergeblich ist unser Bemühen, hier einen Übernachtungsplatz zu finden. Überall sind Wohnmobil-Verbotsschilder aufgestellt. Da wir hier nicht gern gesehen sind, fahren wir weiter Richtung Süden. Am Freibad in Weißenbriach haben wir Glück: Auf einer Wiese unter hohen Bäumen stellen wir unser rollendes Ferienheim ab, nehmen ein erfrischendes Bad, kaufen in dem freundlichen Ort ein, tanken und lassen uns in einer Gaststätte im Ort mit deftigen Kärntner Spezialitäten verwöhnen (AG-9).

Nach Überquerung der Gailtaler Alpen gibt es auch in Hermagor keine Bleibe für Wohnmobilisten. Wieder versperren Verbotsschilder die Parkplätze. Der mächtige Reißkofel beherrscht das Gebirgspanorama auf der Weiterfahrt nach Westen. In Kirchbach am Freibad sehen wir einen weiteren freien Stellplatz (AG-10).

Wir fahren noch einige Kilometer weiter und finden am Ski- und Badezentrum in Kötschach-Mauthen einen schönen, ruhigen Übernachtungsplatz (AG-11). Mit der Bergbahn fahren wir zur Maltheser Alm, wandern über die Höhen der Gailtaler Alpen, erfrischen uns am Nachmittag im Freibad, faulenzen und sitzen abends auf der „Veranda unseres fahrbaren Ferienhauses". An der Gailberghöhe wurde in Terrassen ein großer Stellplatz für 70 Mobile angelegt (**AG-12**). Leider gibt es durch die Fahrzeuge auf der Passstraße auch in der Nacht Verkehrsgeräusche.

In Kötschach-Mauthen befand sich in der Antike eine römische befestigte Anlage zur Sicherung der wichtigen Nord-Süd-Verbindung und der Bergbaugebiete. Der Name erinnert an eine bedeutende Mautstation im Mittelalter.

Über den nahen Plöckenpass kann man südwärts nach Italien fahren. Wir fahren nordwärts und über den Gailbergsattel erreichen wir wieder das Drautal. Bei schönem Wetter sollte man die Großglockner-Hochalpenstraße für die Heimreise benutzen. Schneller überquert man den Alpenkamm durch den Felberntauerntunnel. In der Nähe der Felberntauernstraße darf man am Matreier Tauernhaus 24 Stunden gegen eine Gebühr von 5 Euro bleiben (**AG-13**).

Die Erlebnisse und Eindrücke dieser Reise ins fast unbekannte westliche Kärnten ziehen an uns vorüber. Wir sind über blühende Almwiesen gewandert, haben schroffe Felsen erklommen, blickten hinunter in die weiten Täler und haben dem Plätschern glasklarer Bäche gelauscht. Oft waren wir alleine in der Bergwelt. Der Massentourismus hat dieses liebliche Land noch nicht entdeckt.

Segeln auf dem Weißensee

Gailtaler Alpen

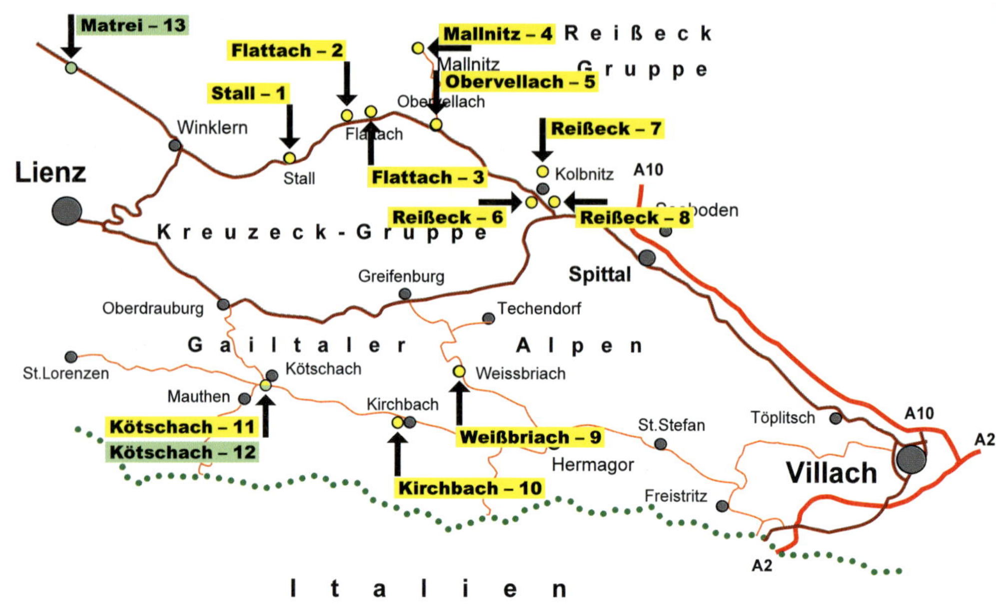

Gailtaler Alpen

Tour 15: **Zwischen Ankogel und Gailtaler Alpen**

Nr.	Ort, Bezeichnung	Stell-plätze	Gast-haus	Häu-ser	WC	Bad See	Orts-nähe	Ent-sorg.	Park-dauer	Park-gebühr
		A					B		C	D
AG-1	Stall, Windsurfschule **	5	-	-	-	+	x	-	1	0
AG-2	Flattach, Tourist-Information *	3	-	+	-	-	4	-	1	0
AG-3	Flattach, Möll **	3	-	-	-	-	x	-	1	0
AG-4	Mallnitz, Hallenbad ***	5	+	+	-	+	6	-	1	0
AG-5	Obervellach, Hallenbad **	10	+	+	-	+	x	-	1	0
AG-6	Reißeck, Kreuzeckbahn ***	5	-	+	+	-	x	-	1	0
AG-7	Reißeck, Reißeckbahn **	10	+	+	+	-	x	-	1	0
AG-8	Reißeck, See Ostufer *	5	-	-	-	+	x	-	1	0
AG-9	Weißenbriach, Freibad ***	10	+	-	+	+	x	-	1	0
AG-10	Kirchbach, Freibad **	5	+	+	-	+	x	-	1	0
AG-11	Kötschach, Badezentrum ***	20	-	-	-	+	x	-	1	0
AG-12	**Kötschach, Gailberghöhe ****	**70**	**+**	**+**	**-**	**-**	**x**	**+**	**U**	**13**
AG-13	**Matrei, Tauernhaus ****	**30**	**+**	**-**	**-**	**-**	**x**	**-**	**1**	**5**

Legende

****	sehr ruhige und sehr schöne Lage.
***	sehr ruhige und schöne Lage.
**	ruhige und gute Lage.
*	keine ruhige Lage.
A	Stellplätze gestaffelt nach 3, 5, 10, 20, 30, 50 Wohnmobilen. Dabei wird angenommen, dass nur die Hälfte des Platzes zur Verfügung steht und die andere Hälfte durch PKW belegt ist.
B	Fußweg in Minuten, x über 15 min Fußweg.
C	Aufenthaltsdauer in Tagen.
D	Stellplatzgebühr in Euro pro Wohnmobil und 24 Stunden oder Parkgebühr.
P	Parkgebühr in der Saison.
T	Aufenthaltsdauer einige Tage.
U	Aufenthaltsdauer unbegrenzt.
	Parkplatz
	Wohnmobil-Stellplatz

Stall Windsurfschule ** AG - 1

Parkplatz auf einem Wiesengelände am Baggersee in schöner Lage.

Von der Kreuzung der B107 und B106 in Winklern Richtung Spittal fahren und nach 19 km rechts zum Parkplatz abbiegen (nicht beschildert). 400 m weiter Parkplatz am Kiosk.

Bademöglichkeit am Parkplatz, Freibad.
Wanderwege.
Liegewiese am Parkplatz.
Windsurfschule am Parkplatz.
Surfbretterverleih am Parkplatz.
Radfahrten im Mölltal.
Fahrt zur Großglocknerstraße.
Fahrt nach Lienz.
Keine Parkgebühr.
Für sehr große Wohnmobile nicht geeignet.
Ebene Stellflächen für 5 Wohnmobile.

9831 Flattach Tourist-Information *  AG - 2

Übernachtungsplatz an der Bundesstraße im Ort.

Von Winklern (B107/106) Richtung Spittal fahren und in Flattach zum Parkplatz an der Tourist-Information abbiegen. Von Obervellach (B105/106) Richtung Winklern fahren und in Flattach zum Parkplatz an der Tourist-Information abbiegen (**Flattach 99**).

Häuser am Platz.
4 Minute Fußweg zur Ortsmitte.
Verkehrsgeräusche durch Bundesstraße.
Ganzjährig zugänglich. Aufenthaltsdauer 24 Stunden.
Wandern und Radfahrten im Mölltal.
Rafting und Sportfischen in Flattach.
Fahrt zum Winter- und Sommerskigebiet am Wurtengletscher.
Besuch der Raggaschlucht. Geologischer Lehrpfad.
Fahrt zur Großglocknerstraße. Fahrt nach Lienz.
Keine Parkgebühr.
Leicht schräge Stellflächen auf Wiesengelände für 3 Wohnmobile.
Informationen: Tourismusgemeinschaft Tel. 0043-47 85) 6 15
Internet: www.flattach.at

Stellplatz in Kirchbach

Flattach Möll ** AG - 3

Parkmöglichkeit auf einem Wiesengelände.

Von Winklern (B107/106) Richtung Spittal fahren und nach 21,6 km rechts zum Parkplatz abbiegen. Noch 100 m bis zum Parkplatz auf der Wiese. Von Obervellach (B105/106) Richtung Winklern fahren und nach 9,6 km – 1,1 km nach dem Ortsende Flattach – links zum Parkplatz abbiegen.

Wandern im Mölltal.
Radfahrten im Mölltal.
Rafting in Flattach.
Fahrt zum Winter- und Sommerskigebiet am Wurtengletscher.
Besuch der Raggaschlucht.
Fahrt zur Großglocknerstraße.
Fahrt nach Lienz.
Keine Parkgebühr.
Ebene und schräge Stellflächen für 3 Wohnmobile.

Mallnitz Hallenbad *** AG - 4

Asphaltierter **Parkplatz** am Hallenbad in sehr ruhiger Lage und landschaftlich reizvoller Umgebung.

Von der B106 (Spittal-Winklern) in Obervellach Richtung Mallwitz fahren (B105) und nach 9 km in Mallwitz geradeaus fahren (nicht rechts der Hauptstraße folgen). Noch 500 m bis zum Parkplatz rechts.

Gaststätte und Geschäfte in der Nähe.
Häuser am Parkplatz.
WC und Müllbehälter am Parkplatz.
Wasserversorgung am Parkplatz (mit dem Schlauch zu erreichen).
Hallenbad und Spielplatz am Parkplatz.
Wandern und Radfahren im Seebachtal.
6 Minuten Fußweg zur Ortsmitte.
Autoverladung nach Badgastein Richtung Salzburg.
Nationalpark Hohe Tauern.
Fahrt mit der Ankogelbahn: Bergwandern.
Keine Parkgebühr.
Stellmöglichkeiten für 5 Wohnmobile.
Ausweichparkplatz im Ort 200 m
vor der Abzweigung zum Hallenbad.

In Frauenberg

Obervellach Hallenbad ** AG - 5

Asphaltierter **Parkplatz** am Hallenbad in landschaftlich reizvoller Umgebung.

Von der B106 (Spittal-Winklern) aus Richtung Reißeck am Ortsanfang Obervellach rechts abbiegen. Noch 100 m bis zum Parkplatz rechts. Aus Richtung Winklern 1 km nach der Abzweigung der B105 nach Mallwitz links abbiegen.

Gaststätte und Häuser am Parkplatz.
Hallenbad am Platz.
Tankstelle am Parkplatz.
Wandern und Radfahren im Mölltal.
Bergwandern im Ankogelgebiet.
Nationalpark Hohe Tauern.
Rafting auf der Möll.
Besichtigung der Burg Groppenstein
und der Burgruine Falkenstein.
Besichtigung der Altstadt: Marktplatz, Fallturm,
Pfarrkirche, Wohnturm.
Keine Parkgebühr.
Ebene Stellflächen für 10 Wohnmobile.

9815 Reißeck-Kolbwitz Kreuzeckbahn *** AG - 6

Asphaltierter **Parkplatz** an der Kreuzeckbahn in sehr ruhiger und schöner Lage.

Von der B106 (Obervellach-Lurnfeld) 11 km südöstlich von Obervellach Richtung Kreuzeck-Reißeck-Bahnen abbiegen und dem Wegweiser Kreuzeckbahn folgen. Noch 700 m bis zum Parkplatz.
Koordinaten: 46° 52,25' Nord, 13° 18,55' Ost.
Koordinaten: 46° 52' 15" Nord, 13° 18' 33" Ost.

Häuser am Parkplatz.
WC am Parkplatz.
Wanderweg. Radfahrten.
Fahrt mit der Kreuzeckbahn. Bergwandern im Kreuzeckgebiet.
Rafting auf der Möll.
Skigebiete Kreuzeck und Reißeck.
Schmale, aber gute Zufahrt.
Für sehr große Wohnmobile nicht geeignet.
Keine Parkgebühr.
Ebene Stellflächen für 5 Wohnmobile.

9815 Reißeck-Kolbwitz Reißeckbahn ** AG - 7

Parkplätze an der Reißeckbahn in ruhiger Lage und landschaftlich reizvoller Umgebung.

Von der B106 (Obervellach-Lurnfeld) in Reißeck zu den Reißeck-Kreuzeckbahnen abbiegen und dem Wegweiser Reißeckbahn folgen. Noch 1,8 km bis zu den Parkplätzen 1 und 2.
Koordinaten: 46° 52,73' Nord, 13° 19,10' Ost.
Koordinaten: 46° 52' 44" Nord, 13° 19' 06' Ost.

Gaststätte und Häuser am Parkplatz.
WC am Parkplatz.
Wandern und Radfahren.
Fahrt mit der Reißeckbahn.
Bergwandern im Reißeckgebiet.
Bahnlinie in der Nähe.
Rafting auf der Möll.
Skigebiete Kreuzeck und Reißeck.
Fahrt durchs Gailtal.
Keine Parkgebühr.
Schräge Stellflächen für 10 Wohnmobile.
Am Ende des Parkplatzes 2 größere waagerechte Stellflächen.

9815 Reißeck Reißeck See Ostufer * AG - 8

Parkstreifen am See in schöner Lage.

Von der Kreuzung B100/106 Richtung Obervellach/Reißeck fahren (B106). Nach 5,5 km – 1,4 km nach dem Ortsende Mühldorf – wird der Ausweichparkplatz am Seeanfang erreicht. Nach weiteren 1,7 km links zum Parkplatz am Ende des Sees abbiegen.
Koordinaten: 46° 52,24' Nord, 13° 19,33' Ost.
Koordinaten: 46° 52' 14" Nord, 13° 19' 20" Ost.

Kiosk am Parkplatz.
Freibad, Liegewiese. Bademöglichkeit am Westufer.
Wanderweg. Radfahrten.
Bundesstraße in der Nähe.
Rafting auf der Möll.
Fahrt mit den Reißeck-/Kreuzeckbahnen: Bergwandern.
Keine Parkgebühr.
Ebene Stellflächen für 5 Wohnmobile.
Für sehr große Wohnmobile nicht geeignet.
Ausweichparkplatz am anderen Ende des Sees.

9622 Weißenbriach Freibad *** AG - 9

Asphaltierter **Parkplatz** und Parkplatz auf Wiesengelände am Freibad in sehr ruhiger und schöner Lage.

Von der B111 (Villach-Kötschach) in Hermagor Richtung Weißensee/Greifenberg (B87) abbiegen, durch Weißenbriach fahren und 1,1 km nach dem Ortsanfang Weißenbriach, kurz vor dem Ortsende, links zum Freibad abbiegen. Noch 100 m bis zum Parkplatz.
Koordinaten: 46° 41,45' Nord, 13° 15,17' Ost.
Koordinaten: 46° 41' 27" Nord, 13° 15' 10" Ost.

Gaststätte und Kiosk am Parkplatz.
WC im Schwimmbad.
Freibad am Platz.
Wandern und Radfahrten.
Fahrt auf der Karnischen Dolomitenstraße.
Übernachten auf Parkplätzen und Parkbuchten am Weißensee und in Hermagor sowie in Greifenburg (Badesee) von 22.00 – 6.00 Uhr verboten.
Keine Parkgebühr.
Ebene und etwas schräge Stellflächen für 10 Wohnmobile.

9632 Kirchbach Freibad ** AG - 10

Asphaltierter **Parkplatz** und Parkplatz auf einer kleinen Wiese am Freibad in ruhiger Lage.

Von der B111 (Kötschach-Mauthen-Hermagor) am östlichen Ortsrand (100 m vor dem Ortsschild) zum Schwimmbad abbiegen. Noch 100 m bis zum Parkplatz auf der Wiese.
Koordinaten: 46° 38,51' Nord, 13° 11,43' Ost.
Koordinaten: 46° 38' 31" Nord, 13° 11' 26" Ost.

Gaststätte und Häuser am Parkplatz.
Freibad am Platz.
Spielplatz am Parkplatz.
Minigolf am Parkplatz.
Wandern in der Umgebung.
Radfahrten im Gailtal.
Loipen in Kirchbach und im Gailtal.
Fahrt auf der Karnischen Dolomitenstraße.
Fahrt nach Italien.
Für sehr große Wohnmobile nicht geeignet.
Keine Parkgebühr.
Ebene und schräge Stellflächen für 5 Wohnmobile.

9640 Kötschach-Mauthen **Ski- und Badezentrum ***** AG - 11

Asphaltierter und geschotterter **Parkplatz** am Hallen- und Freibad und am Skilift.

Von der Kreuzung der B111/110 in Kötschach Richtung Lienz fahren (B110) und nach 300 m links Richtung Ski- und Badezentrum abbiegen. Noch 500 m bis zu den Parkplätzen links und rechts.

Kiosk am Parkplatz.
Müllbehälter am Parkplatz.
Freibad und Hallenbad am Parkplatz.
Wandern und Radfahren.
Lift am Parkplatz. Langlaufzentrum am Parkplatz.
Besichtigung der Pfarrkirche von Mauthen mit Wandmalereien.
Fahrt auf der Karnischen Dolomitenstraße.
Fahrt mit der Bergbahn auf die Mauthner Alm: Bergwandern.
Fahrt nach Italien.
Keine Parkgebühr.
Ebene Stellflächen für 20 Wohnmobile.

9640 Kötschach-Mauthen **Gailberghöhe ****   AG - 12

In Terrassen angelegter, großer **Wohnmobil- und Caravanplatz** an der Passstraße in schöner Lage.

Auf der B110 Plöckenpassstraße wird auf der Passhöhe der Stellplatz am Hotel erreicht (**Gailweg 3**).
Koordinaten: 46° 42.94' Nord, 12° 58.06' Ost.
Koordinaten: 46° 42' 58" Nord, 12° 58' 04" Ost.

Hotel, Imbiss und Gaststätte am Platz. Wellness und Sauna im Hotel.
Geräusche durch Passstraße.
Ver- und Entsorgung am Platz (Silver-S-Anlage, Bodeneinlass).
Stromversorgung vorhanden (3 kWh).
Spiel- und Grillplatz.
Frühstückservice möglich.
Fahrradverleih am Hotel. Kegelbahn im Hotel.
Bushaltestelle nach Kötschach in der Nähe.
Saisonale Pauschalangebote.
Beleuchtete Rodelbahn, Geführte Schneeschuhtouren.
Ganzjährig zugänglich. Aufenthaltsdauer nicht begrenzt.
Geschotterte, ebene Stellflächen für 70 Wohnmobile.
Parkgebühr: 12 € – 14,50 € inkl. Strom je nach Aufenthaltsdauer.
Schranke vor der Einfahrt.
Informationen: Buzzi Tel. 0043-47 15 3 68 www.gailberg.at

9971 Matrei **Tauernhaus **** AG - 13

Übernachtungsplatz in der Nähe der Felberntauernstraße in schöner Lage.

Auf der Felberntauernstraße nach Süden fahren und 2 km nach dem Südportal (14 km vor Matrei) zum Matreier Tauernhaus abbiegen.

Gaststätte am Platz.
Beleuchtung am Platz.
Zugänglich Mai – November.
Aufenthaltsdauer 24 Stunden.
Kutsch- und Schlittenfahrten.
Wandern und Bergsteigen an der Felberntauernstraße
und im Defereggengebirge.
Fahrt nach Osttirol und Lienz.
Stellflächen für 30 Wohnmobile.
Parkgebühr: 5 € für 24 Stunden.
Parkscheinautomat.

Die Badewannen der Österreicher
Die Seen in Kärnten

Tour 16

Die Österreicher und vor allem die vielen Touristen finden in Kärnten viele große und kleine „Badewannen“ für Badespaß und Wassersport: Sehr bekannte Seen, wie den Wörther See oder den Faaker See, aber auch weniger bekannte, wie den Afritzer See oder den Turner See. Das landschaftlich sehr reizvolle Kärnten mit vielen Sehenswürdigkeiten und touristisch gut erschlossenen Gebieten kann man nicht in einer Woche kennenlernen. Wir brauchen dafür 14 Tage.

Der Lungau ist im Sommer ein schönes Wandergebiet und im Winter ein gutes Skigebiet für Langläufer und Abfahrer. Von den Aineckliften in St. Margarethen fährt man bis zum Katschberg mit den Liften und Seilbahnen hinauf. Das Tal ist breit und bietet den Langläufern viel Sonne. In St. Gertrauden und in Mauterndorf kann man übernachten (KS-1 und KS-2). An der Tauernautobahn zwischen Tauern- und Katschbergtunnel gibt es drei weitere Übernachtungsmöglichkeiten in St. Margarethen, in St. Michael und am Katschberg, die nach längerer Autobahnfahrt genutzt werden können und sich sowohl für einen Sommer- wie für Winterurlaub eignen (KS-3, KS-4 und KS-5).

Der Millstätter See ist Ausgangspunkt unserer Reise. Diesmal übernachten wir an der Goldeckbahn in Spittal an der Drau (KS-6). Der 2139 Meter hohe Goldeck, Hausberg der Spittaler, ist ein ideales Bergwandergebiet und im Winter ein Skiparadies. In der Stadt ist das Renaissanceschloss Salamanca-Porcia, im 16. Jahrhundert von italienischen Baumeistern erbaut, sehenswert. Der prächtige, arkadengeschmückte Schlosshof ist im Sommer Schauplatz für Volkstanzfeste, Chorwettbewerbe, Konzertabende und Komödien. Im Dachgeschoss des Schlosses besichtigen wir das größte österreichische Heimatmuseum mit Bauern- und Bürgerstuben, Almhütten, Schulklassenzimmern und Handwerksstuben aus verschiedenen Jahrhunderten.

In Seeboden am Millstätter See, nur 3 km ist die Autobahnausfahrt Spittal entfernt, übernachten wir (KS-7). Der See lädt ein zum abendlichen Bad nach schweißtreibender Autobahnfahrt und die Gaststätten locken mit ihren Spezialitäten aus Kärnten. Diesmal fahren wir nach einer sehr ruhigen Nacht nicht zur Autobahn zurück, sondern lenken unsere Landyacht am Nordufer des Millstätter Sees entlang. Links ragen die Gailtaler Alpen – das Nockgebiet – empor; rechts leuchtet das Blau des Sees und vom gegenüber liegenden Ufer grüßen bewaldete Berge. Millstatt, auf einer Halbinsel gelegen, wird vom Kloster der Benediktiner beherrscht. Mit dem romanischen Westportal, dem romanischen Kreuzgang und dem Fresko des Weltgerichts birgt die Stiftskirche bedeutende Kunstschätze. Im Sommer erklingen bei Kerzenlicht im Kreuzgang Serenadenkonzerte; eine wunderschöne Kulisse für diese Musik. Eine Höhenstraße bringt uns über Obermillstatt hinauf auf die Sonnenterrasse des Millstätter Sees, die Lammersdorfer Alm. Hier genießen wir prachtvolle Ausblicke auf die tief unten glitzernden Wellen des Sees.

Eine Fahrt nach Kleinkirchheim, dem bekannten Wintersportort und Heilbad, ist nur zu empfehlen, wenn man einen Campingplatz aufsuchen will. Auf dem Gebiet dieser Gemeinde stoßen wir überall auf Wohnmobil-Verbotsschilder. Wir lenken unser Fahrzeug deshalb nach Südosten zu der nächsten kleineren „Badewanne“, zu dem fast unbekannten Feldsee. Er liegt in einer idyllischen, von den großen Touristenströmen verschonten Landschaft. Der Feldsee und der Afritzer See waren vor Tausenden von Jahren noch vereint, sie wurden durch einen Bergsturz getrennt. Im Sommer sind auf diesen Seen alle Arten von Wassersport und Erholung an den Stränden möglich, im Winter bringen Lifte die Urlauber in nicht überlaufene Skigebiete.

Kärntner Seen Die nächste „Badewanne“ kommt bestimmt, diesmal ist es der bekannte und größere Ossiacher See. Wir wollen ihn zunächst von oben anschauen. Eine Bergstraße führt von Treffen zur Kanzelhöhe in 1500 m Höhe, eine andere kurvenreiche, steile Straße von Bodensdorf zum Gerlitzen in 1800 m Höhe. Die Fahrt auf den Straßen ist mautpflichtig, langsam und anstrengend, weil man meistens im ersten Gang fahren muss. Prächtige Ausblicke auf den Ossiacher See belohnen die Auffahrt. Kanzelhöhe und Gerlitzen sind die Wander- und Skigebiete der Villacher und Klagenfurter.

Beim Parkplatz des Klosters am See bei Ossiach liegen ein Strandbad, Bootsverleih und die Schiffsanlegestelle in der Nähe (KS-8). Das Benediktinerkloster ist heute der kulturelle Mittelpunkt Kärntens. Die barocke Ausstattung der Kirche bildet die Kulisse für die Aufführungen des „Carinthischen Sommers“, Konzerte und Opern von internationalem Format.

Burg Landskron überragt am Südwestufer das Villacher Becken und den Ossiacher See. In den 50er Jahren wurde die Burg restauriert. Kasematten und die Räume entwickelten sich zu einer gastlichen Stätte, zum Standort für lukullische Gaumenfreuden. Wir nehmen an einem Rittermahl teil, das an jedem Dienstagabend ausgerichtet wird. In mittelalterlichen Kostümen werden in historischer Umgebung kulinarische Spezialitäten aus der Ritterzeit serviert.

Wir fahren ein paar Kilometer, lassen die Hände vom Steuer und bleiben zur Nacht auf dem Parkplatz am Reitsportzentrum im Süden von Villach (KS-9), um am nächsten Morgen den Alpengarten, ein Naturgarten für alpine Pflanzen, zu besuchen. Zwischen der Villacher Alpenstraße und der Roten Wand, ein Bergsturzgebiet als Folge eines Erdbebens im Jahre 1348, wachsen über 900 verschiedene Pflanzen vor der großalpinen Kulisse der Julischen Alpen und der Karawanken.

Etwas weiter im Süden befinden sich lohnende Ausflugsziele und Aussichtsberge, die Ruine Finkenstein, eine Sommerrodelbahn von der Baumgartner Höhe, der Aussichtsturm auf dem 735 m hohen Tabor, ein Klettergarten und eine Kletterschule am Kanzianiberg. In der Burgarena Finkenstein werden im Sommer vielbesuchte Aufführungen veranstaltet. Der Parkplatz, den man auf schmaler, aber guter Straße erreicht, ist hervorragend für die Übernachtung geeignet (KS-10). Im Winter sorgen die verstreuten Lifte, Loipen und Rodelbahnen für einen sanften „Skitourismus“. Am Strandbad in Drobollach entdecken wir einen ruhigen Stellplatz für die Nacht (KS-11). Für einen längeren Urlaub eignet sich der Stellplatz am Rosegger Hof (**KS-12**).

Wir erkunden am nördlichen Ufer die Orte Krimpendorf und Pörtschach. In Pörtschach finden im Sommer im Arkadenhof von Schloss Leonstein Konzerte statt. Auch hier sind alle Wassersportarten ein Vergnügen für die Touristen. Im hügeligen Hinterland sind das Schloss Hallegg und die Teiche von Moosburg Touristenziele. Durch dieses Gebiet führen markierte Wanderwege, die immer wieder reizvolle Ausblicke auf den Wörther See erlauben. Die berühmteste und größte „Badewanne“ ist der Wörther See.

Klagenfurt, die Hauptstadt Kärntens, empfängt uns mit zwei bekannten Sehenswürdigkeiten am Ostufer des Sees: Auf einer Halbinsel erheben sich Schloss und Kapelle Maria Loretto. Wir genießen von hier aus den Blick über den langgestreckten See. Hier beginnt auch der schon 1527 gegrabene Landkanal, der See und Stadt miteinander verbindet. Nebenan im Strandbad geht es im Sommer turbulent zu. Daran schließt sich der Europapark an, ein ausgedehntes Gelände mit gepflegten Grünanlagen, einem Planetarium, Reptilienzoo und Vogelgehege und mit der Miniaturstadt Minimundus, die dem Betrachter über 100 berühmte Bauwerke aus aller Welt im Maßstab 1:25 zeigt. Ein Bummel durch die Anlage und eine Fahrt mit der Pferdeeisenbahn macht den großen und kleinen Besuchern viel Vergnügen.

Wir fahren weiter nach Osten. Bei Völkermarkt bildet die Drau einen riesigen Stausee. In Völkermarkt sind Teile der Stadtbefestigung, der Hauptplatz mit dem Alten und Neuen Rathaus, die Stadtpfarrkirche und St. Ruprecht sehenswert. Wir hoffen am Klopeier See, dem wärmsten Alpensee, eine Bleibe für die Nacht zu finden. Diese sehr bekannte „Badewanne“ ist aber vollständig an allen Ufern verbaut, von Straßen umgeben und für den Massentourismus erschlossen.

Kärntner Seen Wir würden sehr gerne hier über Nacht bleiben. Aber der Parkplatz Minimundus liegt an der Schnellstraße nach Klagenfurt und von den Parkplätzen am Strandbad werden wir durch die Verbotsschilder vertrieben.

Bevor wir zu unserem Übernachtungsplatz am Turner See fahren, schlendern wir durch das alte Klagenfurt und kaufen einige typische handwerkliche Erzeugnisse aus Kärnten, Teller mit Bauernmalerei, bemalte Gläser, originelle Kerzen, Trachtenstoffe und Dirndlschmuck. Im Zentrum der Stadt, am Neuen Platz, steht das Wahrzeichen, der Lindwurm. Dieses Untier soll in grauer Vorzeit in dieser sumpfigen Gegend gehaust haben. Es wurde von mutigen Männern, die dem Lindwurm einem Stier als Köder vorwarfen, in sicherer Entfernung von einem Turm aus erlegt.

Am Neuen Platz, früher Richtstätte und Exerzierplatz, steht auch das Neue Rathaus mit klassizistischer Fassade, sehenswertem Treppenaufgang und dem Denkmal des Steinernen Fischers im Arkadenhof. Der Dom St. Peter und Paul wurde im 16. Jahrhundert errichtet. Im Inneren erhielt er später eine reiche Barock- und Rokokoausstattung. In den kleinen Gassen finden wir viele interessante Bauten mit reizvollen Laubenhöfen und Arkadengängen. Besonders sehenswert sind das alte Rathaus und der Palais Goldene Gans mit dem Großen Wappensaal. In der Innenstadt liegt auch der Naturpark Kreuzberg, das Ausflugsziel und Wandergebiet der Klagenfurter. Kreuzwegstationen begleiten uns auf dem Weg zur Kreuzbergkirche. Vom Aussichtsturm blicken wir auf die Dächer, Straßen, Plätze und Gassen der Stadt herab.

Wir folgen der Stichstraße auf den 846 m hohen Pyramidenkogel. Ein Fahrstuhl bringt uns auf den Aussichtsturm. Hier liegen uns der Wörther- und der Keutschacher See zu Füßen. Maria Wörth mit der spätgotischen Kirche grüßt von der Halbinsel und die Orte Pörtschach und Krumpendorf vom anderen Ufer. Tief unter uns steht unser rollendes Ferienhotel auf dem Parkplatz. Wir wandern in den Wäldern am Pyramidenkogel, speisen im Turmrestaurant, wandern nach unten und verbringen eine ruhige Nacht auf diesem Platz (KS-13). An den Messeparkplätzen in Ferlach stehen den Wohnmobiltouristen gute Plätze mit Ver- und Entsorgung und Stromanschlus zur Verfügung (**KS-14**).

Nur drei Kilometer südlich am Thuner See erleben wir ein Kontrastprogramm, sumpfige Ufer, dichte Wälder, grüne Schilfgürtel und saftige Wiesen. Am öffentlichen Strandbad übernachten wir und blicken abends auf den im Mondschein glitzernden See (KS-15). Noch einsamer, verlassen im Wald, liegt der Übernachtungsparkplatz am Gösselsdorfer See (KS-16). Wir wenden unser rollendes Zuhause wieder nach Westen. Der Kentschacher See im Süden vom Wörther See ist nur für Camping-Gäste zugänglich. Am See wurde ein Zentrum für FKK-Freunde eingerichtet.

Noch vor einigen Jahren war der Faaker See eine natürliche Idylle und touristisch unentdeckt. Heute ist alles verplant und verbaut; im Süden Campingplätze in Massen, im Norden und Osten Ferienanlagen, Wohnsiedlungen. Jetzt in der Vorsaison ist die alte Sille noch zu spüren.

Unser Stadtrundgang in Villach, der heimlichen Hauptstadt Kärntens, beginnt in der sehenswerten Altstadt am langgestreckten Hauptplatz, ein Sammelpunkt für jedermann, Einheimische wie Touristen. Sehenswert sind die Pfarrkirche St. Jakob mit dem bekannten Rokoko-Schnitzaltar, die Dreifaltigkeitssäule und die vielen Bürgerhäuser mit reichverzierten Fassaden und schmuckvollen Arkadenhöfen. Im Paracelsiushof haben Anfang des 16. Jahrhunderts Vater und Sohn Paracelsius gelebt und gewirkt. Im Süden Villachs schließt sich eine gepflegte Parklandschaft mit alten Villen und modernen Hotels an. Warmbad Villach verspricht Rheumatikern und Menschen mit Herz-Kreislaufbeschwerden Linderung und Heilung.

Schon die Römer wussten die Thermalquellen zu schätzen, im letzten Jahrhundert waren Künstler, Könige und Kaiser Stammgäste; heute kommen Industrielle, Politiker und Staatspräsidenten.

Kärntner Seen Das bekannteste Ausflugsziel im Villacher Becken ist der Dobratsch, in deutscher Sprache „guter Berg“. Gut ist er auch, der 2167 m hohe Dobratsch: gut zu den Kurenden im Warmbad Villach – denn er spendet das 30° C warme Quellwasser – gut zu den Wanderern – wegen der vielen Kilometer reizvoller Wanderwege und schönen Aussichten auf die Kärntner Seen, auf Villach und auf die Kette der Karawanken – gut zu den Wintersportlern, denn er hält Lifte und Loipen bereit. Wir fahren auf der 16 Kilometer langen, sehr gut ausgebauten „Villacher Alpenstraße“.

Die Parkplätze sind eben und sehr schön angelegt, wie geschaffen für eine ruhige Nacht. Aber die Plätze liegen in einem Naturschutzgebiet und sollten nicht für eine Übernachtung genutzt werden. Vom letzten Parkplatz in 1732 m Höhe bringt uns der Höhenrain-Sessellift auf 1957 Meter. Eine Stunde brauchen wir bis zum Gipfel. Und dort wartet die schönste Aussicht und eine rustikale Hütte auf uns. Anschließend besuchen wir die deutsche und die windische Kirche und den Fernsehturm des österreichischen Rundfunks.

Burg Finkenstein

Kärntner Seen

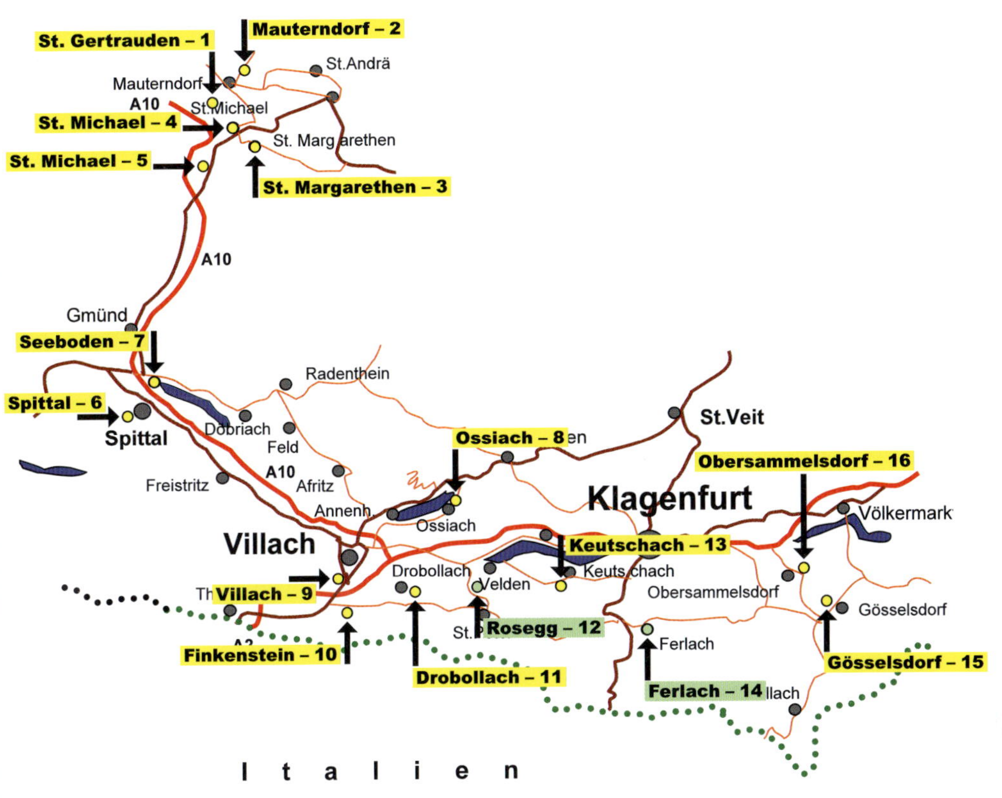

Kärntner Seen

Tour 16: **Die Seen in Kärnten**

Nr.	Ort, Bezeichnung	Stell-plätze A	Gast-haus	Häu-ser	WC	Bad See	Orts-nähe B	Ent-sorg.	Park-dauer C	Park-gebühr D
KS-1	St.Gertrauden, Skilift **	5	-	+	-	-	x	-	1	0
KS-2	Mauterndorf, Sessellift ***	20	+	+	+	-	10	-	1	0
KS-3	St. Margarethen, Ainecklifte ***	20	-	-	-	-	x	-	1	0
KS-4	St. Michael, Speiereckbahn **	10	-	-	-	-	x	-	1	0
KS-5	St. Michael, Katschberg **	50	+	+	-	-	x	-	1	0
KS-6	Spittal, Goldeckbahn ***	20	+	+	-	-	x	-	1	0
KS-7	Seeboden, Millstätter See ***	30	+	+	+	+	10	-	1	0
KS-8	Ossiach, Strandbad ****	30	+	+	+	+	x	-	1	0
KS-9	Villach, Reitsportzentrum **	10	-	+	-	-	x	-	1	0
KS-10	Finkenstein, Burgarena **	20	-	+	-	-	x	-	1	0
KS-11	Drobollach, Strandbad ***	10	+	+	-	+	x	-	1	2
KS-12	**Rosegg, Rosegger Hof *** **	**30**	**+**	**-**	**+**	**-**	**x**	**+**	**U**	**13**
KS-13	Keutschach, Pyramidenkogel **	20	+	-	+	-	x	-	1	P
KS-14	**Ferlach, Messeparkplatz ****	**20**	**-**	**+**	**-**	**-**	**x**	**+**	**1**	**0**
KS-15	Gösselsdorf, Gösselsdorfer See **	10	-	-	-	+	x	-	1	0
KS-16	Obersammelsdorf, Strandbad ***	10	-	+	-	+	x	-	1	P

Legende

****	sehr ruhige und sehr schöne Lage.
***	sehr ruhige und schöne Lage.
**	ruhige und gute Lage.
*	keine ruhige Lage.
A	Stellplätze gestaffelt nach 3, 5, 10, 20, 30, 50 Wohnmobilen. Dabei wird angenommen, dass nur die Hälfte des Platzes zur Verfügung steht und die andere Hälfte durch PKW belegt ist.
B	Fußweg in Minuten, x über 15 min Fußweg.
C	Aufenthaltsdauer in Tagen.
D	Stellplatzgebühr in Euro pro Wohnmobil und 24 Stunden oder Parkgebühr.
P	Parkgebühr in der Saison.
T	Aufenthaltsdauer einige Tage.
U	Aufenthaltsdauer unbegrenzt.

Parkplatz — Wohnmobil-Stellplatz

5570 Mauterndorf-St. Gertrauden Sonnleiten Skilift ** KS - 1

Befestigter **Parkplatz** am Skilift in sehr ruhiger Lage und landschaftlich reizvoller Umgebung.

Von der Ausfahrt St. Michael der A10 Richtung St. Michael fahren (B96), nach 3 km links Richtung Salzburg/Mauterndorf abbiegen (B99) und nach weiteren 9 km – 100 m nach dem Ortsende Mauterndorf – links Richtung Sonnleiten Skilift abbiegen. Nach weiteren 100 m am Ortsanfang St. Gertrauden links (keine Beschilderung) und nach 200 m halblinks an der Kirche vorbeifahren. Noch 100 m bis zum Parkplatz. Bei Anfahrt von Norden an der Kreuzung B99/B95 Richtung Sonnleiten Skilift abbiegen.
Koordinaten: 47° 08,33' Nord, 13° 41,13' Ost.
Koordinaten: 47° 08' 20" Nord, 13° 41' 08" Ost.

Häuser am Parkplatz.
Skilift am Parkplatz.
Wanderwege und Radfahrwege.
Besichtigung des Schlosses Mauterndorf mit Landschaftsmuseum.
Besichtigung des Schlosses Moosham.
Skigebiet Großeck/Speiereck in Mauterndorf.
Keine Parkgebühr.
Ebene und leicht schräge Stellflächen für 5 Wohnmobile.

5570 Mauterndorf Großeck-Sessellift *** KS - 2

Befestigte **Parkplätze** an dem Sessellift in sehr ruhiger Lage und landschaftlich reizvoller Umgebung.

Von der Ausfahrt St. Michael der Tauernautobahn A10 Richtung St. Michael/Mauterndorf/Salzburg fahren (B99) und 800 m nach dem Ortsanfang Mauterndorf links Richtung Ortsmitte/Bergbahnen abbiegen. Nach 300 m halblinks fahren. Nach weiteren 700 m wird der Parkplatz rechts erreicht.
Bei Anfahrt von Norden aus Richtung Salzburg 200 m nach dem Ortsanfang Mauterndorf rechts dem Wegweiser Ortsmitte/Bergbahnen folgen.

Gaststätte in der Nähe.
Häuser am Parkplatz.
WC am Liftgebäude.
Müllcontainer am Parkplatz.
Skischule und -kindergarten am Parkplatz.
Bushaltestelle am Parkplatz.
10 Minuten Fußweg zur Ortsmitte.
Wander- und Skigebiet Speiereck-Großeck in 1100 bis 2400 m Höhe.
Besichtigung der Schlösser Mauterndorf und Moosham.
Fahrt zum Katschberg. Ski- und Wandergebiet.
Keine Parkgebühr.
Ebene und leicht schräge Stellflächen für 20 Wohnmobile.
Ausweichparkplatz 100 m nach der Abzweigung von der B99 links.

Auf der Burg Landskron

5581 St. Margarethen im Lungau Ainecklifte *** KS - 3

Großraumparkplatz für die Skilifte in sehr ruhiger Lage.

Von der Ausfahrt St. Michael der Tauernautobahn zwischen Tauern- und Katschbergtunnel über St. Michael zur Bundesstraße 96 fahren und nach 3 km auf der B96 rechts Richtung St. Margarethen abbiegen. Nach 1,1 km rechts wieder Richtung Margarethen fahren und nach 800 m rechts Richtung Ainecklifte abbiegen. Nach 400 m wird der Parkplatz erreicht.
Koordinaten: 47° 04,84' Nord, 13° 41,29' Ost.
Koordinaten: 47° 04' 50" Nord, 13° 41' 17" Ost.

Skischaukel zum Katschberg.
Wanderungen und Radfahrten im Sommer.
Weitere Skilifte in St. Michael und am Katschberg.
Tennishalle und -plätze in St. Michael.
Hallen- und Freibad in St. Michael.
Dampfbummelzug von Tamsweg nach Murau im Sommer.
Wildwasser-Rafting, auch für Kinder und Anfänger.
Pferdekutschfahrten in St. Michael.
Besichtigung von Schloss Moosham.
Fahrt nach Kärnten.
Keine Parkgebühr.
Ebene Stellflächen für 20 Wohnmobile.
Ausweichparkplatz Speiereckbahn in der Nähe der Bundesstraße.

St. Michael Speiereckbahn ** KS - 4

Parkplatz für die Speiereckbahn in ruhiger Lage.

Von der Ausfahrt St. Michael der A10 Richtung St. Michael zur B96 fahren und nach etwa 2 km auf der B96 zur Speiereckbahn abbiegen und dem Hinweisschild folgen. Der Parkplatz wird nach ca. 1 km erreicht.

Ski- und Wandergebiet Speiereck.
Radwanderungen im Hochtal.
Skilifte am Katschberg.
Hallen- und Freibad in St. Michael.
Dampfeisenbahn von Tamsweg nach Murau.
Pferdekutschfahrten und Reiten in St. Michael.
Besichtigung von Schloss Moosham.
Fahrt nach Kärnten.
Keine Parkgebühr.
Ebene und etwas schräge Stellflächen für 10 Wohnmobile.
.

Blick auf den Ossiacher See

St. Michael Katschberg ** KS - 5

Drei große asphaltierte und geschotterte **Parkplätze** an der Katschberghöhe in ruhiger Lage und landschaftlich reizvoller Umgebung.

Von der Ausfahrt St. Michael der Autobahn A10 Richtung St. Michael (B96) und nach St. Michael links Richtung Villach/Katschberg fahren. Nach 5,4 km wird der Parkplatz P3 links, nach weiteren 100 m der Parkplatz P2 rechts und weiteren 100 m der Parkplatz P1 erreicht.
Koordinaten: 47° 03,56' Nord, 13° 36,93' Ost.
Koordinaten: 47° 03' 34" Nord, 13° 36' 56" Ost.

Gaststätten, Häuser und Sportgeschäft am Parkplatz.
Bushaltestelle am Parkplatz.
15 % Steigung auf der Anfahrt.
Skigebiet Katschberg.
Wandern am Katschberg.
Besichtigung von Schloss Moosham.
Fahrt nach Kärnten.
Keine Parkgebühr.
Ebene und schräge Stellflächen für 50 Wohnmobile.

9800 Spittal an der Drau Goldeckbahn *** KS - 6

Asphaltierter **Parkplatz** an der Goldeckbahn in sehr ruhiger und schöner Lage.

Von der Ausfahrt Spittal-Ost der A10 Richtung Spittal fahren und nach 300 m zur B100 Richtung Spittal abbiegen. Nach 3,1 km links dem Wegweiser Goldeckbahn folgen. Nach 100 m rechts, nach 400 m rechts und nach weiteren 500 m dem Schild Goldeckbahn links folgen und nach 100 m rechts zum Platz 2 abbiegen. Noch 100 m bis zum Platz am Stadion. Zum Platz 1 an der Goldeckbahn 200 m vor der letzten Abzweigung geradeaus fahren.
Koordinaten: 46° 47,40' Nord, 13° 29,10' Ost.
Koordinaten: 46° 47' 24" Nord, 13° 29' 06" Ost.

Gaststätte am Parkplatz 1. Häuser am Parkplatz.
WC in der Talstation.
Müllbehälter am Parkplatz.
Parkplatz 2 liegt ruhiger und schöner.
Besuch von Schloss Porcia.
Fahrt zum Millstätter See.
Keine Parkgebühr.
Ebene und etwas schräge Stellflächen für 20 Wohnmobile.

Seeboden Millstätter See *** KS - 7

Durch Grünstreifen aufgelockerter **Parkplatz** am Seeufer in sehr ruhiger und schöner Lage.

Vom Knoten Spittal/Millstätter See der Autobahn A10 Richtung Spittal-Nord/Millstätter See fahren und nach 2,2 km am Autobahnende links Richtung Millstätter See und nach Seeboden fahren. Nach 1,8 km vom Autobahnende in der Ortsmitte rechts dem Schild „Zum See" folgen. Der Parkplatz wird nach 400 m rechts erreicht.
Koordinaten: 46° 48,94' Nord, 13° 30,99' Ost.
Koordinaten: 46° 48' 56" Nord, 13° 30' 59" Ost.

Gaststätte am Parkplatz. Häuser am Parkplatz.
WC und Müllbehälter am Parkplatz.
Freibad in der Nähe.
Spielplatz und Minigolf in der Nähe.
Wandern und Radfahren am Seeufer.
Schifffahrtsstation in der Nähe.
Wassersport. Bootsverleih am Parkplatz.
10 Minuten Fußweg zur Ortsmitte.
Parkverbot für Wohnmobile
in Millstatt von 22.00 – 6.00 Uhr.
Keine Parkgebühr.
Ebene Stellflächen für 30 Wohnmobile.

Stellplatz in Ferlach

Auf der Alpenstraße zum Großglockner

Ossiach Strandbad **** KS - 8

Drei asphaltierte **Parkplätze** in Ossiach am See in sehr ruhiger und schöner Lage.

Von der Straße Villach-Ossiach – 500 m nach dem östlichen Ortsanfang Ossiach – Richtung Schiffsanlegestelle abbiegen. Noch 100 m bis zum ersten Parkplatz rechts, 200 m bis zum zweiten Parkplatz links. Zum dritten Parkplatz Richtung Strandbad fahren. Noch 100 m.
Koordiaten: 46° 40,61' Nord, 13° 58,87' Ost.
Koordiaten: 46° 40' 37" Nord, 13° 58' 52" Ost.

Gaststätten, Kiosk und Häuser am Parkplatz.
WC am Parkplatz. Müllcontainer am Parkplatz.
Geschäfte und Souvenirläden am Parkplatz.
Freibad am Parkplatz.
Schiffsanlegestelle in der Nähe. Rundfahrten auf dem See.
Bootsverleih, Segel- und Surfschule in der Nähe.
Wandern und Radfahren am Ossiacher See.
Besuch des Carinthischen Sommers. Festspiele in der Stiftskirche.
Besichtigung der Stiftskirche.
Besichtigung von Villach. Besuch der Burg Landskron.
Fahrt nach Klagenfurt. Fahrt zum Faaker und zum Wörther See.
Keine Parkgebühr.
Ebene Stellflächen für 30 Wohnmobile.

Villach Reitsportzentrum ** KS - 9

Parkplätze unter hohen Bäumen in ruhiger und schöner Lage.

Von der Ausfahrt Warmbad Villach der Autobahn A2 Richtung Villach folgen und nach 2,5 km links dem Wegweiser Reitsportzentrum folgen. Noch 300 m bis zu den Parkplätzen hinter der Reithalle.

Häuser am Parkplatz.
Wanderwege. Radfahrten.
Kuren in Warmbad Villach.
Besuch der Festspiele in der Burgarena Finkenstein.
Besichtigung von Villach.
Fahrt auf der Villacher Alpenstraße.
Keine Parkgebühr.
Ebene und leicht schräge Stellflächen
für 10 Wohnmobile.

9584 Finkenstein Burgarena ** KS - 10

Parkplätze auf einem durch Bäume eigeteilten Wiesengelände in sehr schöner und ruhiger Lage.

Von der Ausfahrt Warmbad Villach/Finkenstein der A2 Richtung Finkenstein abbiegen. Über Müllern fahren und nach weiteren 2,2 km links Richtung Finkenstein abbiegen. Nach 1,6 km – 400 m nach dem Ortsanfang Finkenstein – rechts Richtung Burgarena/Altfinkenstein fahren. Nach 1,2 km wird der Parkplatz Klettergarten St. Kanzian erreicht. Noch 3 km – 900 m nach dem Ortsanfang Altfinkenstein – bis zum Parkplatz links.
Koordinaten: 46° 32,67' Nord, 13° 54,32' Ost.
Koordinaten: 46° 32' 40" Nord, 13° 54' 19" Ost.

Gaststätte in der Nähe. Häuser am Parkplatz.
Lange, schmale, gute Zufahrt.
Wandern und Radfahren.
Klettergarten St. Kanzian.
Sommerrodelbahn in der Nähe.
Für sehr große Wohnmobile nicht geeignet.
Besuch einer Aufführung im Sommer.
Besichtigung der Burgruine Altfinkenstein.
Keine Parkgebühr.
Ebene und etwas schräge Stellflächen für 20 Wohnmobile.

9580 Drobollach Strandbad *** KS - 11

Asphaltierter **Parkplatz** am Strandbad in sehr ruhiger Lage und landschaftlich reizvoller Umgebung.

Von der B84 (Villach-Egg) bei Anfahrt von Egg 700 m nach dem Ortsanfang Drobbach links dem Wegweiser zum See folgen. Noch 300 m bis zum Parkplatz. Bei Anfahrt von Villach 1 km nach dem Ortsanfang Drobbolach rechts zum See abbiegen.
Koordinaten: 46° 35,07' Nord, 13° 55,13' Ost.
Koordinaten: 46° 35' 04" Nord, 13° 55' 08" Ost.

Gaststätte und Häuser am Parkplatz. Blick auf den Faaker See.
Müllbehälter am Parkplatz.
Freibad und Liegewiese am Parkplatz.
Wandern und Radfahren am Faaker See.
Besichtigung von Villach.
Wohnanhänger verboten.
Fahrt um den Faaker See.
Parkgebühr 2 € pro Tag.
Ebene Stellflächen für 10 Wohnmobile.
Ausweichparkplatz im Ort.

9232 Rosegg Rosegger Hof *** KS - 12

Schöner **Wohnmobil- und Caravanplatz** am Gasthof in ruhiger und sehr schöner Lage.

Von der A 11 die Ausfahrt St. Jakob nehmen und nach Rosegg fahren. In Rosegg zum Gasthaus fahren. (**Rosegg 17**).
Koordinaten: 46° 35.28' Nord, 14° 01.22' Ost.
Koordinaten: 46° 35' 17" Nord, 14° 01' 13" Ost.

Gaststätte am Platz.
Geräusche durch Straße.
Ver- und Entsorgung und Stromversorgung am Platz.
Geöffnet von März bis November. Aufenthalt nicht begrenzt.
Sanitäranlage vorhanden. Dusche 2 €.
Einkaufsmöglichkeiten in 1 km.
Besichtigung von Schloss Rosegg.
Besuch des Tierparks in Rosegg.
Wanderungen und Radtouren in der Umgebung.
Ebene Stellflächen auf Wiese für 20 Mobile oder Caravan.
Parkgebühr: 12,40 € pro Nacht (Mobil mit 2 Personen).
Informationen: Fam. Dokter, Tel. 0043 (0)4274 2722
www.roseggerhof.com

9074 Keutschach Pyramidenkogel ** KS - 13

Asphaltierter **Parkplatz** am Aussichtsturm des Pyramidenkogels in sehr ruhiger Lage.

Von der Straße Viktring-Velden westlich von Keutschach rechts zum Pyramidenkogel abbiegen. Noch 4,4 km bis zum ersten Parkplatz links und 4,6 km bis zum zweiten Parkplatz rechts.
Koordinaten: 46° 36,59' Nord, 14° 08,82' Ost.
Koordinaten: 46° 36' 35" Nord, 14° 08' 49" Ost.

Gaststätte und Kiosk am Turm.
WC am Turm.
Panoramablick vom Aussichtsturm (April-Oktober: 9.00 – 19.00 Uhr).
Wanderwege am Pyramidenkogel.
Etwas einsame Lage.
Besichtigung von Klagenfurt.
Besichtigung von Maria Wörth.
Fahrt um den Wörthersee.
Parkgebühr in der Saison.
Ebene und etwas schräge Stellflächen für 20 Wohnmobile.

9170 Ferlach Messeparkplatz **  KS - 14

Asphaltierter **Wohnmobilplatz** auf den Messe-Parkplätzen in ruhiger Lage.

Von der B85 Richtung Ferlach fahren. In Ferlach den Wegweisern Messe und Schloss folgen und zum gekennzeichneten Bereich für Wohnmobile fahren.
Koordinaten: 46° 31,47' Nord, 14° 17,83' Ost.
Koordinaten: 46° 31' 28" Nord, 14° 17' 50" Ost.

Gaststätte und Häuser in der Nähe.
Ver- und Entsorgung am Platz (St-San). Frischwasser 1 €/100 l.
Stromanschluss möglich. Gebühr 1 € für 10 Stunden.
Ganzjährig zugänglich.
Wandern und Radfahren an der Drau und an den Stauseen.
Besichtigung von Ferlach: Schloss, Jagd- und Bienen-Museen.
10 Minuten Fußweg zur Stadtmitte.
Ausflug zur Tscheppa-Schlucht. Besichtigung von Klagenfurt.
Fahrt zum Wörthersee. Fahrt auf der Schlösser-Route.
Fahrt nach Slowenien.
Parkgebühr: 4 € für 24 Stunden.
Ebene, asphaltierte Flächen mit Bäumen am Rand für 30 Mobile.
Informationen Region Rosental Tel. (0 42 27) 49 70 oder 26 00
Internet: www.ferlach.at

9141 Gösselsdorf Gösselsdorfer See ** KS - 15

Befestigte **Parkplätze** im Wald in sehr ruhiger Lage am Strandbad.

Von der B82 (Völkermarkt-Eisenkappel) südlich von Eberndorf in Gösselsdorf rechts Richtung Proboj/Strandbad abbiegen und nach 700 m – 100 m nach dem Ortsende – links dem Schild „Strandbad“ folgen. Noch 900 m bis zum Parkstreifen rechts. 100 m geradeaus werden die Plätze links erreicht.
Koordinaten: 46° 34,01' Nord, 14° 37,05' Ost.
Koordinaten: 46° 34' 01" Nord, 14° 37' 03" Ost.

Kiosk am Parkplatz.
Freibad mit Stranduschen.
Wanderwege im Gebiet Gösselsdorf,
Turner und Klopeier See.
Radfahrten im Gebiet der Seen.
Einsame Lage.
Angeln im Gösselsdorfer See.
Hundeverbot.
Keine Parkgebühr.
Ebene Stellflächen für 10 Wohnmobile.

Obersammelsdorf Strandbad Turner See *** KS - 16

In Abschnitte eingeteilter, befestigter **Parkplatz** in sehr ruhiger und schöner Lage.

In Völkermarkt von der B70 (Klagenfurt-Wolfsberg) Richtung Klopeier Stausee fahren. Nach 5,1 km dem Wegweiser Klopeier See rechts folgen und nach weiteren 2,6 km links Richtung Klopeier See/Turner See abbiegen. Nach 1,4 km links dem Wegweiser Südufer/Turner See folgen. Nach weiteren 2,7 km rechts Richtung Vogelpark fahren, nach 600 m links und nach weiteren 300 m rechts dem Wegweiser öffentliches Strandbad folgen. Noch 200 m bis zum Parkplatz.

Häuser in der Nähe. Kiosk am Parkplatz.
Müllbehälter am Platz.
Freibad am Parkplatz.
Wanderwege und Radfahren am Turner See.
Am Klopeier See nur Parkstreifen am Straßenrand
oder Wohnmobil-Verbote. Hundeverbot.
Besichtigung von Klagenfurt.
Fahrt zum Wörthersee.
Parkgebühr in der Saison.
Stellmöglichkeiten für 10 Wohnmobile.
Ausweichparkplatz im Ort.

Geschichte zum Anfassen
Saualpe und Lavanttaler Alpen

Tour 17

Völkermarkt liegt an dem gleichnamigen Stausee. Sehenswert sind hier Teile der alten Stadtmauer, Häuser aus der Zeit des Barock und des Biedermeiers, das Alte Rathaus mit Arkaden, das Neue Rathaus mit klassizistischer Fassade, die Stadtpfarrkirche mit schönen Wand- und Glasmalereien und die Kirche St. Ruprecht mit einem romanischen Turm.

In Völkermarkt finden wir keinen Platz zum Übernachten. Aber am Kärntner Freilichtmuseum in Maria Saal nördlich von Klagenfurt können wir unser rollendes Zuhause für die Nacht abstellen (LA-1).

Von weitem grüßen uns schon die Türme der Wallfahrtskirche Maria Saal. Im 8. Jahrhundert gründete Bischof Modestus eine Kirche im Zentrum der Christianisierung, die Bischofssitz des Landes Karantanien, später Kärnten, wurde. Der heilige Modestus ruht in einem Seitenschiff des Domes. Pilger aus Kärnten und Slowenien unternehmen häufig Wallfahrten nach Maria Saal. Das Relief eines römischen Reisewagens an der Fassade erinnert an die römischen Zeiten der Provinz Noricum. Vor den Römern hatten die Kelten in dieser Region gesiedelt. Im Innern werden wir von einer wertvollen Ausstattung und schönen Fresken überrascht.

Am nächsten Morgen besuchen wir das Freilichtmuseum. Häuser und Höfe aus allen Gebieten Kärntens sind hier ausgestellt, Beispiele für die bäuerliche Kultur und Volkskunst des Landes.

Unser nächstes Ziel führt uns weit in die Vergangenheit, zurück in die glanzvolle Zeit der römischen Provinz Noricum. Die Hauptstadt des keltischen Reiches war terrassenförmig angelegt, 100 Meter unterhalb des 700 m hohen Magdalensberges. In dieser Stadt wurden vor allem die Erzeugnisse des Bergbaus verarbeitet und in alle Gebiete des Römerreiches verschickt. Sehr berühmt war der norische Stahl.

Der Rundgang durch die Ausgrabungsstätte ist sehr gut markiert und beschildert. Wir können Tempel, Markthallen, Handwerkerstätten und Wohngebäude bewundern. Zu den bedeutendsten Funden gehört die lebensgroße Statue eines Jünglings aus Bronze, die bereits 1502 gefunden wurde.

Auf dem Parkplatz an der Ausgrabungsstätte kann man ruhig schlafen (LA-2). Noch schöner mit einem phantastischen Rundblick steht man auf dem Gipfel an der kleinen Wallfahrtskirche (LA-3).

Die vollständig erhaltene Burg Hochosterwitz strahlt ritterliche, mittelalterliche Atmosphäre aus. Beim Aufstieg vom Parkplatz durchschreiten wir am Eingang 14 Tore mit Türmen und Mauern. Schon von weitem hat uns der Blick auf die Festungsanlage, die sich auf halber Höhe auf den 160 Meter hohen Basaltkegel hinaufschlängelt, außerordentlich beeindruckt. Oben vom Burghof haben wir einen phantastischen Rundblick über das Zollfeld und in das Tal der Glan. Die in Kärnten sehr bekannte Familie der Khevenhüller hat die Burg im 16. Jahrhundert zur uneinnehmbaren Festung ausgebaut. Im Burgmuseum können wir uns über die Geschichten der Ritter in Kärnten informieren und viele Ausstellungsstücke aus dieser Zeit bewundern. Im malerischen Burghof erfrischen wir uns mit kühlen Getränken, speisen im ehemaligen Rittersaal, von einem Burgfräulein serviert.

Nach so vielen Eindrücken aus dem Mittelalter beschließen wir, hier zu übernachten. Wir wählen den oberen Parkplatz unmittelbar neben dem Eingangstor und den Gaststätten (LA-5). Die Auffahrt ist auch für größere Wohnmobile bis zu 3,4 Metern Höhe möglich. Unten auf dem großen, von Bäumen umgebenen Parkplatz kann man ebenfalls eine angenehme Nacht verbringen (LA-4).

Maria Saal war der Bischofssitz, St. Veit an der Glan der Herzogssitz des alten Kärntens. Die Altstadt ist von einer mächtigen Wehranlage umgeben. Sehenswert sind das prächtige Barock-Rathaus, die romanische, später umgebaute Pfarrkirche, das Zeughaus mit dem Heimatmuseum, die Bürgerhäuser mit schönen Arkadenhöfen und die barocke Pestsäule am Marktplatz. An die Zeiten der Herzöge erinnert das Residenz-Schloss Frauenstein aus dem 16. Jahrhundert und die Schlossruinen von Kraig. Walther von der Vogelweide, der bedeutendste Minnesänger des Mittelalters, wirkte eine Zeitlang am Hofe der Herzöge von Kärnten.

Am Strandbad in der Nähe von St. Georgen am Längsee stellen wir unser Mobil ab (LA-6). Nach dem erfrischenden Bad im warmen See sitzen wir gemütlich vor unserem Wohnmobil und lassen die Gedanken in die Zeiten des Mittelalters und des Altertums zurückschweifen. Aus der Ferne grüßen uns zum Abschied die Bauten des Benediktinerstiftes St. Georgen, ein Wahrzeichen aus dem Jahre Eintausend.

Griffen ist unser nächstes Ziel, eine imposante Burgruine aus dem 12. Jahrhundert. Weit bekannt ist die erst vor 50 Jahren entdeckte Tropfsteinhöhle und das versteckt in der Einsamkeit hinter hohen, alten Bäumen liegende Stift Griffen. Die Parkplätze für die Tropfsteinhöhle liegen an der vielbefahrenen Straße. Wir nutzen für die Übernachtung das Gelände hinter dem Stift (LA-7). Die Wehrmauern aus der Türkenzeit, die uralten, romanischen Bauten, die hohen Bäume und die Abgeschiedenheit unseres Stellplatzes versetzen uns in Gedanken um Jahrhunderte zurück.

In Wolfsburg im Lavanttal haben wir das im letzten Jahrhundert im Tudorstil umgebaute Schloss besichtigt. Wir haben uns in St. Andrä am kleinen Badesee einen Übernachtungsplatz in sehr ruhiger Lage gesucht und beschließen hier unsere Reise in die Vergangenheit (LA-8). Die markanten Türme und Bauwerke der barocken Domkirche und der barocken Wallfahrtskirche Maria Loretto grüßen uns beim Frühstück aus der Ferne.

Auf dem Weg nach Norden in die Steiermark übernachten wir in Bad Sankt Leonhard (**SA-9**). Gaststätten, Supermarkt und Geschäfte sind am Platz und zur Ortsmitte gehen wir nur acht Minuten. Wir sind im Osten der Saualpe, ein hügeliges Land, das aber bis über 2000 Meter aufsteigt. Im Westen des Gebirgszuges reizt uns die Geschichte, die man spüren kann. Die Römertempel am Magdalensberg, die vollständig erhaltene mächtige Burg Hochosterwitz, die alte Hauptstadt Kärntens, St. Veit, und die gotische Wallfahrtskirche Maria Saal.

Burgruine Griffen

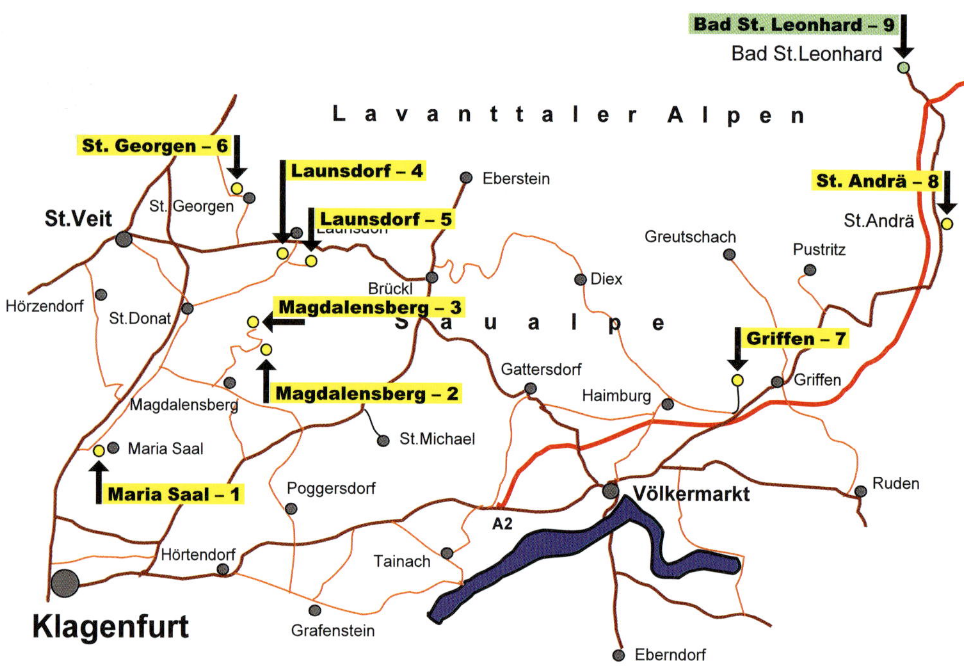
Bad St. Leonhard – 9
Bad St.Leonhard
Lavanttaler Alpen
St. Georgen – 6
Launsdorf – 4
Eberstein
St. Andrä – 8
St.Veit
St. Georgen
Launsdorf – 5
Greutschach
St.Andrä
Pustritz
Diex
Brückl
Hörzendorf
St.Donat
Magdalensberg – 3
Saualpe
Griffen – 7
Gattersdorf
Griffen
Haimburg
Magdalensberg – 2
Magdalensberg
St.Michael
Maria Saal
Maria Saal – 1
Poggersdorf
Völkermarkt
Ruden
A2
Hörtendorf
Tainach
Klagenfurt
Grafenstein
Eberndorf

Lavanttaler Alpen

Tour 17: **Saualpe und Lavantaler Alpen**

Nr.	Ort, Bezeichnung	Stell-plätze	Gast-haus	Häu-ser	WC	Bad See	Orts-nähe	Ent-sorg.	Park-dauer	Park-gebühr
		A					B		C	D
LA-1	Maria Saal, Freilichtmuseum **	5	+	+	+	-	x	-	1	0
LA-2	Magdalensberg, Ausgrabung ***	10	+	-	+	-	x	-	1	0
LA-3	Magdalensberg, Gipfel ***	5	+	-	-	-	x	-	1	0
LA-4	Launsdorf, Hochosterwitz **	10	-	+	-	-	x	-	1	0
LA-5	Launsdorf, Burg ***	10	+	+	-	-	x	-	1	0
LA-6	St. Georgen, Strandbad **	10	+	-	-	+	x	-	1	0
LA-7	Griffen, Stift Griffen **	3	+	+	-	-	x	-	1	0
LA-8	St. Andrä, See ***	10	+	+	+	+	x	-	1	0
LA-9	**Bad St. Leonhard, Ort ****	**3**	**+**	**+**	**-**	**-**	**8**	**-**	**1**	**0**

Legende

**** sehr ruhige und sehr schöne Lage.
*** sehr ruhige und schöne Lage.
** ruhige und gute Lage.
* keine ruhige Lage.
A Stellplätze gestaffelt nach 3, 5, 10, 20, 30, 50 Wohnmobilen. Dabei wird angenommen, dass nur die Hälfte des Platzes zur Verfügung steht und die andere Hälfte durch PKW belegt ist.
B Fußweg in Minuten, x über 15 min Fußweg.
C Aufenthaltsdauer in Tagen.
D Stellplatzgebühr in Euro pro Wohnmobil und 24 Stunden oder Parkgebühr.
P Parkgebühr in der Saison.
T Aufenthaltsdauer einige Tage.
U Aufenthaltsdauer unbegrenzt.
Parkplatz (gelb) — Wohnmobil-Stellplatz (grün)

Burg Hochosterwitz

9063 Maria Saal Kärntner Freilichtmuseum ** LA -1

Mit Rasensteinen gepflasterte und asphaltierte **Parkplätze** an der Wallfahrtskirche und am Freilichtmuseum in ruhiger und schöner Lage.

Von der B83 (Klagenfurt-St. Veit) 8 km nördlich von Klagenfurt Richtung Maria Saal abbiegen und durch den Ort fahren. 600 m nach dem Ortsanfang Maria Saal wird der Parkplatz 4 hinter der Wallfahrtskirche erreicht. Noch 300 m bis zum Parkplatz am Freilichtmuseum P5 links.
Koordinaten: 46° 41,01' Nord, 14° 20,92' Ost.
Koordinaten: 46° 41' 00" Nord, 14° 20' 55" Ost.

Gaststätten in der Nähe. Häuser am Parkplatz.
WC am P5 (9.00–18.00 Uhr).
Müllbehälter am Parkplatz.
Wanderwege im Zollfeld.
Besuch der Wallfahrtskirche.
Besichtigung des Kärntner Freilichtmuseums.
Besichtigung von Klagenfurt.
Besichtigung des Magdalensbergs.
Besichtigung der Burg Hochosterwitz.
Keine Parkgebühr.
Ebene Stellflächen für 3 Wohnmobile auf P4.
Ebene Stellflächen für 5 Wohnmobile auf P5.

9064 Magdalensberg Ausgrabungsstätte *** LA - 2

Befestigter **Parkplatz** an der Ausgrabungsstätte in sehr ruhiger und schöner Lage.

Von der B83 (Klagenfurt-St.Veith) in St. Michael Richtung Magdalensberg abbiegen. Nach 8 km wird der Parkplatz an der Ausgrabungsstätte rechts erreicht.
Koordinaten: 46° 43,45' Nord, 14° 25,71' Ost.
Koordinaten: 46° 43' 27" Nord, 14° 25' 43" Ost.

Gaststätte und Kiosk am Parkplatz.
WC am Parkplatz.
Müllbehälter am Parkplatz.
Besichtigung der keltisch-römischen Ausgrabungen.
Panoramablick vom Gipfel des Magdalensberges.
Besichtigung der Burg Hochosterwitz.
Besichtigung von Klagenfurt und St. Veit.
Keine Parkgebühr.
Ebene Stellflächen für 10 Wohnmobile.
Ausweichparkplatz auf dem Gipfel des Magdalensberges.

9064 Magdalensberg Gipfel *** LA - 3

Befestigter **Parkplatz** auf dem Gipfel an der Wallfahrtskirche in sehr ruhiger und schöner Lage.

Von der B83 (Klagenfurt-St. Veit) in St. Michael Richtung Magdalensberg abbiegen. Nach 8 km wird der Parkplatz an der Ausgrabungsstätte rechts erreicht. Zum Parkplatz auf dem Gipfel 1 km weiter fahren.
Koordinaten: 46° 43,70' Nord, 14° 25,72' Ost.
Koordinaten: 46° 43' 42" Nord, 14° 25' 43" Ost.

Gaststätte am Parkplatz.
Müllbehälter am Parkplatz.
Panoramablick vom Gipfel.
Sehr steile Auffahrt.
Besichtigung der keltisch-römischen Ausgrabungen.
Besichtigung der Burg Hochosterwitz.
Besichtigung von Klagenfurt.
Fahrt nach St. Veit.
Fahrt nach Graz.
Keine Parkgebühr.
Schräge Stellflächen für 5 Wohnmobile.
Ausweichparkplatz an der Ausgrabungsstätte.

9314 Launsdorf Hochosterwitz Auffahrt ** LA - 4

Parkplatz an der Auffahrt zur Burg Hochosterwitz in ruhiger und schöner Lage.

Von der B82 (St. Veit-Brückl) 7 km östlich von St.Veith Richtung Burg Hochosterwitz abbiegen. Nach 1,2 km wird der Parkplatz rechts erreicht.
Koordinaten: 46° 45,31' Nord, 14° 26,80' Ost.
Koordinaten: 46° 45' 19" Nord, 14° 26' 48" Ost.

Häuser am Parkplatz.
Wandern und Radfahren.
Besichtigung der Burg.
Besichtigung des Magdalensberges.
Besichtigung von St. Veit.
Besichtigung von Klagenfurt.
Keine Parkgebühr.
Ebene Stellflächen für 10 Wohnmobile.
Ausweichparkplatz: Am Unteren Tor. Nicht für große Mobile.

9314 Launsdorf Burg Hochosterwitz *** LA - 5

Befestigter **Parkplatz** am unteren Tor in sehr ruhiger Lage und landschaftlich reizvoller Umgebung.

Von der B82 (St. Veit-Brückl) 7 km östlich von St. Veit Richtung Burg Hochosterwitz abbiegen. Nach 1,2 km wird der untere Parkplatz erreicht. Zum oberen Parkplatz links dem Parkplatz-Schild folgen. Noch 700 m bis zum Parkplatz am unteren Tor.
Koordinaten: 46° 45,28' Nord, 14° 27,19' Ost.
Koordinaten: 46° 45' 17" Nord, 14° 27' 11" Ost.

Gaststätte und Häuser am Parkplatz.
Wanderwege am Patz.
3,4 m Höhenbegrenzung.
Besichtigung der Burg.
Besichtigung des Magdalensberges.
Besichtigung von St. Veit.
Fahrt nach Klagenfurt.
Für sehr große Wohnmobile nicht geeignet.
Keine Parkgebühr.
Schräge Stellflächen für 10 Wohnmobile.
Ausweichparkplatz am Beginn der Auffahrt.

9313 St. Georgen Strandbad Längsee ** LA - 6

Durch Baumstreifen unterteilter, befestigter **Parkplatz** am Strandbad in schöner Lage.

Von der B82 (St. Veit-Brückl) 5,1 km östlich von St.Veith Richtung St. Georgen/Längsee abbiegen. Noch 3 km bis zum Parkplatz links.
Koordinaten: 46° 46,99' Nord, 14° 25,40' Ost.
Koordinaten: 46° 46' 59" Nord, 14° 25' 24" Ost.

Gaststätte am Parkplatz.
Müllbehälter am Parkplatz.
Freibad am Parkplatz.
Bootsverleih und Bootshafen am Parkplatz.
Wandern und Radfahren am Längsee. Moorwanderweg am Platz.
Angeln im Längsee.
Besuch von St. Georgen.
Besichtigung von St. Veit.
Besichtigung der Burg Hochosterwitz.
Besichtigung des Magdalensberges.
Fahrt nach Klagenfurt.
Keine Parkgebühr.
Ebene und etwas schräge Stellflächen für 10 Wohnmobile.
Ausweichparkplatz Schlossbad 100 m vorher.

9112 Griffen Stift Griffen ** LA - 7

Parkmöglichkeiten unter hohen Kastanien in sehr ruhiger und schöner Lage.

Von der Ausfahrt Griffen der A2 Richtung Griffen fahren und nach 1 km links Richtung Klagenfurt fahren (B70). Nach weiteren 2,5 km – 2 km nach dem Ortsende Griffen – rechts Richtung Stift Griffen abbiegen. Noch 1,2 km bis zum Parkplatz hinter dem Stiftsgebäude.
46° 41,92' Nord, 14° 42,15' Ost.
46° 41' 55" Nord, 14° 42' 09" Ost.

Gaststätte am Parkplatz.
Häuser in der Nähe.
Spielplatz am Parkplatz.
Parkplätze für die Tropfsteinhöhle an der B70.
Besuch der Tropfsteinhöhle Griffen.
Für sehr große Wohnmobile nicht geeignet.
Zufahrt nur bis 5 t.
Keine Parkgebühr.
Ebene Stellflächen für 3 Wohnmobile.

9433 St. Andrä St. Andräer See *** LA - 8

Durch Rasensteine befestigte **Parkstreifen** an der Nebenstraße und seitlich am See in sehr ruhiger und schöner Lage.

Von der Ausfahrt St. Andrä der A2 nach 1 km rechts Richtung Klagenfurt/St. Andräer See fahren (B70) und nach 600 m links Richtung Lavamünd/Freizeitanlage fahren. Nach weiteren 800 m links dem Wegweiser Freizeitanlage St. Andräer See folgen. Noch 1,2 km bis zur Platz-Zufahrt vor dem Eingang links.
Koordinaten: 46° 44,57' Nord, 14° 50,47' Ost.
Koordinaten: 46° 44' 34" Nord, 14° 50' 28" Ost.

Gaststätte am Parkplatz.
Häuser am Parkplatz.
Freibad und Liegewiese am Parkplatz.
WC im Freibad.
Minigolf am Parkplatz.
Bootsverleih am Parkplatz.
Wanderwege und Radfahrten im Lavanter Tal.
Besuch der Tropfsteinhöhle in Griffen.
Besichtigung von Wolfsberg und St. Andrä.
Keine Parkgebühr.
Ebene Stellflächen für 10 Wohnmobile.

Am Ossiacher See

9462 Bad St. Leonhard Ort ** SA - 9

Übernachtungsplatz im Ort in ruhiger Lage.

Von der B78 Richtung Bad St. Leonhard fahren und im Ort neben Supermarkt Spar dem Hinweisschild Wohnmobile folgen. Noch 100 m.
Koordinaten: 46° 57,64' Nord, 14° 47,60' Ost.
Koordinaten: 46° 57' 38" Nord, 14° 47' 36" Ost.

Gaststätte in der Nähe. Häuser am Parkplatz.
Supermarkt am Platz.
Ganzjährig zugänglich.
Aufenthaltsdauer 1 Tag.
8 Minuten Fußweg zur Ortsmitte.
Besichtigung von St. Leonhard: Stadtpfarrkirche, Altstadt.
Wandern und Radfahren im Lavanttal.
Ausflug zum Schloss Kittsee (15 km).
Fahrt zu den Kärtner Seen und nach Klagenfurt.
Fahrt nach Graz.
Keine Parkgebühr.
Ebene, befestigte Stellflächen für 3 Wohnmobile.

Parkplatz bei St. Andrä

Die Brücke zum Balkan
In der Südsteiermark
Tour 18

Im Südosten der Steiermark fallen die Alpen zum steirischen Hügelland bis zur ungarischen Ebene ab. Den Abschluss der Alpen bilden liebliche Weinlandschaften im Osten und Süden der Steiermark. Dazwischen liegt das Grazer Becken mit der Landeshauptstadt Graz.

Graz hatte zur Zeit der Auseinandersetzungen mit den Türken und Ungarn große Bedeutung, geprägt als Grenzmark zu slawischen Völken. Illyrer, Kelten, Römer, Slawen haben hier gesiedelt und ihre Spuren hinterlassen. Die steirische Hauptstadt ist zu einem Sammelbecken wirtschaftlicher, kultureller und geistiger Kräfte geworden, zu einer Brücke nach Süden in Richtung Balkan und Italien.

Die Spuren der Vergangenheit aus vielen Jahrhunderten sind für die Besucher der Stadt erhalten geblieben. Schon immer hat der Schlossberg als Fliehburg gedient. Burg, Mausoleum und Dom bilden die sogenannte Stadtkrone. In der Burg ist die berühmte Doppelwendeltreppe, im spätgotischen Dom die prunkvolle barocke Ausstattung und im Mausoleum sind die Arbeiten des Johann Bernhard Fischer von Erlach zu bewundern. Wahrzeichen der Stadt sind die Reste der ehemaligen Stadtbefestigung, der Uhrturm und der Glockenturm.

Der Hauptplatz im Stadtzentrum wird von dem klassizistischen Rathaus und von barocken Häuserzeilen beherrscht. In der Herrengasse sind das Gemalte Haus mit geschlossenem Arkadenhof und Brunnenlaube, die gotische Stadtpfarrkirche und die barocke Mariahilf-Kirche sehenswert. In der Sackgasse und in der Sporgasse findet man weitere schöne Palais, Arkadengänge und Innenhöfe. Zahlreiche Museen, das Landesmuseum, die Alte Galerie, die Neue Galerie, das Landeszeughaus, das Steirische Volkskundemuseum, das Stadtmuseum, das Diözesanmuseum und das Apothekenmuseum zeigen den Besuchern umfangreiche Sammlungen und Ausstellungen. Außerhalb der Stadt ist das prunkvolle Schloss Eggenberg mit dem Jagdmuseum zu besichtigen.

Wir haben Mürzzuschlag besichtigt und in Veitsch übernachtet (**SS-1**). Die Stadt beherbergt seit 700 Jahren eine Eisenindustrie. Das Erz aus dem Erzberg bei Eisenerz wurde hier schon früh verarbeitet. Brahms wohnte längere Zeit in dieser Stadt und komponierte seine berühmte 4. Symphonie. Wir besichtigen die barocke Pfarrkirche und besuchen das Brahms-Haus und das Wintersportmuseum.

Wir lenken unser Fahrzeug nach Süden. In Krieglach an der Mürz hat Peter Rossegger, der große Heimatdichter, gelebt und geschrieben. Wir besuchen seine Wirkungsstätte, sein Arbeitszimmer und die spätgotische Pfarrkirche im Ort.

In Kapfenberg sind die Burg Oberkapfenberg, die Loretto-Kapelle, das Alte Rathaus aus der Spätzeit der Renaissance, die spätgotische Pfarrkirche und Schloss Unterkapfenberg sehenswert. Die alten Fabrikanlagen erinnern an die Zeit der Stahlherstellung Anfang des 20. Jahrhunderts.

Wir schlagen unser Nachtlager an der Reithalle in Feistritz auf (**SS-2**) und besuchen am nächsten Morgen das Österreichische Freilichtmuseum in Stübing. Die 60 Bauwerke in dem Freigelände, Bauernhäuser, Gehöfte, Sägewerke, Schmiedewerkstätten und Köhlerhütten erinnern an die alte Zeit der Bauern und Handwerker.

Süd-Steiermark

Nach dem Besuch der Landeshauptstadt Graz fahren wir weiter südwärts und besuchen in Stainz das Augustiner-Chorherrenstift. Die Stiftskirche beeindruckt durch ihre gotischen Türme, die Stiftsbauten, 1785 in ein Schloss verwandelt, durch ihre barocke Ausstattung. Auf dem Hauptplatz besteht die Möglichkeit, das Wohnmobil abzustellen (**SS-3**).

Wir bleiben über Nacht nicht gern in der Ortsmitte und fahren deshalb weiter nach Bad Gans, bekannt durch Heilquellen und Moorkuren. Das milde Klima und die Lage in einer reizvollen hügeligen Landschaft zeichnen den Ort aus. Am Badesee finden wir unsere Bleibe (**SS-4**).

In Deutschlandsberg beeindrucken uns die hoch über der Stadt gelegene, mächtige gotische Burg aus dem 12. Jahrhundert, die gotische Kirche mit barocker Ausstattung und der von alten Bürgerhäusern umgebene Hauptplatz mit der barocken Mariensäule. An der Koralmhalle findet man einen Platz für die Übernachtung (**SS-5**).

Südlich von Deutschlandsberg liegt das Schloss Hollenegg, ein Renaissancebau auf älteren Resten. Das Schloss ist in Privatbesitz und deshalb nicht zu besichtigen. Auf gemütlichen Wegen schlendern wir durch die Landschaft, radeln um die sanften Hügel und besuchen einige Buschenschenken, die immer wieder den Weg säumen. Unser Erholungs- und Nachtquartier wird der Stellplatz am Badesee in Schwanberg (**SS-6**).

Auf der Fahrt nach Slowenien entdecken wir weitere sehr schöne Stellplätze in Leutschach (**SS-7**), in Spielfeld (**SS-8**) und in Murek (**SS-9**). Besonders emfehlenswert ist der Wohnmobilpark in Spielfeld. Alle Einrichtungen für einen längeren Aufenthalt sind vorhanden. Im Gasthof gibt es nicht nur geschmackvolle Gerichte, sondern auch einen Frühstück-Service für die mobilen Gäste.

Wer nicht nach Süden fahren, sondern umkehren will, findet weitere Mobilstellplätze in Deutsch Goritz (**SS-10**), in Jagerberg (**SS-11**) und in St. Stefan im Rosental (**SS-12**). Mit der Besichtigung des Rosariums und der Wanderung auf dem Rosenweg zum Stefansberg genießt man den richtigen Abschluss einer Tour durch die südliche Steiermark.

Stellplatz in Veitsch

Süd-Steiermark

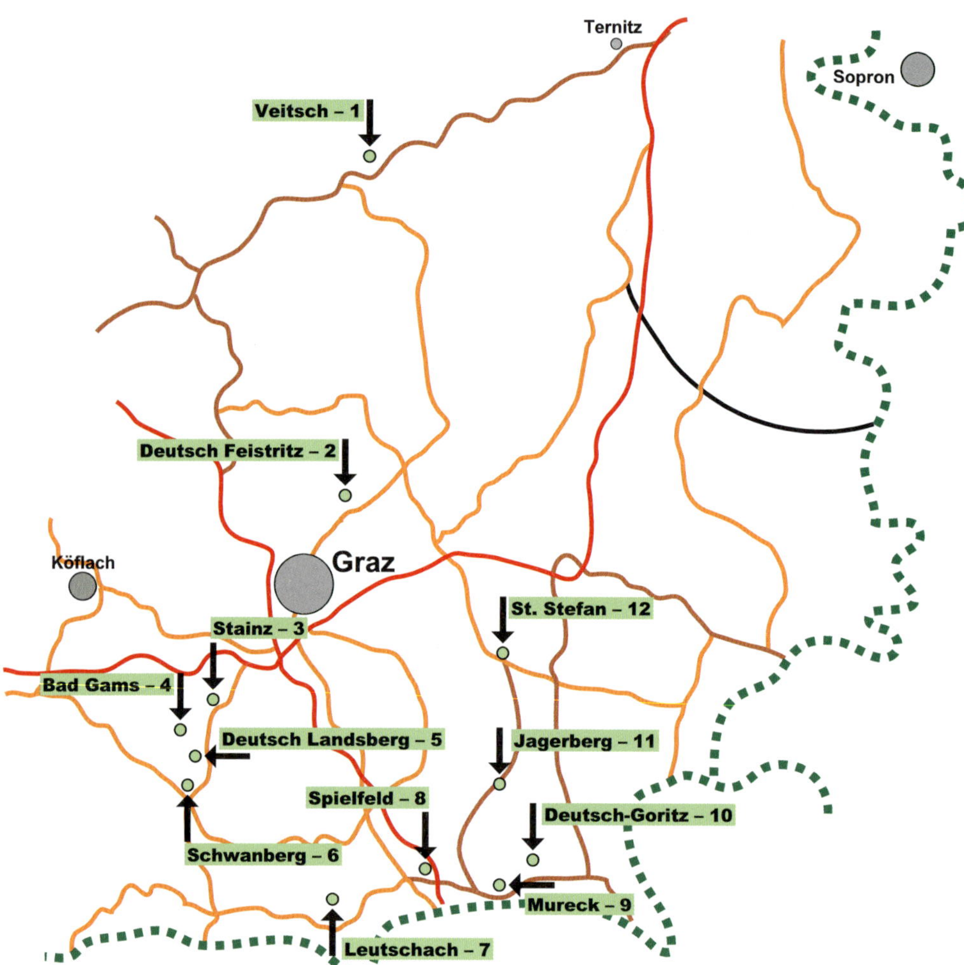

Süd-Steiermark

Tour 18: **In der Südsteiermark**

Nr.	Ort, Bezeichnung	Stell-plätze	Gast-haus	Häu-ser	WC	Bad See	Orts-nähe	Ent-sorg.	Park-dauer	Park-gebühr
		A					B		C	D
SS-1	**Veitsch, Marktgemeindeamt** **	**3**	+	+	-	+	**5**	-	**1**	**0**
SS-2	**Deutsch Feistritz, Reithalle** **	**20**	-	+	+	-	**15**	-	**1**	**11**
SS-3	**Stainz, Hauptplatz** *	**3**	+	+	-	-	**2**	-	**1**	**0**
SS-4	**Bad Gams, Badesee** **	**5**	+	+	-	+	**4**	-	**1**	**5**
SS-5	**Deutsch Landsberg, Koralmhalle** **	**3**	+	+	+	-	**6**	-	**1**	**0**
SS-6	**Schwanberg, Badesee** **	**5**	+	-	-	+	**10**	-	**1**	**6**
SS-7	**Leutschach, Krampl** ***	**10**	+	-	-	-	**x**	+	**U**	**0**
SS-8	**Spielfeld, Wohnmobilpark** ****	**30**	+	-	+	-	**15**	+	**U**	**7**
SS-9	**Mureck, Ölmühle** ***	**5**	-	+	+	-	**x**	+	**U**	**12**
SS-10	**Deutsch Goritz, Mostschenke** **	**3**	-	+	-	-	**15**	-	**T**	**0**
SS-11	**Jagerberg, Am Kindergarten** ***	**15**	-	+	-	-	**8**	+	**U**	**0**
SS-12	**St. Stefan, Rosenhalle** **	**6**	+	+	-	-	**5**	+	**U**	**0**

Legende

****	sehr ruhige und sehr schöne Lage.
***	sehr ruhige und schöne Lage.
**	ruhige und gute Lage.
*	keine ruhige Lage.
A	Stellplätze gestaffelt nach 3, 5, 10, 20, 30, 50 Wohnmobilen. Dabei wird angenommen, dass nur die Hälfte des Platzes zur Verfügung steht und die andere Hälfte durch PKW belegt ist.
B	Fußweg in Minuten, x über 15 min Fußweg.
C	Aufenthaltsdauer in Tagen.
D	Stellplatzgebühr in Euro pro Wohnmobil und 24 Stunden oder Parkgebühr.
P	Parkgebühr in der Saison.
T	Aufenthaltsdauer einige Tage.
U	Aufenthaltsdauer unbegrenzt.

Parkplatz — Wohnmobil-Stellplatz

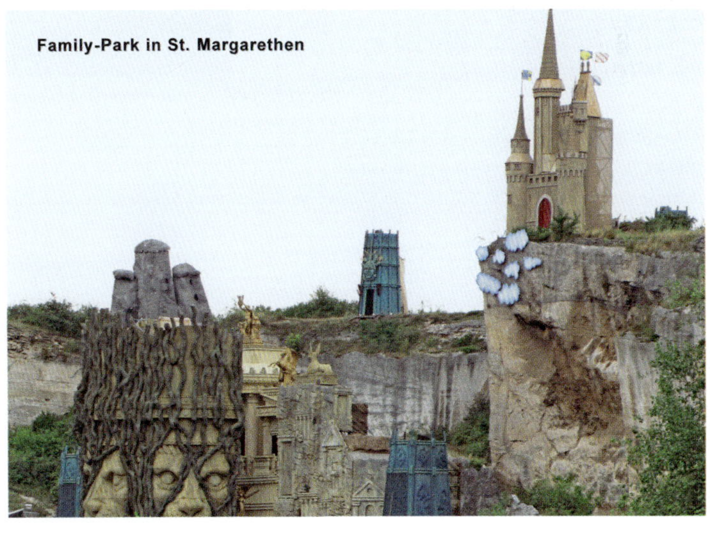
Family-Park in St. Margarethen

8663 Veitsch-Dorf Veitsch Marktgemeindeamt **  SS - 1

Asphaltierte **Übernachtungsplätze** am Gemeindeamt in ruhiger Lage.

Von der Straße Mürzzuschlag-Kapfenberg südwestlich von Krieglach Richtung Veitsch abbiegen. Nach 6 km – 1,1 km nach dem Ortsanfang Dorf Veitsch – rechts zum Parkplatz abbiegen (**Sportgasse**).
Koordinaten: 47° 34,73' Nord, 15° 29,37' Ost.
Koordinaten: 47° 34' 44" Nord, 15° 29' 22" Ost.

Gaststätte und Geschäft in der Nähe. Häuser am Parkplatz.
Gemeindeamt und Tennisplätze am Platz.
Getrennte Müllentsorgung am Platz.
Ganzjährig zugänglich.
Hallenbad in der Nähe (200 m).
5 Minuten Fußweg zur Ortsmitte.
Montan-Denkmal in Groß Veitsch.
Wandern im Mürztal. Fahrt nach Mariazell.
Keine Parkgebühr.
Ausgewiesene ebene, asphaltierte Stellflächen für 3 kleine Wohnmobile.
Für große Wohnmobile wegen Pkw-Stellflächen nicht geeignet.
Internet: www. veitsch.at

8121 Deutsch-Feistritz Reithalle **  SS - 2

Wohnmobilplätze an der Reithalle in ruhiger und schöner Lage.

Von der S35 oder der A9 Ausfahrt Übelbach Richtung Deutsch Feistritz abbiegen. Im Zentrum den Wegweisern Reiten und Eissporthalle folgen. Noch 1 km bis zum Platz (**An der Reithalle**).
Koordinaten: 47° 11,94' Nord, 15° 19,86' Ost.
Koordinaten: 47° 11' 56" Nord, 15° 19' 52" Ost.

Häuser am Parkplatz.
WC und Duschen am Platz (Gebühr 2 €).
Wasserversorgung und Stromanschluss (Gebühr 2 €) möglich.
Zugänglich April-Oktober.
15 Minuten Fußweg zur Ortsmitte.
Besuch des Freilichtmuseums Stübing.
Wandern und Radtouren im Murtal. Ausflug nach Graz.
Parkgebühr: 11 € für 24 Std. und 2 Personen.
Jede weitere Person 3,50 €.
Ausgewiesene Stellflächen für 20 Wohnmobile auf Wiesengelände.
Informationen: Tel. 0043-6 64 1 45 87 88

8510 Stainz Hauptplatz *  SS - 3

Übernachtungsplätze im Ort in ruhiger und guter Lage.

Von der B76 Richtung Stainz fahren. In Stainz den Wegweisern Zentrum folgen und zum Parkplatz östlich des Hauptplatzes (**Ettendorfer Straße**) fahren.
Koordinaten: 46° 53,63' Nord, 15° 16,09' Ost.
Koordinaten: 46° 53' 38" Nord, 15° 16' 05" Ost.

Gaststätte und Häuser am Platz.
Geschäfte in der Nähe.
Ganzjährig zugänglich.
2 Minuten Fußweg zur Ortsmitte.
Besuch des Automobilmuseums in Stainz.
Wandern und Radtouren an der Stainz.
Ausflug nach Graz.
Keine Parkgebühr.
Asphaltierte Stellflächen mit Grünflächen für 3 Wohnmobile.
Internet: www.stainz.at

8524 **Bad Gams** Badesee ** SS - 4

Übernachtungsplätze im Ort in ruhiger und guter Lage.

Von der B76 Richtung Bad Gams fahren. Im Ort den Wegweisern Freizeitanlage folgen (**Bad Gams 2**).
Koordinaten: 46° 51,99' Nord, 15° 13,69' Ost.
Koordinaten: 46° 51' 59" Nord, 15° 13' 41" Ost.

Gaststätte und Häuser am Platz.
Badesee am Platz.
Geschäfte in der Nähe.
Ver- und Entsorgung möglich.
Zugänglich Mai – September.
4 Minuten Fußweg zur Ortsmitte.
Klettergarten und Aussichtsturm in Bad Gams.
Wandern und Radtouren im Laßnitztal.
Ausflug nach Graz.
Parkgebühr: 5 € für 24 Stunden (Kasse am Badesee).
Stellflächen auf Rasengittersteinen für 5 Wohnmobile.
Internet: www.bad-gams.at

8530 **Deutsch Landsberg** Koralmhalle **  SS - 5

Ausgewiesene **Übernachtungsplätze** im Ort in ruhiger und guter Lage.

Von der B76 Richtung Deutsch Landsberg abbiegen. In der Ortsmitte Richtung Koralmhalle abbiegen (**Frauentaler Straße 51**).
Koordinaten: 46° 49,07' Nord, 15° 13,35' Ost.
Koordinaten: 46° 49' 04" Nord, 15° 13' 21" Ost.

Gaststätte und Häuser am Platz.
Müllbehälter am Platz.
WC an der Koralmhalle.
Ganzjährig zugänglich.
6 Minuten Fußweg zur Ortsmitte.
Wandern und Radtouren im Laßnitztal.
Ausflug nach Graz.
Fahrt nach Slowenien.
Keine Parkgebühr.
Asphaltierte Stellflächen für 3 Wohnmobile.
Internet: www.deutschlandsberg.at

8541 **Schwanberg** Badesee **  SS - 6

Ausgewiesene **Übernachtungsplätze** im Ort in ruhiger und guter Lage.

Bei Anfahrt aus dem Norden von der B76 am Ortsanfang rechts Richtung Freibad abbiegen. Bei der Anfahrt aus dem Süden von der B76 am Ortsende links Richtung Freibad abbiegen (**Badstraße**).
Koordinaten: 46° 45,82' Nord, 15° 12,38' Ost.
Koordinaten: 46° 45' 49" Nord, 15° 12' 23" Ost.

Gaststätte am Platz.
Badesee am Platz.
Wasserversorgung und Duschen am Platz.
Stromanschluss möglich. Müllbehälter am Platz.
Grau- und Schwarzwasserentsorgung in der Kläranlage (1 km).
Ganzjährig zugänglich.
Tankstelle, Spielplatz, Spielwiese und Minigolf in der Nähe.
10 Minuten Fußweg zur Ortsmitte.
Wandern und Radtouren im Sulmtal.
Ausflug nach Graz. Fahrt nach Slowenien
Parkgebühr: 6 € für 24 Stunden (Mai-September).
Außerhalb der Saison kostenfrei.
Stellflächen für 5 Wohnmobile auf Wiesengelände.
Internet: www.schwanberg.at

8463 Leutschach Buschenschank Krampl ***  SS - 7

Wohnmobilplatz hinter einer Buschenschenke in sehr ruhiger und schöner Lage.

Auf der B 69 über Gamlitz nach Leutasch fahren und in Gamlitz zum Ortsteil Schlossberg abbiegen. 3 km nach dem Ortsende an der Spitzmühle rechts dem Hinweis Krampl folgen. Noch 3 km (**Schossberg 9**).
Koordinaten: 46° 38,33' Nord, 15° 27,51' Ost.
Koordinaten: 46° 38' 20" Nord, 15° 27' 31" Ost.

Gasthaus am Platz. Einsame Lage.
Ver- und Entsorgung und Müllbehälter am Platz.
Stromversorgung möglich.
Ganzjährig zugänglich. Zufahrt im Winter oft verschneit.
Aufenthaltsdauer nicht begrenzt.
Einkauf von Wein, Obstbrand, Honig und Speiseöl.
Wanderungen in der Umgebung.
Ebene Stellflächen auf fester Wiese für 10 Wohnmobile.
Für große Mobile wegen schmaler Zufahrt nicht geeignet.
Keine Parkgebühr bei Einkauf oder Einkehr.
Informationen: Tel 0043 (0)34 54 63 66

8471 Spielfeld Wohnmobilpark ****  SS - 8

Wohnmobilplatz hinter einem Gasthaus in ruhiger und sehr schöner Lage.

Auf der B 69 nach Unterschwarza fahren und hinter der kleinen Bachbrücke sofort links, dem Wohnmobilschild folgend, auf den Platz abbiegen (**Unterschwarza 1**).
Koordinaten: 46° 42.93' Nord, 15° 40.57' Ost.
Koordinaten: 46° 42' 56" Nord, 15° 40' 34" Ost.

Gasthaus am Platz. Etwas einsame Lage.
Ver- und Entsorgung und Müllbehälter am Platz.
Stromversorgung und Dusche. Gebühr: 3 €
Moderne Sanitäranlage. Frühstückservice.
Ganzjährig zugänglich. Aufenthaltsdauer nicht begrenzt.
15 Gehminuten zur Ortsmitte.
Wanderungen in der Umgebung. Radweg am Platz.
Besichtigung der Vinofaktur in Ehrenhaus.
Ebene und gerade Stellflächen auf fester Wiese,
teilweise unter Obstbäumen für 30 Wohnmobile.
Parkgebühr: 7 € pro Tag. Bezahlbar im Gasthof.
Informationen: Tel 0043 (0)3453 21001 www.dorfheuriger.eu

8480 Mureck Ölmühle ***  SS - 9

Wohnmobilplatz an einer Ölmühle in sehr ruhiger und sehr schöner Lage.

In Oberrakitsch dem Wegweiser Ölmühle Sixt folgen. Nach 1 km wird der Platz erreicht (**Oberrakitsch 115**).
Koordinaten: 46° 44.31' Nord, 15° 44.75' Ost.
Koordinaten: 46° 44' 19" Nord, 15° 44' 45" Ost.

Platz neben der Scheune. Junge Bäume am Platz.
Ver- und Entsorgung am Platz. Bodeneinlass.
Stromanschluss möglich. Müllbehälter am Platz.
WC im Verkaufsraum der Mühle.
Liegewiese, Spielplatz und Grillplatz
Solardusche am Platz.
Brötchenservice. Mo.-Sa. 8.00 – 8.30 Uhr.
Weineinkauf im Mühlenmarkt.
Wanderungen und Mountainbiketouren in der Umgebung.
Ganzjährig zugänglich. Aufenthaltsdauer nicht begrenzt.
Geschotterte, ebene und gerade Stellflächen für 5 Wohnmobile.
Parkgebühr: 12 € pro Tag. 8 € ab 3 Nächten alles inklusive.
Besichtigung der wasserbetriebenen Ölmühle.
Informationen: Familie Sixt Tel. 0043 (0)34 72 86 78
www.sixtoel.at

8483 Deutsch Goritz Mostschenke **  SS - 10

Übernachtungsplatz an der Mostschenke in sehr ruhiger und sehr schöner Lage.

Von Gosdorf nach Ratschendorf fahren. Dem Wegweiser Mostschenke im Gewölbe folgen. Noch 800 m bis zum Platz (**Ratschendorf 188**).
Koordinaten: 46° 44,92' Nord, 15° 48.85' Ost.
Koordinaten: 46° 44' 55" Nord, 15° 48' 51" Ost.

Wiesenplatz umgeben von Kamelen, Nandus, Eseln, Dromedaren und Lamas.
Einkaufsmöglichkeiten im Ort.
15 Gehminuten zur Ortsmitte.
Wanderungen und Radtouren in der Umgebung.
Besichtigung der alten Ölmühle.
Ganzjährig zugänglich. Aufenthaltsdauer nach Absprache.
Ebene und leicht schräge Stellflächen für 3 Wohnmobile.
Keine Parkgebühr für Gäste der Mostschenke.
Informationen: Tel. 0043 (0)3474 7350

8091 Jagerberg Am Kindergarten ***  SS - 11

Wohnmobilplatz an einem Kindergarten in sehr ruhiger und schöner Lage.

Von der A 9 die Ausfahrt Lebring nehmen. Über Ragnitz nach Jagerberg fahren. In Jagerberg kurz vor dem Ortsausgang rechts aufwärts dem Stellplatzschild folgen. Noch 1 km bis zum Platz rechts (**Jagerberg 98**).
Koordinaten: 46° 51.41' Nord, 15° 44.59' Ost.
Koordinaten: 46° 51' 25" Nord, 15° 44' 35" Ost.

Etwas einsame Lage.
Ver- und Entsorgung am Platz (Holiday Clean). Frischwasser Gebühr 0,5 €.
8 Gehminuten zur Ortsmitte. Restaurant im Ort.
Schwimmen im See (Ortsmitte). Beachvolleyball am See.
Wanderungen und Radtouren in der Umgebung.
Ganzjährig zugänglich. Aufenthaltsdauer nicht begrenzt.
Geschotterte, ebene Stellflächen für 15 Wohnmobile.
Keine Parkgebühr.
Informationen: Tel. 0043-31 84 82 31
www.jagerberg.info

8083 St. Stefan im Rosental Rosenhalle **  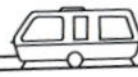 SS - 12

Wohnmobil- und Caravanplatz am Ortsrand in ruhiger und schöner Lage.

Von Graz Richtung Gössendorf/St. Stefan fahren (73) und nach 20 km in Frannach links Richtung St. Stefan abbiegen. Im Ort den Hinweisschildern Reisemobilstellplatz folgen (**Schichenauerstraße 6**).
Koordinaten: 46° 54,39' Nord, 15° 42,74' Ost.
Koordinaten: 46° 54' 23" Nord, 15° 42' 44" Ost.

Häuser am Platz. Gaststätte in der Nähe (3 min).
Frischwasserversorgung möglich.
Grauwasser- und Kassettenentsorgung vorhanden.
Stromversorgung gegen Gebühr.
Schwimmbad in der Nähe (3 min).
6 Minuten Fußweg zur Ortsmitte.
Besichtigung des Rosariums und der Pfarrkirche.
Wandern und Radtouren auf dem Rosenweg zum Stefansberg.
Ganzjährig zugänglich. Aufenthaltsdauer nicht begrenzt.
Geschotterte, ebene Stellflächen für 6 Mobile oder Caravan.
Keine sehr großen Mobile. Länge bis 10 m.
Keine Parkgebühr.
Informationen: Tel. 0043 (0)31 66 83 03
www.rosental.at

Stellplatzverzeichnis

Stellplatzverzeichnis

Stellplatzverzeichnis

Buchserie „Wohnmobil-Stellplätze"

Unentbehrliche Nachschlagewerke für alle Wohnmobiltouristen, die gern auf ruhig und schön gelegenen Stellplätzen übernachten.

Von den Gemeinden eingerichtete Plätze.
Insidertipps und eigene Erfahrungen.
Gleichzeitig sind die Bücher Reiseberichte über europäische Ferienlandschaften.

Band 6: Wohnmobil-Stellplätze Österreich
Ferienlandschaften

Ein Buch über 200 freie Stellplätze in Österreich, die sich im Sommer hervorragend für einen Wanderurlaub, zum Surfen und Segeln, im Winter zum Skilaufen eignen. Wochenreisen führen durch Österreichs Ferienlandschaften: Vorarlberg – Montafon – Tirol – Waldviertel – Innviertel – Mühlviertel – Wachau – Salzkammergut – Wien – Neusiedler See – Wiener Hausberge – Kitzbüheler Alpen – Hohe Tauern – Salzburg – Tennengebirge – Gasteiner Tal – Dachstein – Ennstaler Alpen – Hochschwab – Osttirol – Kreuzeckgruppe – Gailtaler Alpen – Kärntner Seen – Lavanttaler Alpen.

€ 19,90 — 4. Auflage. ISBN 978-3-941951-23-5

Band 12: Wohnmobil-Stellplätze Griechenland
Ionische Küste – Chalkidike – Thrakien
Ägäische Küste – Mazedonien – Attika – Peloponnes

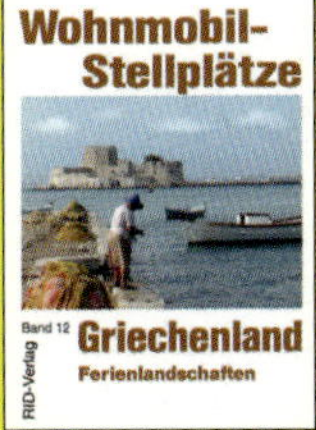

Im Ferienland Griechenland werden die schönsten freien Stellplätze und die interessantesten Touren beschrieben. Viele Stellplätze liegen unmittelbar am Meer. Feine Sandstrände, steile Felsen und verschwiegene Buchten bestimmen die Küsten des Landes. Aber Griechenland bietet noch mehr als großartige Landschaften und unberührte Strände. Liebenswerte, freundliche Menschen trifft man überall. Die vielen Sehenswürdigkeiten aus der Antike und dem Mittelalter beeindrucken die Besucher. Nirgendwo sonst lassen sich Badeurlaub und Kulturerlebnisse miteinander verbinden wie in Griechenland. Griechenland mit dem Wohnmobil – das ist ein Traumurlaub.

€ 9,90 — 1. Auflage. ISBN 3-932538-13-7

Band 13: Wohnmobil-Stellplätze Italien Süd
Toskana – Latium – Kalabrien – Sizilien – Apulien

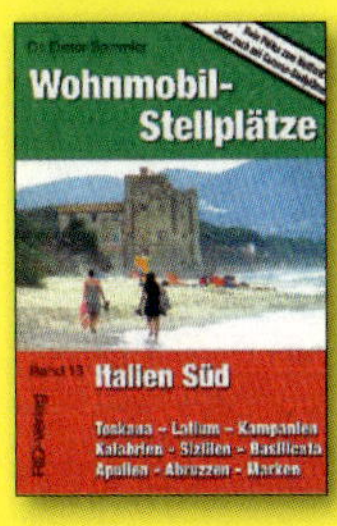

Unverbaute, schön gelegene Strände und Buchten, die großartigen kulturellen Sehenswürdigkeiten in der Mitte und im Süden Italiens und auf Sizilien, idyllische Stellplätze für den Strandurlaub an der Adria, am Thyrrenischen und Ionischen Meer und Stellplätze auf Sizilien werden ausführlich beschrieben. Auf ruhig und schön gelegenen Übernachtungsplätzen findet der Wohnmobiltourist Erholung und Entspannung. Ferienlandschaften: Toskana, Latium, Kampanien, Kalabrien, Sizilien, Basilikata, Apulien, Umbrien, Marken.

€ 19,90 — 2. Auflage. ISBN 978-3-932538-32-2

Band 14: Wohnmobil-Stellplätze Italien Nord
Alpen – Lombardei – Adria – Riviera – Sardinien

Unverbaute, schön gelegene Strände und Buchten, die großartigen kulturellen Sehenswürdigkeiten im Norden Italiens, idyllische Stellplätze für den Strandurlaub an der Adria, an der Riviera, auf Sardinien und Stellplätze für den Winterurlaub in den Alpen werden ausführlich beschrieben. Auf ruhig und schön gelegenen Übernachtungsplätzen findet der Wohnmobiltourist Erholung und Entspannung. Ferienlandschaften: Pustertal – Grödental – Dolomiten – Eggental – Fleimstal – Lago Maggiore – Lago Varese – Lago d'Iseo – Gardasee – Golf von Venedig – Aostatal – Po-Ebene – Po-Delta – Riviera – Adriatische Küste – die Küsten Sardiniens.

€ 19,90 — 4. Auflage. ISBN 978-3-932538-31-5

Band 15: Wohnmobil-Stellplätze Deutschland Nord

Schleswig-Holstein – Hamburg – Niedersachsen – Bremen

Ferienlandschaften: Nordseeküste – Dithmarschen – Nordfriesland – Angeln – Mittelholstein – Ostseeküste – Lauenburg – Hamburg – Ostfriesland – Friesland – Altes Land – Fehnroute – Ammerland – Unterweser – Lüneburger Heide – Oldenburger Münsterland – Mittelweser – Südheide – Emsland – Teutoburger Wald – Weserbergland – Elm – Westharz. In den Feriengebieten werden Wohnmobilplätze im Norden Deutschlands beschrieben. **Kostenfreie Plätze, Plätze in den Städten und am Strand** werden besonders hervorgehoben. Gleichzeitig ist das Buch ein Reisebericht über norddeutsche Ferienlandschaften.

€ 17,90 5. Auflage. ISBN 978-3-932538-29-2

Band 16: Wohnmobil-Stellplätze Deutschland West

Nordrhein-Westfalen – Rheinland-Pfalz – Hessen – Saarland

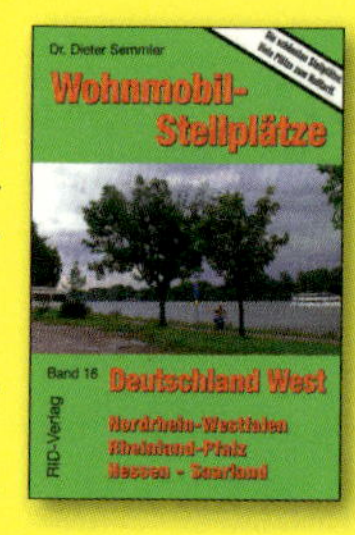

Ferienlandschaften: Münsterland – Niederrhein – Ruhrgebiet – Nordeifel – Bergisches Land – Sauerland – Vulkaneifel – Ahr – Mosel – Mittelrhein – Westerwald – Lahn-Dill-Bergland – Nahe – Werra – Kurhessen – Waldhessen – Taunus – Vogelsberg – Kinzig – Rhön – Deutsche Weinstraße – Pfälzer Wald – Odenwald – Saarland.
In den Feriengebieten werden Wohnmobilplätze im Westen Deutschlands beschrieben. **Kostenfreie Plätze, Plätze in den Städten und am See** werden besonders hervorgehoben. Gleichzeitig ist das Buch ein Reisebericht über westdeutsche Ferienlandschaften.

€ 17,90 5. Auflage. ISBN 978-3-932538-27-8

Band 17: Wohnmobil-Stellplätze Deutschland Ost

Mecklenburg-Vorpommern – Sachsen-Anhalt
Brandenburg – Berlin – Thüringen – Sachsen

Ferienlandschaften: Mecklenburgische Küste – Rügen – Usedom – Oderhaff – Mecklenburger Seen – Altmark – Ostharz – Kyffhäuser – Schorfheide – Havelseen – Berlin – Grünau-Grünheider Seen – Oderbruch – Thüringer Senke – Fläming – Dübener Heide – Sächsische Saale – Thüringer Wald – Spreewald – Oberlausitz – Niederlausitz – Sächsische Schweiz – Erzgebirge – Zittau-Gebirge.
In den Feriengebieten werden Wohnmobilplätze im Osten Deutschlands beschrieben. **Kostenfreie Plätze, Plätze in den Städten und am Strand** werden besonders hervorgehoben. Gleichzeitig ist das Buch ein Reisebericht über ostdeutsche Ferienlandschaften.

€ 17,90 5. Auflage. ISBN 978-3-932538-28-5

Band 18: Wohnmobil-Stellplätze Deutschland Süd

Baden-Württemberg – Bayern

Ferienlandschaften: Steigerwald – Tauber – Fränkisches Seenland – Frankenwald – Fränkische Schweiz – Vogtland – Fichtelgebirge – Oberpfälzer Wald – Neckar – Altmühl – Nordschwarzwald – Ortenau – Schwäbische Alb – Bayerischer Wald – Oberrhein – Hochschwarzwald – Hotzenwald – Hochrhein – Hegau – Bodensee – Schwaben – Bayerische Seen – Allgäu – Chiemgau – Bayerische Alpen – Berchtesgaden.
In den Feriengebieten werden Wohnmobilplätze im Süden Deutschlands beschrieben. Kostenfreie Plätze, Plätze in den Städten und am Strand werden besonders hervorgehoben. Gleichzeitig ist das Buch ein Reisebericht über süddeutsche Ferienlandschaften.

€ 17,90 5. Auflage. ISBN 978-3-932538-26-1

Band 19: Wohnmobil-Stellplätze Spanien
Mittelmeerküste

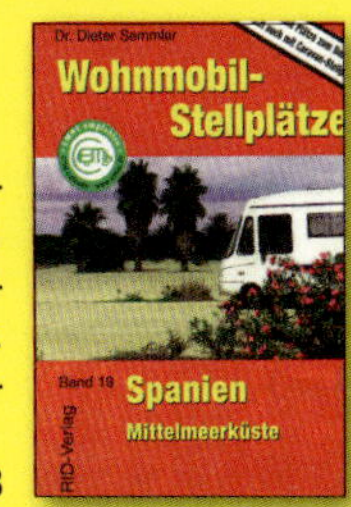

Ferienlandschaften: Costa Brava – Costa Daurada – Costa del Azahar – Costa de Valencia – Costa Blanca – Costa Càlida – Cost de Almeria – Costa del Sol – Costa de la Luz. Schön gelegene Strände und Buchten, die kulturellen Sehenswürdigkeiten in den Städten an der spanischen Küste, idyllische Stellplätze für den Strandurlaub am Mittelmeer. Auf ruhig und schön gelegenen Übernachtungsplätzen findet der Wohnmobilurlauber Erholung und Entspannung. Farbfotos von den Plätzen erleichtern die Auswahl.

€ 19,90 — 1. Auflage. ISBN 3-932538-21-8

Band 20: Wohnmobil-Stellplätze Benelux
Belgien – Niederlande – Luxemburg

Die Stellplätze eignen sich hervorragend für einen Wanderurlaub in den Ardennen, für Radtouren im flachen Land, für die Besichtigung sehenswerter Städte, für erholsame Badeferien an der Nordseeküste und für Bootstouren und Wassersport auf den zahlreichen Flüssen, Kanälen und Seen.

Alle Plätze wurden selbst aufgesucht und beurteilt. Genaue Beschreibungen der Anfahrt, Straßennamen und Koordinaten erleichtern die Anfahrt. Farbige Fotos geben einen guten Eindruck von den Stellplätzen. Viele Insider-Tipps.

€ 19,90 — 2. wesentlich erweiterte Auflage. ISBN 978-3-941951-16-7

Band 21: Wohnmobil-Stellplätze Frankreich Nord
Somme – Seine – Normandie – Bretagne – Loire – Champagne

Es werden Touren mit dem Wohnmobil im Norden Frankreichs beschrieben. Stellplätze in Städten und Gemeinden, in der Natur, am Meer und am See eignen sich für einen erholsamen Urlaub und für die Besichtigung interessanter Sehenswürdigkeiten. Viele Plätze stehen zum Nulltarif zur Verfügung. Farbige Fotos geben einen guten Eindruck von den Stellplätzen. Anfahrtbeschreibungen, Straßennamen und Koordinaten erleichtern die Anfahrt.

€ 19,90 — 1. Auflage. ISBN 978-3-932538-24-7

Band 22: Wohnmobil-Stellplätze Frankreich Süd
Atlantik – Mittelmeer – Rhone – Doubs – Elsass

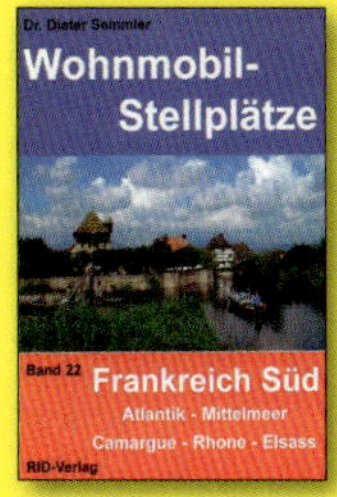

Es werden Touren mit dem Wohnmobil im Süden Frankreichs beschrieben. Stellplätze in Städten und Gemeinden, in der Natur, am Meer und am See eignen sich für einen erholsamen Urlaub und für die Besichtigung interessanter Sehenswürdigkeiten. Viele Plätze stehen zum Nulltarif zur Verfügung. Farbige Fotos geben einen guten Eindruck von den Stellplätzen. Anfahrtbeschreibungen, Straßennamen und Koordinaten erleichtern die Anfahrt.

€ 19,90 — 1. Auflage. ISBN 978-3-932538-25-4

Band 23: Wohnmobil-Stellplätze Dänemark

Jütland – Fünen – Langeland – Seeland – Mon – Falster – Lolland

Es werden Touren mit dem Wohnmobil beschrieben. Unverbaute, schön gelegene Strände und Buchten, die großartigen kulturellen Sehenswürdigkeiten in Dänemark, idyllische Stellplätze für den Strandurlaub auf den dänischen Inseln und in Jütland, Stellplätze für Angler an Fischteichen, Plätze für Mobile und Caravan werden ausführlich beschrieben. Auf ruhig und schön gelegenen Übernachtungsplätzen findet der Wohnmobiltourist Erholung und Entspannung. Farbige Stellplatzfotos geben einen guten Eindruck von den Stellplätzen. Koordinaten und Straßennamen erleichtern die Anfahrt.

€ 19,90 1. Auflage. ISBN 978-3-932538-30-8

Band 24: Wohnmobil-Stellplatzführer Polen Nord

Hinterpommern – Danzig – Westpreußen – Ostpreußen

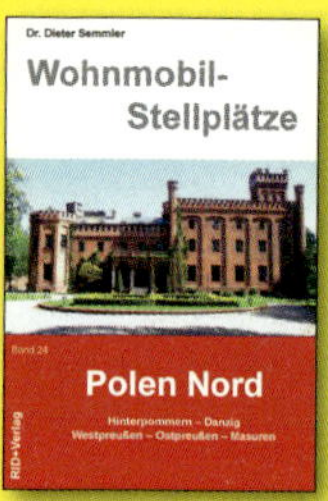

Es werden Touren in den früher deutsch besiedelten Teilen Nordpolens vorgeschlagen. Unverbaute, schön gelegene Strände, die großartigen kulturellen Sehenswürdigkeiten in Danzig und in West- und Ostpreußen werden ausführlich beschrieben. Auf ruhig und schön gelegenen Park- und Stellplätzen findet der Wohnmobiltourist Erholung und Entspannung für einen unbeschwerten Urlaub. Farbige Stellplatzfotos geben einen guten Eindruck von den Stellplätzen. Koordinaten und Straßennamen erleichtern die Anfahrt.

€ 9,90 1. Auflage. ISBN 978-3-941951-04-4

Band 25: Wohnmobil-Stellplatzführer Slowenien und Kroatien

Alpen – Puszta – Karst – Istrien – Kvarner – Dalmatien

Es werden Touren mit dem Wohnmobil in den slowenischen Feriengebieten und an der Küste Kroatiens beschrieben. Unverbaute, schön gelegene Strände, die besonderen kulturellen Sehenswürdigkeiten in den Städten und die großartigen Naturlandschaften in Slowenien und Kroatien werden ausführlich dargestellt. Auf ruhig und schön gelegenen Park- und Stellplätzen findet der Wohnmobiltourist Erholung und Entspannung für einen unbeschwerten Urlaub. Farbige Stellplatzfotos geben einen guten Eindruck von den Stellplätzen. Koordinaten und Straßennamen erleichtern die Anfahrt.

€ 19,90 1. Auflage. ISBN 978-3-941951-14-3

Band 26: Wohnmobil-Stellplatzführer Schweiz

Nord-, Ost-, Süd- und Westschweiz

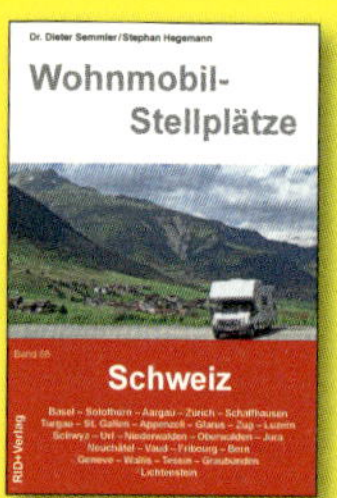

Kantone: Basel – Solothurn – Aargau – Zürich – Schaffhausen – Turgau – St. Gallen – Appenzell – Glarus – Zug – Luzern – Schwyz – Uri – Niederwalden – Oberwalden – Jura – Neuchâtel – Vaud – Fribourg – Vaud – Bern – Geneve – Wallis – Tessin – Graubünden – Lichtenstein.

Es werden Touren mit dem Wohnmobil in den schweizerischen Ferien- und Skigebieten beschrieben. Wir führen Sie zu den ruhigsten und schönsten Stellplätzen, zu Stellplätzen in Gemeinden und Städten, zu Stellplätzen mitten in der Natur, zu Stellplätzen am See.

€ 18,90 1. Auflage. ISBN 978-3-941951-17-4

Bestellung

_____	Band 6:	Wohnmobil-Stellplätze Österreich, Ferienlandschaften	€ 19,90
_____	Band 12:	Wohnmobil-Stellplätze Griechenland – Ferienlandschaften	€ 9,90
_____	Band 13:	Wohnmobil-Stellplätze Italien Süd mit Sizilien	€ 19,90
_____	Band 14:	Wohnmobil-Stellplätze Italien Nord mit Sardinien	€ 19,90
_____	Band 15:	Wohnmobil-Stellplätze Deutschland Nord	€ 17,90
_____	Band 16:	Wohnmobil-Stellplätze Deutschland West	€ 17,90
_____	Band 17:	Wohnmobil-Stellplätze Deutschland Ost	€ 17,90
_____	Band 18:	Wohnmobil-Stellplätze Deutschland Süd	€ 17,90
_____	Band 19:	Wohnmobil-Stellplätze Spanien Mittelmeerküste	€ 19,90
_____	Band 20:	Wohnmobil-Stellplätze Benelux	€ 19,90
_____	Band 21:	Wohnmobil-Stellplätze Frankreich Nord	€ 19,90
_____	Band 22:	Wohnmobil-Stellplätze Frankreich Süd	€ 19,90
_____	Band 23:	Wohnmobil-Stellplätze Dänemark	€ 19,90
_____	Band 24:	Wohnmobil-Stellplatzführer Polen Nord	€ 9,90
_____	Band 25:	Wohnmobil-Stellplatzführer Slowenien und Kroatien	€ 19,90
_____	Band 26:	Wohnmobil-Stellplatzführer Schweiz	€ 18,90

Verpackungs- und Versandkostenanteil im Inland 3,90 €, im europäischen Ausland 6,90 € pro Bestellung. Bei Bestellungen aus dem Inland ab 50 € versandkostenfrei.
Alle Preise gelten zum Zeitpunkt der Drucklegung.

Absender

Name ______________________ Vorname ______________________

Straße ______________________ PLZ, Ort ______________________

Datum ______________________ Unterschrift ______________________

Einzugsermächtigung (nur im Inland) oder Scheck in Höhe von Euro _________ ist beigefügt.

Alle Bücher erhalten Sie über den Buchhandel und über den Internet-Buchhandel,
von den Versandhäusern für Camping-Artikel oder
gegen Einzugsermächtigung oder Rechnung vom RID-Verlag, Mühlköppelstraße 18, 63674 Altenstadt.
Telefon (06047) 1696, Fax (06047) 1697, e-mail: ridverlag@aol.com, internet: www.ridverlag.de
oder RID+Verlag, Schloßhof 2–6, D-85283 Wolnzach,
Telefon (08448) 9253-0, Fax (08448) 2289, E-Mail: ridverlag@kastner.de

Auf vielen Reisen erfreuen wir uns an schönen Landschaften, sehenswerten Städten und historischen Stätten und sind glücklich, wenn wir die passenden Stellplätze dazu finden. Sie, liebe Leserin, lieber Leser, haben durch unsere genaue Beschreibung keinen Stress bei der Suche nach einem geeigneten Stellplatz. Sie parken und übernachten ruhig und entspannt auf den von uns angebotenen Plätzen und genießen Ihre Urlaubstage.

Trotz aller gründlichen Recherchen können sich die Verhältnisse an den Stellplätzen geändert haben. Wir bitten Sie, uns solche Veränderungen mitzuteilen, damit diese bei der nächsten Auflage berücksichtigt werden können. Bei aller Sorgfalt kann für die Vollständigkeit und Richtigkeit aller Angaben keine Gewähr übernommen werden. Alle Angaben im Buch gelten zum Zeitpunkt der Drucklegung.

Wir wünschen unseren Lesern erholsame Urlaubstage und ungestörte Nächte auf den angebotenen Übernachtungsplätzen in den Ferienlandschaften Österreichs.

Mit dem Wohnmobil unterwegs –
das sind erholsame Stunden
auf schönen Stellplätzen
und viele Erinnerungen
an die Sehenswürdigkeiten
und Landschaften Österreichs.

Leben ist auch Reisen im Wohnmobil.
Reisen ist auch Leben im Wohnmobil.